누적 판매량 63만 부 돌파*
상식 베스토셀러 1위 985회 달성*

수많은 취준생이
에듀윌 상식 교재 믹깅 __H!

[월간] 취업에 강한 에듀윌 시사상식

多통하는 일반상식 통합대비서

상식 통합대비 문제풀이집

공기업기출 일반상식

기출 금융경제 상식

언론사기출 최신 일반상식

eduwill

에듀윌 시사상식과
#소통해요

#소통하는 방법

방법 1

QR코드 스캔 접속

방법 2

http://eduwill.kr/62dF

인터넷 주소 입력으로 접속

더 읽고 싶은 콘텐츠가 있으신가요?
더 풀고 싶은 문제가 있으신가요?
의견을 주시면 콘텐츠로 만들어 드립니다!

☑ 에듀윌 시사상식은 독자 여러분의 의견을 적극 반영하고자
합니다.

☑ 읽고 싶은 인터뷰, 칼럼 주제, 풀고 싶은 상식 문제 등 어떤
의견이든 남겨 주세요.

☑ 보내 주신 의견을 바탕으로 특집 콘텐츠 등이 기획될 예정
입니다.

설문조사 참여 시
#스타벅스 아메리카노를 드립니다!

추첨 방법 매월 가장 적극적으로 의견을 주신 1분을 추첨하여 개별 연락

경품 스타벅스 아메리카노 Tall

취업에 강한

에듀윌
시사상식

JAN. 2022

01

"
성공을 위한
여러분의 이야기를
함께 완성해
나가겠습니다.
"

壬
寅
年

안녕하십니까. 에듀윌 대표이사 이중현입니다.

10여년간 취업 준비생들에게 가장 뜨거운 이슈와 분야별 최신 상식을 전달한 『에듀윌 시사상식』이 또 한 번 여러분과 함께 새해를 맞이했습니다.

'검은 호랑이'의 해인 2022년, 우리는 여전히 거대한 변화의 한 가운데 서 있습니다. 끝날 줄 알았던 코로나19 팬데믹의 기세는 여전하며, 일상의 갑작스러운 변화는 어느덧 당연한 것이 되었습니다. 채용 시장의 풍경도 완전히 바뀌었습니다. 온라인 시험과 비대면 면접이 눈에 띄게 늘어나고 대규모 공개 채용보다 수시 채용을 선호하는 현상도 더욱 두드러졌습니다. 기업별·직무별 취업 방식도 갈수록 다변화되고 있습니다.

하루가 다르게 변하는 취업 환경 속에서 원하는 목표를 성공적으로 달성하려면 빠르게 트렌드를 파악하는 일이 무엇보다 중요합니다. 정확한 트렌드 분석을 통해 자신이 기업에 꼭 필요한 인재임을 효과적으로 어필해야 합니다. 그렇다면 효과적인 어필이란 또 무엇일까요? 2022년 10대 소비 키워드 중 하나가 '내러티브 자본'이라고 합니다. 이야기의 힘이 어느 때보다 주목받고 있는 시대입니다. 이야기의 내용과 전달하는 형식이 완벽히 어우러질 때 누군가를 설득할 수 있는 자신만의 서사를 완성할 수 있습니다. 채용 담당자를, 면접관을, 함께 일할 동료들의 마음을 움직일 수 있도록 이야기의 힘을 키워야 합니다.

『에듀윌 시사상식』은 여러분의 서사 완성을 위한 믿음직한 안내자가 되고자 합니다. 시시각각 해마다 급변하는 트렌드에 촉각을 곤두세워 가장 뜨거운 이슈와 상식을 누구보다 빠르게 제공하겠습니다. 가장 필요한 정보를 빠짐없이 전달하겠습니다. 지금껏 그래왔듯이 앞으로도 가장 효율적인 방식으로 상식, 논술, 면접을 준비하실 수 있도록 노력하겠습니다. 모두를 설득하는 이야기를 함께 만들어 가며, 성공의 조력자로서 역할을 다하겠습니다.

눈부신 미래를 꿈꾸며 하루하루를 치열하게 보내고 계신 여러분. 강인함과 용맹함을 상징하는 '검은 호랑이'의 해에는 부디 여러분이 원하시는 바를 거침없이 이루실 수 있길 바랍니다. 여러분의 관심과 사랑에 감사드리며, 여러분의 앞날에 행복이 가득하길 기원하겠습니다.

새해 복 많이 받으십시오. 감사합니다.

(주)에듀윌 대표이사 이 중 현

CONTENTS

2022. 01. 통권 제127호

발행일 | 2021년 12월 25일(매월 발행)
편저 | 에듀윌 상식연구소
내용문의 | 02) 2650-3912
구독문의 | 02) 397-0178
팩스 | 02) 855-0008
ISBN | 979-11-360-0887-9
ISSN | 2713-4121

※「학습자료」및「정오표」도 에듀윌 도서몰
 (book.eduwill.net) 도서자료실에서 함께
 확인하실 수 있습니다.
※ 이 책의 무단 인용·전재·복제를 금합니다.

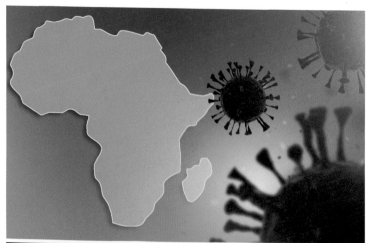

PART 02

분야별 최신상식

PART 03
취업상식 실전TEST

PART 04
상식을 넘은 상식

PART

01

Cover
Story

이 달 의 가 장 중 요 한 이 슈

1.

신종 변이 오미크론의 습격

델타보다 전염력 5배...
무너지는 K방역

남아프리카 공화국에서 시작된 코로나19 새 변이 바이러스인
오미크론이 전 세계로 급격히 확산했다.
오미크론의 전염력은 5배에 달하고
돌파감염 가능성이 커 백신 무용론까지 제기됐다.
일각에선 오미크론의 증세가 가볍다는 이유로 낙관론을 펼쳤다.
오미크론이 확산세를 이어가는 가운데 각국에서 방역의 고삐를
다시 죄며 백신 접종 의무화를 추진하자, 부작용 우려를 무시한 채
개인의 백신 접종 선택의 자유를 침해한다며
분노하는 시민들의 목소리가 커졌다.
유럽에서는 백신패스 도입을 반대하는 시민들이
정부를 빅브라더에 비유했다. 전파력 강한 오미크론 변이가
국내에도 확산 조짐을 보이는 가운데 확진자 수가 역대 최대를 기록하고
위중증·사망자까지 크게 늘면서 K방역은 큰 위기에 직면했다.

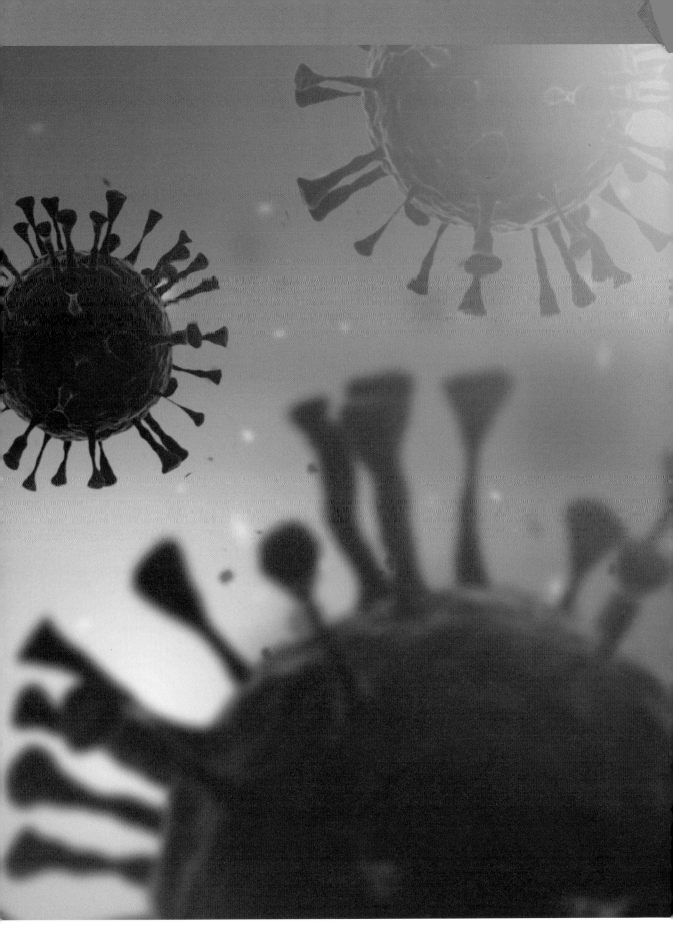

남아공발 오미크론 변이 확산...
3주간 확진자 30배 폭증

남아프리카 공화국에서 시작된 코로나19(COVID-19) **새 변이**(하나 이상의 돌연변이가 있을 수 있는 바이러스 유전 코드) **바이러스**(B.1.1.529)가 급격히 확산하면서 전 세계가 공포에 휩싸였다. 지난 10월 11일 아프리카 남부 보츠와나에서 처음 발견된 새 변이는 남아공을 강타했다. 남아공에서 코로나19 확진자는 11월 8일 하루 100명대였지만 11월 26일(현지시간) 2828명으로 3주간 무려 30배가량 폭증했다.

CNN, BBC 등 외신에 따르면 세계보건기구(WHO)는 이날 긴급회의를 열고 남아공에서 집중 확산 중인 B.1.1.529 변이를 **■우려변이(VOC)**로 분류하고 명칭은 **오미크론**(Omicron)이라고 지정했다. 오미크론은 그리스 문자 알파벳 15번째 글자다. WHO는 "오미크론 변이는 많은 수의 돌연변이를 가지고 있으며 이 변이가 재감염 위험을 증가시키는 것으로 보인다. 이전에 출현한 어떠한 변이보다 감염 급증 속도가 더 빠르다"고 밝혔다.

실제로 **돌파감염**(백신 권장 접종 횟수만큼 접종한 뒤 확진되는 경우) 사례가 쏟아져 나오면서 오미크론 변이는 급속도로 퍼졌다. 12월 9일 기준 63개

국으로 오미크론 변이가 확산된 가운데 전문가들은 오미크론 변이가 강력한 면역 회피성을 보인다고 우려했다.

영국 일간지 가디언에 따르면 11월 26일 노르웨이 오슬로의 한 레스토랑에서는 백신 접종을 완료한 손님 111명이 크리스마스에 파티에 참석했으나 이 가운데 80명이 집단 감염됐다. 이 중에는 부스터샷 접종까지 완료한 사람도 있었다.

킹스 칼리지 런던의 팀 스펙터 유전역학 교수는 "델타 변이에 비해 오미크론 변이에서 다중 감염 사례가 더 많이 발생하는 것으로 보인다"며 "델타 변이의 경우 같은 모임에 참석한 사람들 전부를 감염시키지 않았으며 6명 중 1명꼴로 사람들을 감염시켰다"고 말했다.

■ 우려변이 (VOC, Variant Of Concern)

우려변이는 더 강력한 전파력, 더 심각한 질병(예: 입원 및 사망 증가), 이전 감염이나 백신 접종으로 생성된 항체 중화 반응의 현저한 감소, 치료법이나 백신의 효과 감소, 진단 검출 실패 등에 대한 증거가 나타난 변이다. 우려변이는 관심변이의 특성에다 진단, 치료, 백신에 대해 영향을 미치고 감염성 및 질병 중증도가 증가한다는 특성을 갖는다. 2021년 12월 기준 델타와 오미크론이 우려변이로 지정돼 있다.

관심변이(VOI, Variant Of Interest)는 수용체 결합의 변화와 관련된 특정 유전자 표지, 이전 감염 또는 예방 접종으로 생성된 항체의 중화 반응 약화, 치료 효과 감소, 잠재적 진단 영향 또는 감염성이나 질병 중증도의 예측된 증가가 관찰되는 변이로서 2021년 12월 14일 기준 우려변이로 지정된 변이는 없다.

델타보다 전염력 5배...경증에 낙관론도

과학자들의 연구에 따르면 오미크론 변이는 바이러스 표면 **스파이크 단백질에 돌연변이를 델타 변**

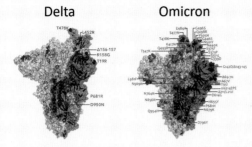

Delta **Omicron**

▲ 영국 정부 협력 연구기관은 오미크론 변이의 스파이크 단백질에 32개의 돌연변이가 존재하는 모습을 나타낸 그래픽 이미지를 발표했다. (자료 : 영국 코로나19 유전체학 컨소시엄)

이보다 2배 더 높은지 지난과 설별력은 6배에 달한다는 분석까지 나아 일가에서는 배신 무용론까지 제기됐나. 오미크론 확산에 따라 전 세계적으로 국경을 닫는 움직임도 나타나기 시작했다.

중국 국가식품약품감독관리총국(NIFDC) 소속 왕요우천 선임 연구원은 알파, 베타, 감마, 델타, 뮤 등 다른 변이와 비교한 결과 오미크론이 백신으로부터 생긴 면역 방어를 회피할 수 있는 상당 하 지식을 부위티는 써가 학위이 17일 11일 국제 학술지에 게재했다.

이스라엘 벤구리온 대학의 면역학자 토머 헤르츠 교수는 "이번 변이는 스파이크 단백질에만 30개 이상의 돌연변이가 포함됐고, 게놈 전체에는 50개 정도의 돌연변이가 있는 것으로 알려졌다. 면역을 회피할 수 있는 능력이 있고 감염 능력도 높아진 것으로 보인다"라고 분석했다.

각국 방역 당국과 전문가들은 오미크론이 일반적인 감기 바이러스에서 일부 유전자를 가져온 혼종이어서 전파력이 강하고 돌파감염 가능성이 크지만 감염 증세가 대부분 경미한 수준에 그쳤다는 데 주목하고 있다. 델타 변이와 달리 대부분의 오미크론 변이 감염자에게는 호흡 곤란 증상이 나타나지 않았다.

일각에서는 **증세가 가벼운 오미크론 변이가 델타 변이를 몰아내고 우세종이 되면 인류에게 '크리스마스 선물'이 될 수 있다**고 낙관론을 펼쳤다. 그러나 영국에서 12월 13일 오미크론 감염 환자가 처음으로 사망하는 사례가 나타났다. 전문가들은 **오미크론의 중증도가 낮다고 해도 감염력이 강한 데다가 백신 효과가 떨어지는 만큼 중환자가 많이 나올 수 있다**며 나가조 쉬잎히 행동이니 ㅁ 성고했다.

➕ 오미크론 명칭 논란...시(Xi)진핑 의식했나

세계보건기구(WHO)가 코로나 새 변이(B.1.1.529)를 오미크론(Omicron)이라고 이름 붙인 것에 대해 중국의 눈치를 본 것 아니냐는 평가가 제기됐다. WHO는 그동안 새로운 코로나19 변이에 대해 알파, 베타, 감마, 델타 등 그리스 알파벳 순서대로 이름을 붙였다. 순서대로라면 이번 변이는 뉴(NU)가 올 차례이고 그 다음 변이는 크시이 되나, 피이(Xi)로 불리아 한나. 이시번 이 모반 긴 너띠고 오미크론이 됐다 영고 일가지 텔레가래프는 소식통을 인용해 WHO가 뉴는 새롭다는 뜻의 뉴(new)와 혼동을 피하기 위해, 자이는 시진핑 중국 국가주석의 성인 시(Xi)와 같다는 이유로 피했다고 보도했다. WHO는 코로나19 바이러스의 중국 우한 기원설 조사 과정에서 근거 부족 등을 이유로 사실상 중국에 면죄부를 주는 등 친중 행보를 보인다는 이유로 도널드 트럼프 전 미국 대통령과 갈등을 빚기도 했다.

▌그리스 알파벳

대문자	소문자	이름	대문자	소문자	이름
Α	α	알파	Ν	ν	뉴
Β	β	베타	Ξ	ξ	자이
Γ	γ	감마	Ο	ο	오미크론
Δ	δ	델타	Π	π	파이
Ε	ε	엡실론	Ρ	ρ	로
Ζ	ζ	제타	Σ	σ	시그마

Η	η	에타	Τ	τ	타우
Θ	θ	세타	Υ	υ	입실론
Ι	ι	이오타	Φ	φ	피
Κ	κ	카파	Χ	χ	치
Λ	λ	람다	Ψ	ψ	프사이
Μ	μ	뮤	Ω	ω	오메가

오미크론 전 대륙 확산...
백신 접종 의무화에 시민 반발

▲ 오스트리아 인스부르크에서 백신 의무 접종에 반대하는 시위가 열리고 있다.

12월 14일(현지시간) 네덜란드 BNO 뉴스 등 주요 외신에 따르면 이날까지 76개 국가·지역에서 누적 1만1792명의 오미크론 변이 감염자가 발생했다. 지역사회 전파와 집단 감염이 일어나면서 확진자가 급증했다.

이날까지 남아프리카 공화국에서는 오미크론 감염자가 900명, 영국이 4713명, 덴마크 3437명 등 유럽에서 오미크론 감염자가 많이 나왔다. 북미에서는 미국에서 192명, 캐나다 178명, 브라질 8명 등이다. 아시아에서는 우리나라 119명, 인도 40명, 일본 13명 등이고 호주에서도 108명 발견됐다.

남아공이 11월 24일 WHO에 처음 보고한 이후 일주일 만에 오미크론은 아프리카, 유럽, 북미, 남미, 아시아, 오세아니아 등 6개 대륙에 모두 확산됐다. 각국이 방어막 구축에 나선 가운데 단계적 일상회복(위드 코로나)의 희망도 다시 수그러들었다.

일본·이스라엘 등은 전면 입국 금지에 착수하며 국경을 차단했고 **스위스 루체른에서 12월 11일부터 열릴 예정이었던 동계 유니버시아드는 취소됐**다. 영국은 지난 7월부터 유지해 온 위드 코로나를 사실상 포기하고 마스크 의무화에 들어갔다. 미국은 5차 대유행 가능성이 높다며 오미크론 확산을 기정사실로 받아들였다.

오미크론이 확산세를 이어가는 가운데 각국에서 방역의 고삐를 다시 죄며 백신 접종 의무화를 추진하자, 부작용 우려를 무시한 채 개인의 백신 접종 선택의 자유를 침해한다며 분노하는 시민들의 목소리가 커졌다.

우리나라에서도 만 12세 이상에게 사실상 백신 접종을 강제하는 방침에 반발이 일고 있는 가운데 **오스트리아 정부는 12월 9일**(현지시간) **유럽 국가 최초로 만 14세 국민을 대상으로 백신 접종 의무화** 방안을 발표했다. 독일이나 그리스, 영국 등 백신 의무화를 추진하는 나라가 늘고 있다.

12월 11일(현지시간) 오스트리아 수도 빈에서는 경찰 추산 4만4000여 명이 모여 접종 의무화 반대 시위를 벌였다. 시민들은 **"백신 파시즘에 반대한다"**는 내용의 피켓을 들고 의무화 철회를 촉구했다. 영국 런던에서는 백신패스(접종증명서) 도입을 반대하는 사람들이 거리 시위에 나서 정부를 독일 나치나 **■빅브라더**에 비유했다. 네덜란드에서는 방역 조치에 반대하는 시위에 경찰이 총격을 가해 2명이 중상을 입기도 했다.

■ 빅브라더 (big brother)

빅브라더는 정보의 독점을 통해 사회를 통제하는 관리 권력 또는 그러한 사회 체계를 일컫는 말이다. 영국 소설가 조지 오웰(George Orwell, 1903~1950)의 디스토피아(dystopia : 부정적이고 암울한 미래) 소설 『1984』에서 처음 등장했다. 소설에는 마이크로폰과 헬리콥터, 텔레스크린 등의 첨단 기술을 이용해 개인을 통제하고 감시하는 독재자 빅브라더가 등장한다.

위드 코로나 섣불렀나...
무너지는 K방역

전파력이 강한 오미크론 변이가 국내에도 확산 조짐을 보이는 가운데 K방역은 큰 위기에 직면했다. 12월 들어 연일 확진자 수는 역대 최대인 7000명에 달해 기록했고 12월 15일에는 위중증 환자가 900여 명, 사망자가 100여 명에 육박하며 나란히 역대 최다를 기록했다.

코로나19 위중증 환자를 위해 쓸 수 있는 병상이 모두 가동되면서 수도권 의료 붕괴는 현실이 됐다. 코로나19에 감염돼 호흡 곤란을 겪다가 병상 배정을 받지 못해 기다리다가 숨지는 환자까지 속출했다. 수도권 간호사 등 의료진들은 공공 병상 확대와 인력 충원 없이 이뤄진 위드 코로나가 무책임한 정책이었다고 성토했다.

코로나19 초기 대처가 우수했다고 칭송받기도 했던 K방역은 위드 코로나 전환을 기점으로 급속히 무너지고 있다. 감염병 전문가들은 **준비 없는 위드 코로나 전환이 의료 체계 붕괴를 불렀다**고

지적한다. 가장 큰 문제는 고령층 위중증 환자 증가이다.

백신 접종 초기 한국은 중화능(바이러스를 무력화할 수 있는 능력)이 **■핵산백신**(mRNA) 기반 백신보다 떨어지는 **■전달체백신**(바이러스 벡터) 백신인 아스트라제네카만 대량으로 보유했던 탓에 고령층을 중심으로 접종을 시작했다.

하지만 아스트라제네카 백신은 효능 지속력이 고령층을 중심으로 백신 효과가 급격히 떨어진 상태에서 위드 코로나로 전환하면서 위중증 환자나 사망자가 급격히 늘었다는 분석이 나온다. 적어도 9월에 고령층 부스터샷(3차 접종)을 시작했어야 하나 방역 당국은 당시 2번만 맞으면 접종 완료라고 인식하고 있었다.

방역 당국은 12월 10일 현재 2차 접종 완료 후 4~5개월 이후로 권고 중인 3차 접종 신청을 18세 이상 전체 대상 3개월로 단축한다고 밝혔다. 김부겸 국무총리는 12월 15일 사적모임 인원을 축소하고 영업시간을 제한하는 등 위드 코로나를 잠시 중단할 방침을 시사했다.

■ 핵산백신·전달체백신

핵산백신(mRNA·메신저 리보핵산)은 코로나19 바이러스의 표면항원 유전자를 RNA 형태로 몸에 주입해 체내에서 표면항원 단백질을 생성해 면역 반응을 유도하는 백신이다. 전달체(바이러스 벡터) 백신은 코로나19 바이러스의 표면항원 유전자를 다른 바이러스 주형에 넣어 몸에 주입하는 방식이다. 우리나라에서 현재 접종 가능한 백신 가운데는 아스트라제네카와 얀센 백신이 전달체백신이며 화이자와 모더나 백신이 핵산백신이다.

2.

우크라이나에 감도는 전운

17만 러시아 병력 집결...
美 고강도 제재 경고

러시아가 2022년 초 17만5000명의 군대를 투입해 우크라이나를 공격할 것이란 관측이 제기됐다. 우크라이나는 러시아와 유럽을 연결하는 지정학적 요충지다. 2014년 러시아의 크림반도 점령 후 우크라이나는 북대서양조약기구(NATO)에 가입해 미국의 안보 우산에 들어가려 했다. 러시아는 우크라이나의 친서방 노선을 비판하며 우크라이나의 NATO 가입에 반대했다. 일촉즉발 위기 속에서 바이든 미 대통령은 러시아에 경제 제재와 군사적 대응을 경고했다.

"러시아 17만 병력으로
2022년 초 우크라이나 침공 준비 중"

러시아가 머지않아 우크라이나를 공격할 것이란 관측이 제기되면서 거대한 **전운**(戰雲 : 전쟁이 일어나려는 험악한 형세)이 지구촌을 뒤덮는 모습이다. 미국 일간지 워싱턴포스트(WP)는 12월 3일(현지시간) 미국 정보기관의 분석을 인용해 러시아가 이르면 2022년 초 17만5000명의 군대를 투입해 우크라이나 국경 지대 여러 곳을 동시에 침공할 준비를 하고 있다고 보도했다.

앤소니 블링컨 미 국무장관은 이 같은 정보를 토대로 "러시아가 우크라이나를 대규모로 침공하려는 계획의 증거가 있다"며 "러시아가 침공할 경우 고강도 경제 제재 등 심각한 결과가 있을 것"이라고 경고했다.

우크라이나는 러시아와 유럽을 연결하는 지정학적 요충지로서 1991년 소련(소비에트연방) 붕괴 당시 독립했다. 우크라이나는 구소련으로부터 176개 핵미사일과 1800기의 핵탄두를 물려받았지만 1994년 미국·영국·러시아로부터 경제 지원과 다자 안전보장을 받는 조건으로 핵무기를 모두 폐기했다.

이후 우크라이나 정부는 미국·유럽연합(EU) 등 서방 국가에 치중하는 노선을 추구했지만 친러시아 성향 분리 독립 세력이 반발하며 내전에 가까운 갈등을 빚었다. 이 상황을 틈타 **러시아는 2014년 우크라이나의 영토이지만 친러시아 성향 주민들이 다수 거주하는 크림반도를 무력으로 점령**한 뒤 러시아 영토로 병합했다.

러시아는 크림반도 점령 후에도 **우크라이나의 친서방 노선을 비판하며 우크라이나의 ▪︎북대서양조약기구(NATO·나토) 가입 및 NATO의 우크라이나 내 군사 활동에 반대**했다. 최근 들어서는 예비군을 동원하고 우크라이나 국경 지역에 군사 훈련에 나서는 등 긴장 수위를 높였다.

우크라이나 침공설에 대해 러시아는 공식적으로 부인하고 있으나 우크라이나 돈바스 지역에서 활동하는 친러시아 반군을 지원하고 있다. 미국과 우크라이나 관료들은 러시아가 이번에 우크라이나를 공격한다면 2014년 크림반도 합병 당시보다 훨씬 내규모가 될 것으로 전망했다.

■ 북대서양조약기구 (NATO, North Atlantic Treaty Organization)

북대서양조약기구(NATO)는 1949년 미국 워싱턴에서 조인된 북대서양조약을 기초로 미국, 캐나다와 유럽 10개국 등 12개국이 참가해 발족시킨 집단방위기구다. 2021년 기준 30개국이 회원국으로 가입되어 있으며 본부는 벨기에의 브뤼셀에 있다. NATO는 창설 당시 냉전 체제하에서 구소련을 중심으로 한 동구권의 위협에 대항하기 위해 집단방위기구로 창설됐다.
1955년 서독이 NATO에 가입하자 소련 등의 공산권 국가들은 이에 대한 대항 조치로 NATO에 버금가는 지역안보 기구인 '바르샤바조약기구'를 창설했다. 소련 해체와 함께 1991년 바르샤바조약기구가 해체되자 이후 NATO는 미국의 주도로 지역 분쟁에 대처하는 유럽 안보기구로서 새로운 전략을 채택했다.

러시아는 왜 우크라이나를 침공하려 하는가

▲ 러시아–우크라이나 국경 지도

러시아의 반발 속에 NATO는 계속 동쪽으로 전진했다. 2016년 **에스토니아·리투아니아·라트비아 등 발트 3국**과 폴란드·루마니아·불가리아에 NATO군이 배치됐다. 조 바이든 미국 대통령은 최근 민주주의 국가의 단합을 촉구하며 중국·러시아를 배제하려는 외교 행보를 보였다.

바이든 대통령은 12월 9일 **110개국 정부와 시민 사회, 민간 분야 관계자들을 초청해 화상으로 진행한 민주주의 정상회의**(summit for democracy)에서 러시아, 중국 등을 겨냥해 '독재자들'이라고 비난하기도 했다.

2014년 이후 친서방 정권이 집권 중인 우크라이나는 이런 시기를 틈타 NATO 가입을 시도하고 있고 러시아는 위기감이 커졌다.

우크라이나는 NATO에 가입함으로써 미국의 안보 우산에 들어가 러시아의 위협을 막아내려 한다. 그러나 집단 안전 보장 체제인 NATO의 일원으로서 우크라이나가 러시아의 공격을 받는다면 서방이 자동 개입하며 사실상 제3차 세계대전이 벌어질 수 있다.

■ 범슬라브주의 부활을 노리는 러시아로써 우크라이나는 포기할 수 없는 문명권이다. 우크라이나 수도 키예프는 러시아와 뿌리를 함께한다. 오늘날 우크라이나 영토와 대략 일치하는 키예프 공국이 바로 러시아 초기의 역사였다. **키예프 공국이 비잔티움 제국으로부터 받아들인 그리스 정교와 키릴 문자는 지금도 러시아 문화에 강력한 영향력을 행사하고 있다.** 오늘날 러시아 제국은 공국이 13C 몽골의 침략에 멸망한 뒤 동북부로 이주해 건설한 곳이다.

우크라이나가 친서방 노선을 걸을수록 러시아가 서유럽 민주주의 국가와 직접 맞닿는 통로가 열리는 것도 블라디미르 푸틴 러시아 대통령에게는 부담이다. **푸틴 정부에 비판적인 러시아 독립 매체 노바야 가제타의 편집장 드미트리 무라토프가 2021년 노벨 평화상을** 공동 수상했을 정도로 러시아는 권위주의 독재 정치 상황이 상해지고 있다.

푸틴 대통령은 자국에서 압도적인 지지를 받고 있지만 현 정부에 대한 비판도 적지 않다. 만약 우크라이나가 NATO에 편입되면 서유럽의 민주주의가 러시아에 빠르게 침투할 것이다. 장기 집권을 바라는 푸틴 대통령은 무력을 써서라도 이를 막아야 한다는 판단을 한 것으로 보인다.

■ 범슬라브주의 (pan–Slavism)

범(凡)슬라브주의는 자신들을 슬라브 민족이라고 생각하는 민족들의 연대와 통합을 지향하는 민족주의 운동이다. 그 시작은 19C 중반 무렵 수세기간 오스트리아–헝가리 제국·오스만 제국·베네치아 공화국 등 외세의 통치를 받은 발칸 반도의 독립운동을 중심으로 시작됐다. 이러한 민주주의적 범슬라브주의와 달리 러시아 제국을 중심으로 슬라브 민족을 통합시키려는 반동적인 범슬라브주의도 있었다. 제1차 세계대전 이후 슬라브 민족의 거의 독립하며 범슬라브주의는 소멸했다. 현재 우크라이나 내 친러시아 세력은 범슬라브주의를 내세워 러시아와의 통합을 주장하고 있다

바이든–푸틴 담판…
소득 없이 '벼랑 끝 대치'

▲ 바이든 미국 대통령이 푸틴 러시아 대통령과 화상 회담을 진행하고 있다.

일촉즉발 위기 속에서 바이든·푸틴 양국 대통령은 12월 7일(현지시간) 2시간 넘게 화상으로 정상회담을 했다. 그러나 소득은 없있고 양국 긴 분위기는 더 험악해졌다. 바이든 대통령은 러시아가 우크라이나 침공을 감행하면 강력한 경제 제재와 함께 군사적 대응에 나설 것이라고 경고했다.

제이크 설리번 백악관 국가안보보좌관은 "우리가 NATO 동맹국에 군사를 보내느냐가 아니다. 어떻게 더욱 결단력 있는 방식으로 추가 자원을 투입하느냐는 것"이라고 했다. **러시아가 우크라이나를 침공하면 NATO 동맹국에 미군을 파병하고 확전을 불사하겠다는 의미다.**

푸틴 대통령 측근에 대한 ▪**SWIFT**(국제결제망) 퇴출 등 금융 제재에 더해 러시아와 독일을 연결하는 가스관인 ▪**노르트스트림2**에 대한 제재에 나설

수 있다고도 했다. G7 외교부 장관들도 강력 경고를 보낸 가운데 올라프 숄츠 독일 총리는 러시아가 우크라이나 경제에 심각한 손상을 줄 경우 노르트스트림2 이용을 금지하겠다고 가세했다.

푸틴 대통령도 물러서지 않았다. 러시아 측 발표에 따르면 푸틴 대통령은 이날 "우크라이나를 둘러싼 서방의 군사력 증강이 문제"라며 "NATO가 러시아 국경 쪽으로 추가 확장하거나 우크라이나에 공격무기를 배치하지 않는다는 법적인 약속이 있어야 한다"고 맞섰다.

▪ SWIFT (Society for Worldwide Interbank Financial Telecommunication)

SWIFT(스위프트)는 '국제은행간통신협회'의 줄임말로, 국제 금융거래 정보를 안전한 환경에서 교환할 수 있도록 은행과 기타 금융기관 사이를 네트워크로 연결하는 단체다. 1973년 설립됐으며 벨기에에 본부를 두고 있다. 현재 200개 이상의 국가와 지역 내 1만1000여 개 이상의 금융기관이 SWIFT 네트워크를 이용해 돈을 지불하거나 무역 대금을 결제하고 있다. SWIFT에서 퇴출당하면 사실상 국제 금융거래가 불가능하다. 국제 사회는 2012년 SWIFT를 이용해 이란에 경제 제세를 가한 바 있다. 당시 미국과 EU는 이란에 대한 경제 제재로 이란 중앙은행을 비롯한 30여 개 금융기관과 기업들을 스위프트에서 강제 탈퇴시켰다.

▪ 노르트스트림2 (Nord Stream2)

노르트스트림2는 러시아에서 발트해를 거쳐 독일로 이어지는 약 1200km 길이의 천연 가스 수송관으로 2021년 9월 완공됐다. 노르트스트림2와 기존 노르트스트림1을 통해 러시아에서 서유럽으로 보내는 천연가스 양은 1100㎥로 서유럽 천연가스 수요의 절반에 가깝다. 노르트스트림1과 달리 노르트스트림2는 우크라이나를 경유하지 않아 우크라이나로서는 가스관에 징수하던 통행료를 받지 못해 경제적 타격을 받을 수 있으나 서유럽으로서는 더 안정적인 에너지 공급이 가능하다. 유럽 일각과 미국에서는 러시아에 천연가스 의존도가 높아지면서 에너지 안보를 위협받는다는 우려가 나온다. 특히 자국의 천연가스 수출이 줄어들 수 있는 미국은 노르트스트림2 건설을 반대했고 독일은 내정 간섭이라고 반발했다.

분 야 별
최신상식

9개 분야 최신이슈와 핵심 키워드

분야별 최신상식

정치 행정

국회, 2022년도 예산안 607.7조 슈퍼예산안 의결

역대 최대 규모 돈 풀기

국회는 12월 3일 본회의를 열어 **607조7000억원**(총지출 기준) **규모의 2022년도 예산안**을 의결했다. 이날 통과한 2022년도 예산안은 정부안(604조4000억원)에서 3조3000억원 순증된 역대 최대 규모다. 2021년에 이어 2년 연속 정부안보다 늘었다. 코로나19 장기화에 따른 피해지원 및 방역 예산이 증가한 결과다.

예산안 법정 처리시한(12월 2일)**은 지키지 못했다.** 애초 국회는 전날 심야 본회의를 열어 예산안을 처리할 예정이었으나 막판 협상과 맞물려 기획재정부의 시트 작업(계수조정 작업)이 늦어지면서 결국 처리시한을 하루 넘기게 됐다. 예산안 본회의 통과 후 박병석 국회의장은 "수정안 준비 실무에 시간이 소요되면서 법정시한보다 9시간 남짓 늦어졌다. 사실상 법정시한을 지킨 것"이라고 했다.

지역화폐 발행·경항모 예산 통과

세부적으로 보면 손실보상금과 매출 감소 지원, 지역사랑상품권(지역화폐) 발행 등 총 68조원 규모의 소상공인 지원사업 예산이 포함됐다. 여야 간 쟁

➕ 국가채무 1000조원 시대 개막

2022년 예산에 따르면 국가채무는 1064조4000억원에 달해 최초로 1000조원을 넘어섰다. 2021년도 본예산(956조원)보다 108조4000억원 많다. 문재인 정부 출범 이후 나랏빚은 5년 만에 404조2000억원 늘었다. 과거 정부(이명박 180조8000억원, 박근혜 170조4000억원)와 견주면 가파른 증가다. 코로나19 위기 등의 영향으로 국가채무, 통합재정수지 적자 모두 '빨간 불'이 들어온 상태다.

경향모 사업은 전시작전통제권 전환, 자주국방 등을 위해 전력 증강을 강력히 추진해 왔던 현 정부 역점 사업이었다. 경향모는 적의 레이더에 탐지되지 않는 스텔스 기능을 보유한 수직이착륙기가 탑재할 수 있어 대북 **■비대칭전력**이 될 것으로 기대를 모았다.

그러나 국민의힘은 경향모 예산의 전액 삭감을 요구했다. 그 당시인 신범식 국민의힘 의원은 이 기 대책토론에서 경항모 사업에 대해 "자전 측면에서 실익은 서여 없고 도 먹는 마시기 되어 두고 두고 애물단지가 될 것"이라고 주장했다.

점 항목이었던 지역화폐 발행 예산은 6052억원이 반영됐다. 애초 정부안 2402억원에서 3650억원이 증액된 결과다.

야당은 지역화폐 예산을 두고 '이재명 예산'이라며 큰 폭의 증액에 반대해 왔다. 국민의힘은 이에 대해 "정부·여당은 예산심의 의무나니 코로나로 인해 생손이라는 작은 희망이 번지기 꺼서사는 피해 소상공인과 국민의 절규하는 목소리에 귀를 닫고 외면한 채 오로지 이 후보의 선거지원금 증액에만 몰두했다"고 비판했다. 그러나 김부겸 국무총리는 지역화폐 예산 증액에 대해 여야 모두 요구한 것이라고 일축했다.

여야 협상 결렬의 주요 원인이었던 **■경항공모함**(경항모) 사업 예산은 정부안 원안(72억원)이 그대로 반영됐다. 72억원은 해군과 방위사업청이 관련 예산을 짜면서 기본설계 착수금 62억원, 함재기 자료와 대외군사판매(FMS, Foreign Military Sale) 예산 9억원, 간접비 1억원을 모두 합쳐 신청한 금액으로 구성돼 있다.

■ 경항공모함 (light aircraft carrier)

경항공모함(경항모)은 표준적인 항공모함보다 크기가 작은 항공모함을 말한다. 경항모는 제2차 세계대전 당시 '호위 항공모함(escort aircraft carrier)' 개념에 바탕을 두고 만들어진 제해함에 뿌리를 둔 무기체계다. 제해함이란 디거시 한내 방상선 탑당할 수직이착륙 선투기와 대짐직전용 헬기 10~20여 대를 싣고 저 잡수함, 저 상륙함 선 '제암 등에 대응하는 선술적 증조의 예상 전부함이다.

■ 비대칭전력 (非對稱戰力)

비대칭전력이란 적이 보유하지 못한 대량살상무기나 적의 취약한 부분을 타격할 수 있는 기습공격 및 침투, 게릴라전 등 특수한 전투력을 지칭한다. 비대칭전력은 재래식 무기에 비해 인명을 살상하는 데 있어 월등한 위력을 발휘하며 상대방의 취약점을 공략해 비교적 적은 비용으로 효과를 극대화할 수 있다. 북한은 재래식 무기가 낙후됐지만 핵·장거리미사일 전력 위주로 군사력을 강화해오며 비대칭전력 부문에서 한국보다 앞서 있다고 평가된다.

POINT 세 줄 요약

❶ 국회가 607조7000억원 규모의 2022년도 예산안을 의결했다.

❷ 소상공인 지원사업에 68조원이 포함됐다.

❸ 지역화폐·경항모 사업 예산 등이 야당의 반대에도 반영됐다.

이재명 1호 영입 인재 조동연, 사생활 문제로 사의

▲ 이재명 대선 후보 선대위원장으로 임명된 지 이틀 만에 사퇴한 조동연 씨 (자료 : 더불어민주당)

사생활 논란에 휩싸인 더불어민주당 조동연 상임 공동선대위원장이 12월 2일 사실상 사의를 표명했다. 조 씨는 이날 페이스북에 "그간 진심으로 감사했고 죄송하다"며 "안녕히 계세요"라는 글을 올렸다. 이재명 대선후보 선대위의 '1호 영입 인재'로 송영길 대표와 함께 '투톱'에 파격 임명된 지 불과 이틀만이다.

조 씨는 '82년생 워킹맘'으로 후보의 취약지대인 여성과 2030 청년층을 두루 겨냥한 이선으로 해석됐다. 아울러 육사 출신의 국방 전문가이기도 한 만큼 중도·보수층 소구 효과도 노렸다는 평가가 나왔었다.

그러나 **조 씨는 위원장 임명 직후부터 혼외자 논란**에 휩싸였다. 강용석 변호사 등이 운영하는 극우 성향 유튜브 채널 가로세로연구소(가세연)가 이 문제를 제기하며 의혹이 확대됐지만 당내에선 "전혀 사실이 아니다"라고 부인했었다.

조 씨는 KBS 라디오에 출연해 "나 같은 사람은 꿈이라고 하는 어떤 도전을 할 기회조차도 허락을 받지 못하는 것인지를 묻고 싶었다"며 강행 의지를 보였지만, 가세연이 조 씨 전 남편이 공개한 유전자 검사 친자불일치 결과 메시지까지 공개하자 이틀 만에 고개를 숙였다.

쇄신 작업을 갓 마친 민주당 선대위는 조 씨 논란으로 혼란과 타격이 적지 않았다. **가세연은 조 씨 자녀의 실명과 눈을 가린 사진까지 공개하는 등 무차별 사생활 폭로를 자행**해 야당 측에서조차 선을 넘었다고 지적했다.

조 씨 측은 "혼외자 문제는 부정행위나 불륜이 아닌 2010년 당시 원치 않던 성폭행으로 인한 것이며 성폭력 가해자가 했던 행위나 내용 및 증거를 갖고 있다"고 밝혔다.

✚ 李, 'MZ세대' 인재 발탁

더불어민주당이 12월 1일 'MZ세대'(밀레니얼·Z세대) 청년 인재를 영입한다고 밝혔다. 민주당 후보자 직속 국가인재위원회는 ▲김윤기 인공지능 개발자 ▲김윤이 데이터 전문가 ▲송민령 뇌 과학자 ▲최예림 딥러닝 기반 인공지능 연구자 등 4명의 국가인재 영입을 발표했다. 백혜련 국가인재위원회 총괄단장은 "명망가 중심의 인재 영입보다는 각자 자신의 분야에서 사회에 기여하는 방법을 고민해온 젊은 혁신가들을 발굴하고자 했다"며 "앞으로 이재명 후보와 함께 미래를 설계하고 대한민국 대전환을 이끌어갈 훌륭한 인재들을 적극 영입해 나갈 것"이라고 말했다.

양도세 기준 12억원·가상자산 과세 1년 유예...본회의 통과

국회는 12월 2일 ▪**본회의**를 열어 소득세법 개정안을 의결했다. 이번 개정안은 9억원으로 유지됐

던 '고가 주택'의 기준을 12억원으로 변경하는 내용도 담겼다. 1주택자가 집을 팔 때 12억원 이하인 경우 양도소득세를 내지 않아도 되는 셈이다.

개정안은 또 **가상자산에 대한 과세 시행일도 종전의 2022년 1월 1일에서 2023년 1월 1일로 유예**했다. 정부는 시장의 안정성 등을 이유로 두 가지 개정 방향에 모두 반대했지만, 더불어민주당이 시장의 현실 등을 반영해야 한다며 추진한 끝에 관철했다.

예산안 무수법안 17건 의결

역사적·학술적·예술적 가치가 있는 문화재·미술품을 물납(현금이 아닌 다른 자산으로 세금 납부)할 수 있도록 하는 내용의 상속세 및 증여세법 개정안도 본회의를 통과했다. 압류재산에 가상자산을 **추가**하는 내용의 국세징수법 개정안, 반도체·배터리·백신 등 분야의 국가전략기술사업 투자에 세제 지원을 확대하는 내용의 조세특례제한법 개정안도 의결됐다.

국회는 **아동수당 지급 대상 연령을 현재의 만 7세 미만에서 8세 미만으로 확대**하는 아동수당법 개정안, **2022년부터 출생하는 아동에게 200만원의 바우처를 지급**하는 저출산 고령사회 기본법 개정안, 소규모 사립유치원에도 영양관리를 지원

하도록 하는 학교급식법 개정안도 처리했다.

아동복지 시설 등에서 보호받는 아동이 요청하는 경우 보호기간을 만 18세에서 24세로 연장하는 아동복지법 개정안, 아동학대 전력이 있는 사람이 산후조리 도우미로 취업하는 것을 막는 아동복지법 개정안, 지역균형뉴딜의 근거를 마련한 국가균형발전 특별법 개정안도 본회의를 통과했다. 예제 대해 시진 부역협정(CPTPP) 선내표과서 정책협상시설(IRFP) 비준 동의안, 2030년 부산 엑스포 유치 지원 촉구 결의안도 의결됐다.

■ **본회의 (本會議)**

본회의란 국회의 의사를 최종적으로 결정하는 곳이다. 재적의원 5분의 1 이상의 출석으로 개의되며, 헌법 또는 국회법에 특별한 규정이 없는 한 재적의원 과반수의 출석과 출석의원 과반수의 찬성으로 의결한다. 본회의에서는 의안에 대한 심의와 함께 대통령의 예산안 시정연설, 각 교섭단체의 대표연설 및 대정부질문 등 국정 전반에 대한 토론의 장으로서의 역할을 한다.

국민의힘, '막말 논란' 노재승·함익병 공동선대위원장 내정 철회

국민의힘이 12월 5일 선거대책위원회 **공동위원장**으로 일반인 노재승 씨와 박주선 전 국회부의장, 피부과 전문의 함익병 씨를 내정했으나 함 씨는 과거 독재 옹호와 여성 비하, 노 씨는 과거 막말로 논란이 일면서 내정이 철회됐다.

노 씨는 지난 4월 서울시장 보궐선거에서 유세차

에 올라타 오세훈 당시 후보를 지지하는 일반인 유세 연설로 SNS에서 화제가 됐다. 당시 검은 비니(beanie : 머리에 달라붙게 뒤집어쓰는 모자의 일종)를 쓰고 유세를 해 '비니좌'(비니와 능력이 뛰어난 사람이라는 뜻인 본좌의 합성어)라는 별명을 얻기도 했다.

박 전 부의장은 새천년민주당(더불어민주당 전신) 출신으로 4선 국회의원을 지냈으며 일찌감치 윤석열 국민의힘 후보를 지지한다고 선언한 바 있다.

함 씨는 그동안 TV 방송 프로그램에 자주 출연해 건강 상식을 전달하는 등 대중에 얼굴이 잘 알려져 있다. 그는 과거 언론 인터뷰 등에서 "독재가 왜 잘못된 건가. 더 잘살 수 있으면 왕정도 상관없다"고 주장했고 "여자는 국방의 의무를 지지 않으니 4분의 3만 권리를 행사해야 한다"고 말해 논란을 일으켰다.

노 씨는 과거 자신이 SNS에 남긴 발언이 막말 논란을 빚었다. 노 씨는 5·18 광주 민주화 운동의 일부 장면을 폭동이라고 주장하는 동영상을 자신의 계정에 공유하며 "대한민국 성역화 1대장"이라고 써 비난을 샀으며 "가난한 사람들은 맺힌 게 많다. 김구는 국밥 좀 늦게 나왔다고 사람을 죽인 인간"이라는 발언이 빈축을 샀다. 비판 목소리가 커지자 노 씨는 공동선대위원장을 사퇴했다.

➕ 쇼닥터 (show doctor)

쇼닥터는 방송 매체에 빈번하게 출연하여 근거 없는 치료법이나 건강 기능 식품을 추천하는 일부 의사를 지칭하는 신조어이다. 대한의사협회에 따르면 의사 신분으로 방송 매체에 출연하여 의학적으로 인정되지 않은 시술을 홍보하거나 건강 기능 식품 등을 추천하는

등 간접, 과장, 허위 광고를 일삼는 일부 의사를 말한다. 고령화 추세로 건강 정보에 관심이 증가하면서 건강·의학 정보 프로그램이 크게 늘었다. 그러나 자신의 병원 홍보나 제품 판매를 위해 의학적으로 검증되지 않은 부정확한 정보, 특정 식품이나 의료 시술 등의 효과를 과장하는 쇼닥터들이 범람해 문제가 됐다. 의료법 시행령 32조에 따르면 복지부는 방송에서 거짓·과장 건강·의학정보를 제공하는 의료인에 대해 1년 이내 범위에서 면허를 정지할 수 있다.

심상정·안철수
"양당 체제 극복"…'단일화'는 부인

▲ 심상정(왼쪽) 정의당·안철수 국민의당 대선 후보

심상정 정의당 대선 후보와 안철수 국민의당 대선 후보가 12월 6일 회동을 갖고 제3지대 공조에 닻을 올렸다. 양 후보는 이날 서울 여의도의 한 호텔에서 회동하며 **대장동 개발사업 특혜 의혹과 고발 사주 의혹에 대한 '쌍특검'** 추진에 합의했다.

양 후보는 ▪**결선투표**제 도입에도 함께했다. 이들은 "기득권 양당 체제에 경종(警鐘 : 다급한 일이나 위험을 알리기 위해 치는 종)을 울리는 대통령 선거가 돼야 한다"며 "결선투표제 도입에 뜻을 같이

하며, 다당제가 가능한 선거 제도 개혁을 함께 해 나갈 것"이라고 밝혔다.

심 후보는 회동 후 "양당 정치가 우리 시민들의 삶을 어렵게 하고 있는 적폐"라며 "이런 인식을 (안 후보와) 같이 했고 양당 체제를 극복하고 민생 정치, 미래 정치를 복원하기 위해 여러 정책적인 협력을 하기로 했다"고 말했다.

안 후보는 이번 대선이 이미 이미금 독속하는 의사가 돼서 아니는 치솝 가장 우선시하면서 확진자 1만 명, 중증 환자 2000명 이상을 치료할 수 있는 병상과 의료진을 확충할 것을 정부에 촉구했다.

다만 두 후보는 이른바 제3지대 단일화 여부에 대해서는 선을 그었다. 안 후보는 단일화 관련 질문에 "전혀 계획이 없다"고 밝혔고 장주 민님에 대해서도 말을 아꼈다. 시로 다르 시역에 수한 다 ㅣ 보기 대신 단수 의사를 표명한 바 있고 단일 후보를 낸 드빌힌 명분이 없는 만큼 제3지대 단일화에는 난관이 많을 것으로 보인다.

■ **결선투표 (決選投票, second ballot)**

결선투표는 1차 선거에서 과반수의 표를 얻은 자가 없을 경우 상위 득표자 2인에 대해서 재선거를 하여 과반수의 득표를 한 후보를 당선자로 결정하는 선거제도이다. 프랑스가 대통령 선거에서 결선투표제를 시행하는 대표적인 나라다.

결선투표는 과반수 득표를 한 후보를 당선자로 결정하기 때문에 당선자에게 권력의 정통성과 대표성이 부여되고 1·2차 투표 사이에 유권자들이 인물에 대해 객관적인 평가를 할 수 있는 기회를 제공한다는 장점이 있다.

그러나 정당 간 혹은 후보자들 간 모종의 정치적 거래가 이뤄질 수 있고 유권자가 선택한 최상의 후보가 결선투표에 오르지 못해 지지할 후보가 사라진 유권자들에 의해 차선의 선택 결과로 최종 당선자가 결정돼 오히려 정치적 정통성이 낮아진다는 지적도 있다.

우리나라 대선은 유효투표의 다수를 얻은 자를 당선인으로 결정한다. 가능성은 극도로 낮지만 최다득표자가 2인 이상인 때에는 국회의 재적의원 과반수가 출석한 공개회의에서 다수 표를 얻은 자를 대통령 당선인으로 한다.

공공분양(LH 등)에 적용하던 사전청약 제노가 처음으로 공공택지 내 민간주택에 도입됨에 따라 민간 주택 사전청약이 12월부터 시작된다. **공공택지 내 민간주택이란 공공택지로 개발되는 신도시 등에서 민간사업체가 분양하는 주택**을 말한다. 국토교통부는 12월 13~15일 경기 오산 세교2지구 등에서 첫 민간분양 아파트 사전청약을 받는다고 11월 30일 밝혔다. 첫 민간 사전청약은 3개 지구에서 2528가구다.

지구별로는 ▲경기 오산세교2 A14블록(우미건설) **1391가구** ▲평택고덕 A49블록(호반건설) **633가구** ▲부산장안 B-2블록(중흥건설) **504가구** 등이다. 분양가는 공공 분양 사전청약 아파트와 마찬가지로 주변 시세의 60~80% 수준으로 책정됐다. 59m²는 대부분 3억원대 초반이고, 84m²는 대부분 4억원대 중후반으로 산정됐다. 정부는 민간 주택 사전청약 물량을 12월 3400가구, 2022년 3만 8000가구 등으로 확대할 계획이다.

오산세교2지구에서는 우미건설이 822가구(59m²)를 비롯해 233가구(72m²), 336가구(84m²)를 공급한다. 평택고덕 국제화지구에서는 호반건설이 403가구(84m²), 230가구(100m²)를 내놓는다. 삼성산업단지가 있어 주택 수요가 많은 곳이다. 수서고속철도(SRT) 지제역, 평택~제천 고속도로, 평택~파주 고속도로 등 광역교통망도 양호하다.

부산장안지구에는 중흥건설이 231가구(59m²), 273가구(84m²)를 공급한다. 공공택지에서 공급되는 만큼 분양가 상한제가 적용됐다. 추정 분양가는 주변 시세의 60~80% 수준으로 업체가 추정 분양가를 산정하고 나서 이를 주택도시보증공사(HUG)가 검증했다. 3.3m²당 분양가는 평택고덕지구 1425만원, 오산세교2지구 1248만원, 부산장안지구 1239만원이다.

물량의 37%가 일반공급으로 배정되며 나머지 63%는 신혼부부(20%), 생애 최초(20%), 다자녀(10%) 등에 특별 공급된다. 일반공급의 39.4%, 특별공급의 17.9%를 추첨제로 배정했다. 이렇게 하면 전체 물량의 27%(682가구)가 추첨제로 공급된다.

▌1차 민간 사전 청약 사업지

사업지	건설사	총가구	추정분양가
오산세교	우미	1392	4억3560만원
평택고덕	호반(호반써밋)	633	4억7490만원
부산장안	중흥(중흥S-클래스)	504	4억2520만원

▌2022년 민간 사전청약 계획

분기	가구		지역
1분기	1만2100	수도권	의왕고천, 화성동탄 등 7곳
		지방	부산장안 등 3곳
2분기	6400	수도권	성남복정, 남양주진접2 등 5곳
		지방	대구연호 등 3곳
3분기	4200	수도권	성남금토, 수원당수 등 4곳
		지방	행정중심복합도시
4분기	1만6000	수도권	성남금토, 시흥거모 등 7곳
		지방	남원주역세권 등 8곳

손학규 "제왕적 대통령제 폐지"... 네 번째 대권 도전

▲ 손학규 전 바른미래당 대표
(자료 : 손학규 페이스북)

손학규 전 바른미래당 대표가 11월 29일 "무한 권력의 제왕적 대통령제를 폐지할 대통령이 되겠다"며 대선 출마를 선언했다. 17·18·19대 대선에 이어 네 번째 도전이다.

손 전 대표는 서울 여의도의 한 카페에서 출마 선언식을 열고 "개헌으로 **87년 체제를 청산하고 7공화국을 열겠다.** 대통령제를 폐지하고 의회 중심의 연합정치라는 새로운 길을 열겠다"고 밝혔다.

손 전 대표는 "대통령 선거가 나라를 이끌 비전은 보여 주지 못한 채 상대를 헐뜯고 조롱하는 네거티브 캠페인에 몰두하고 있다"며 "한 명이 대통령이 되면 나머지 한 명은 감옥에 갈 것이라는 말이 나도는 선거를 치르고 있다"고 말했다.

그러면서 "캠프도 없이 광야에서 홀로 외치는 심정으로 국민에게 직접 호소하는 '나 홀로 대선'"이라며 "**양당제**의 극한 대결의 정치를 청산하고 합의에 의한 의회민주주의 정치가 뿌리내리는 데 비지딕 빌림을 하고자 한다"고 밝혔다.

손 전 대표는 하나라당(국민의힘 전신)을 탈당한 후 17·18·19대 대선에서 대통합민주신당 및 민주통합당(더불어민주당 전신), 국민의당에서 각각 대선 경선에 나섰지만 모두 실패했다. 한편, 손 전 대표가 정치적 결단을 하는 날이면 북한 1차 핵실험과 연평도 포격 도발 등 굵직한 일이 터져 그의 행보가 묻혀 버린다는 '손학규 징크스'라는 우스갯소리가 있다.

■ **양당제 (兩黨制)**
양당제는 세력이 비슷한 2개 정당이 선거를 통해 집권하는 정치 형태. 양당제는 효율적·능률적 정부 운영과 책임정치 실현에 적합하지만 집권당의 장기 집권 가능성이 높고 의회가 무력화될 가능성이 크다. 양당제를 구현하는 대표적인 나라로는 민주당과 공화당이 돌아가며 집권하는 미국을 들 수 있고 대통령 직선제 도입 후 더불어민주당과 국민의힘 계열 정당이 계속 집권한 한국도 사실상 양당제에 속한다.

➕ **저녁이 있는 삶**
'저녁이 있는 삶'이란 손학규 민주당 전 대표가 2012년 민주당 대통령 후보 경선에 출마해 내건 슬로건이다. 근로 시간을 단축해 일자리를 늘리면서 여가와 일상을 중시하는 방향으로 삶의 구조를 바꾸자는 의미. 당시 대선에서 손 전 대표는 문재인·안철수 등 경쟁자에 밀려 군소 후보에 머물렀지만 저녁이 있는 삶이란 슬로건은 한국 사회가 복지 사회로 나아가야 할 지향점을 적실히 표현했다고 평가받았다.

문 대통령 "차별금지법 반드시 넘어야 할 과제"

문재인 대통령이 11월 25일 **차별금지법**에 대해 "우리가 인권선진국이 되기 위해 반드시 넘어서야 할 과제"라고 말했다. 이번 발언은 차별금지법 제정에 힘을 싣는 것으로 해석된다. **15년가량 국회 문턱을 넘지 못하고 있는 차별금지법 논의에 진전이 생길지 주목**된다.

문재인 대통령은 이날 국가인권위원회 설립 20주년을 맞이 영등 강연에서 일년 기념식에 참석해 "20년 전 우리는 인간이니 차별금지에 관한 기본법을 만들지 못하고 국가인권위원회법이라는 기구법 안에 인권 규범을 담는 한계가 있었다"며 이같이 밝혔다.

차별금지법은 2007년 제17대 국회를 시작으로 18·19·20대 국회에서도 발의됐었지만 종교계 등의 반대로 통과되지 않았다. 이는 성별, 인종, 성정체성, 지역, 외모 등의 이유로 차별을 하지 않도록 하는 내용을 담고 있다.

21대 국회에서도 국민 10만 명 이상의 동의를 얻어 청원심사가 시작됐는데 국회 법제사법위원회는 지난 11월 심사기한을 21대 국회 임기 종료일인 2024년 5월 29일까지 미뤘다.

문 대통령은 이날 앞서 행사장으로 들어서기 전 **지난 5월 성추행 피해를 호소하다 극단적 선택을 한 고(故) 이예람 공군 중사의 부친을 만났다.** 이 중사 부친은 특검 도입을 요구하고 있는데, 문 대통령은 이 중사 부친의 면담 요청서를 전달받은 뒤 "사안은 보고받아서 잘 알고 있다. 잘 살펴보겠다"고 언급한 것으로 알려졌다.

▪ **차별금지법 (差別禁止法)**
차별금지법은 합리적 이유 없이 성별·장애·병력·나이·성적 지향 등의 이유로 고용·교육기관의 교육 및 직업훈련 등에서 차별을 받지 않도록 하는 내용이 담긴 법률이다. 해당 법안은 지난 2007년 17대 국회에서 처음 발의된 후 20대 국회까지 14년 동안 여러 차례 논쟁의 불씨만 당기고 사라졌다. 한편, 21대 국회 들어서는 2020년 6월 30일 장혜영 정의당 의원이 차별금지법을 대표 발의했다. 해당 법안은 현재 국회에서 계류 중이다.

▲ 윤석열 국민의힘 대선 후보(가운데)와 이준석 대표(왼쪽), 김기현 원내대표가 12월 3일 울산시 울주군 한 식당에서 "김종인, 지금 막 총괄선대위원장직 수락"을 발표한 뒤 어깨동무하고 있다.

윤석열·이준석 갈등 봉합... '킹메이커' 김종인 합류

국민의힘 선거대책위원회에 김종인 전 국민의힘 비상대책위원장이 극적으로 합류했다. 정치권에서는 김 전 위원장의 합류로 윤석열 국민의힘 대선 후보가 '천군만마'를 얻었다는 평가가 나온다. 다양한 선거를 승리로 이끈 김 전 위원장의 경험과 경륜이 윤 후보에게 큰 도움이 될 것이란 관측에서다.

앞서 이준석 국민의힘 대표는 **윤석열 국민의힘 대선 후보로부터 이른바 '패싱'을 당했다는 논란**이 불거지자 페이스북에 "그렇다면 여기까지"라는 글을 남기고 잠적해 사퇴설까지 불거졌다. 그러나 윤 후보와 이 대표는 12월 3일 울산에서 2시간 넘게 회동한 끝에 공감대를 이뤘다.

국민의힘 대변인단은 회동 직후 브리핑에서 "대선에 관한 중요사항에 대해 후보자와 당 대표, 원내대표는 긴밀히 모든 사항을 공유하며 직접 소통을 강화하겠다"고 밝혔다.

윤 후보는 "선거 전략에 있어서 이 대표가 방향을 얘기하면 전폭적으로 수용해 이견이 없다"고 말했다. 이 대표는 자신의 잠행에 대해 "소위 **윤핵관(윤석열 핵심 관계자)이란 사람들에 대해 경고한 것**이지 후보와는 어떤 이견도 없었다"고 밝혔다.

김종인·김병준 갈등 불씨
'킹메이커' 김종인 전 비대위원장에게 전권을 주고 선거대책위를 맡겨야 한다고 주장한 이준석 대표와, 이러한 주장이 탐탁지 않았던 윤석열 후보의 갈등이 봉합되면서 썰물이 들어오듯 김종인 전 비대위원장도 선대위에 합류했다.

다만 김종인 전 비대위원장이 앞서 국민의힘 상임 선대위원장으로 원톱 역할을 맡던 ▪**김병준** 위원장과 껄끄러운 관계라는 점을 감안하면 선대위에서 재차 갈등이 불거질 수 있다는 우려도 있다.

김병준 위원장은 "윤 후보가 뇌물 받은 전과자와 손을 잡을 리 없다"며 김종인 전 비대위원장의 전과 이력을 꺼내놓으며 치부를 건드린 바 있고 김종인 전 비대위원장은 김병준 위원장을 '하류적 사고방식을 가진 사람'이라고 맞불을 놓는 등 두 사람은 앙숙에 가깝다.

이에 김병준 전 비대위원장의 합류를 꺼리는 쪽에서는 '김병준 사퇴론'을 제기했다. 김병준 위원장이 사발적으로 사퇴를 결단하면 김종인 전 비대위원장이 선대위에 합류할 것이란 관측에서였다. 김종인 전 비대위원장과 가까운 이준석 대표는 김병준 위원장에 대해 "전투지휘 능력과 실적이 없어 우려된다"고 폄하하기도 했다.

그러나 김병준 위원장은 12월 1일 언론 인터뷰에서 "내가 무너지면 사람(윤석열) 하나가 빠지는 것이 무너지는 것이기 때문에 (사퇴는) 절대로 안 된다"고 했다. 김병준 위원장은 언론 인터뷰에 적극 나서며 윤 후보를 지원했다. 사실상 선대위 원톱으로 나선 모양새였다.

그러나 김 전 위원장이 선대위에 합류하고 윤 후보는 김 전 위원장에게 '선대위 운영 전권'을 약속한 것으로 알려지면서 김병준 위원장으로서는 난처한 상황이다.

선대위 인선과 정책, 핵심 메시지 구성은 김종인 전 비대위원장이 총괄하고 홍보·미디어 전략은 이준석 대표가 담당한다. 이런 가운데 상임선대위원장인 김 위원장은 활동의 보폭을 대폭 축소할 수밖에 없어 내홍이 불거질 수 있다.

■ **김병준** (金秉準, 1954~)

김병준은 대한민국의 정치인이자 대학교수이다. 현재는 윤석열 국민의힘 대선 후보 상임선대위원장을 맡고 있다. 노무현 정부에서 청와대 정책실장을 역임하고, 2006년 부총리 겸 교육인적자원부(현 교육부) 장관에도 임명됐지만 한나라당(국민의힘 전신)에서 논문 표절 의혹을 제기하여 취임 13일 만에 사퇴하였다. 박근혜 정부에서 국무총리로 내정되었으나, 실제로 임명되지는 않았다. 김병준은 지방자치제가 본격 실시되기 전까지 우리나라에서는 개념조차 생소했던 지방자치, 지방분권 분야를 개척한 인물로 평가받는다.

검찰, 김만배·남욱·정영학 구속 기소

경기 성남시 분당구 대장동 개발 특혜 의혹을 수사하는 검찰이 11월 22일 화천대유자산관리 대주주 김만배 씨, 천화동인 4호 소유주 남욱 변호사, 천화동인 5호 소유주 정영학 회계사를 재판에 넘겼다.

서울중앙지검 전담수사팀(팀장 김태훈 4차장검사)은 이날 김 씨와 남 변호사를 특정경제범죄가중처벌법상 배임·횡령, 특정범죄가중처벌법상 뇌물공여 등의 혐의로 구속 기소했다. 검찰은 녹취록을 제출하며 수사에 협조해왔던 정 회계사도 배임 ▪**공범**으로 **의율**(擬律 : 법원이 법규를 구체적인 사건에 적용)해 불구속 기소했다.

이들은 유동규 당시 성남도시개발공사 기획본부장(구속 기소)과 공모해 2015년 대장동 개발 사업자 공모·선정·협약 과정에서 부당한 특혜를 제공받고 651억원 이상의 택지개발 배당이익과 1176억원 이상의 시행이익을 챙겨 그만큼 성남도시개발공사에 손해를 끼친 혐의(배임)를 받는다.

정영학 회계사는 특경법상 배임 혐의 공범으로 의율됐지만 검찰 수사 초기부터 스스로 출석해 사건 관련자들의 대화 녹취록을 제공하면서 협조한 점을 참작받아 불구속 상태로 재판받게 됐다. 검찰은 정 회계사가 범죄신고자법상 '부패범죄 신고자'에 해당해 형을 감경하거나 면제할 수 있는 대상이라고 판단했다.

이른바 '50억 클럽'이라고 불리는 화천대유의 정·관계 로비 의혹은 기소 대상에 포함되지 않았다. 검찰은 김 씨의 1차 구속영장 청구서에 화천대유에서 근무했던 곽상도 전 의원 아들이 받은 퇴직금 50억원이 뇌물이라고 적었지만 이번 공소장에는 빠졌다.

검찰은 11월 17일 곽 전 의원의 자택과 사무실, 하나은행 본점을 압수수색한 자료를 분석한 뒤 곽 전 의원을 피의자 신분으로 불러 조사할 것으로 보인다.

'대장동 의혹' 유한기 극단 선택

경기 성남시 대장동 개발 특혜 의혹과 관련해 2억원의 뇌물을 받은 혐의로 구속영장이 청구된 유한기 전 성남도시개발공사 개발사업본부장이 12월 10일 사망하면서 검찰의 '윗선수사'가 중대 고비를 맞았다. 정치권에서 대장동 특검도입 논의가 재점화되면서 윗선수사가 사실상 중단되는 것 아니냐는 우려까지 나오고 있다.

대장동 개발 의혹을 수사 중인 서울중앙지검 전담수사팀은 12월 9일 유 씨에 대해 특정범죄가중처벌법상 뇌물수수 혐의로 사전구속영장을 청구한 바 있다.

유 씨는 공사의 실질적 1인자라는 뜻에서 '유원'으로 불린 유동규(구속기소) 전 성남도시개발공사 기획본부장 이어 공사 내 2인자라는 뜻의 '유투'로 불릴 만큼 공사 내에서 영향력이 상당했던 인물로 알려졌다. 황무성 전 성남도시개발공사 사장 사퇴를 압박한 당사자로도 알려져 있다.

검찰은 유 전 본부장 사망 이후 말을 아끼고 있다. 아직 유 전 본부장의 휴대전화나 유서를 확보하진 않은 것으로 전해졌다. 유 전 본부장이 사망했지만 황 전 사장이 제출한 녹취록과 인사결재 서류가 남아 있는 만큼 이대로 '윗선' 수사를 뭉갤 경우엔 후폭풍이 상당할 것으로 전망된다.

▪**공범 (共犯)**

공범은 2인 이상이 협력해 죄를 범하는 것을 의미한다. 형법상 공범은 공동정범·교사범·종범으로 구분한다.

▲공동정범은 2인 이상이 같은 자격으로 협력해 죄를 범하는 것이며 정범(正犯 : 범죄의 실행행위를 한 자)으로 처벌한다.

▲교사범은 범죄의 의사가 없는 타인에게 범죄를 결의해 실행하게 한 자다. 교사자와 범죄실행자는 동일하게 처벌한다.

▲종범은 타인의 범죄를 방조하는 자로서 범죄실행자보다 감경해 처벌한다. 단 정범이 범죄를 실행해야만 종범 성립이 가능하다.

전두환 사망...
마지막까지 사죄는 없었다

▲ 전두환 씨가 사망한 11월 23일 오후 서울 서대문구 세브란스병원 신촌장례식장에 빈소가 마련돼 있다.

12·12 군사반란과 5·18 광주 민주화 운동 유혈 진압, 정권 탈취 후 수천억원대 비자금 은닉 등 역사에 과오를 남긴 전두환 전 대통령이 11월 23일 향년 90세로 사망했다. 친구였던 노태우 전 대통령이 별세한 지 28일 만이다. 혈액암의 일종인 다발성 골수종을 앓고 있던 전 씨는 이날 오전 서울 서대문구 연희동 사내 화상실에서 쓰러져 숨졌다. 이로써 20C에 집권한 한국 내통령들은 모두 역사의 뒤안길로 사라졌다.

전 씨는 1931년 경남 합천에서 태어나 육군사관학교 11기를 졸업하고 엘리트 군인 코스를 밟았다. 영남 출신 육사 동기·후배를 중심으로 군내 사조직인 하나회 결성을 주도했고 1979년 **10월 26일 박정희 전 대통령이 피살된 후 12·12 군사반란을 일으켜 권력을 장악**했다.

군사 정권을 연장하려는 신군부에 반발해 1980년 5월 광주에서 민주화 운동이 일어나자 전두환은 군을 동원해 시민들을 학살했다. 같은 해 9월 일명 '체육관 선거'라고 불린 통일주체국민회의 간접 선거를 통해 **11대 대통령**에 취임했고 이듬해에는 대통령 선거인단 간접 선거를 통해 **12대 대통령**에 취임해 독재 철권 정치를 이어갔다.

이러한 과오에도 제5공화국은 **3저 호황**[원유 가격 하락·미국 달러 가치 하락(엔화 가치 상승)·국제 금리 하락]을 발판 삼아 물가 안정 속에서도 고성장으로 이끌냈수 있었다. 유아 성세나 아니동에 급세 구지 애세나 이빈 구밀 나성 사늘바을 시행했고 이른바 **"3S 정책**의 일환으로 야구, 축구 능 프로스포츠가 출범한 것도 이때였다.

1987년 6월 민주 항쟁에 집권 연장 시도를 포기한 전 씨는 김영삼 대통령 시절인 1996년 내란죄·내란목적살인죄 혐의 등으로 구속기소돼 1심에서 사형, 2심에서 무기징역으로 감형됐으나 특별사면으로 석방됐다.

전 씨는 뇌물 수수 등으로 2205억원의 추징금이 청구됐지만 추징금을 완납한 노태우 전 대통령과 달리 비협조적 태도로 일관하며 죽을 때까지 버텼다. 전 재산이 '29만원'이라고 주장하기도 했다. 1997년 대법원이 선고한 추징금 2205억 중 956억원이 환수되지 않았다. 전 씨는 마지막까지 국민에게 사죄하지 않았고 정부도 그를 국가장(國家葬)으로 예우하지 않기로 했다.

■ **3S 정책**

3S 정책은 ▲스포츠(Sports) ▲섹스(Sex) ▲스크린(Screen) 정책의 머리글자를 딴 것으로서 권력 정통성이 약하거나 국민들로부터 지지받지 못하는 정권이 정부에 대한 대중의 불만을 다른 곳으로 돌리려는 우민화(愚民化 : 어리석은 백성이 되도록 함) 정책이다.
실제로 전두환의 제5공화국은 스포츠 진흥 정책에 따라

1982~1984년 동안 프로야구·프로축구·프로씨름·농구대잔치·배구리그를 차례로 출범시켰다. 야간 통행금지를 시행 37년 만에 해제시켜 유흥·윤락 업소는 크게 늘었다. 성 묘사 검열 수위가 약해지는 가운데 컬러TV 등장에 위기감을 느낀 영화계의 자구책과 맞물려 에로 영화가 범람했다.

청와대 국가안보실에 '신기술·사이버안보비서관' 신설

▲ 청와대

청와대는 ■**국가안보실** 산하에 신기술·사이버안보비서관직을 신설하는 내용의 직제 개편을 단행했다고 2021년 12월 7일 밝혔다. 안보실 직제 개편은 2019년 3월 2차장 산하 평화기획비서관 신설 이후 2년 9개월 만이다. 문재인 대통령의 임기가 불과 5개월가량 남은 상황에서 청와대가 내부 조직 개편에 나선 것은 끝까지 민생 현안을 챙기겠다는 의지로 해석된다.

신기술·사이버안보비서관은 안보실 1차장 산하 안보전략비서관이 담당해 왔던 핵심기술 관련 업무와 함께 기존 사이버정보비서관의 사이버안보 업무를 겸하게 된다. 이번 개편으로 **안보실은 서주석 1차장 산하에 안보·국방전략비서관, 신기술·**

사이버안보비서관, 정보융합비서관 등 3명의 비서관 체제로 운영될 전망이다. 신설된 비서관직 인사는 조만간 이뤄질 것으로 보인다.

청와대 관계자는 "이번 직제 개편은 격화되는 글로벌 기술 경쟁과 4차 산업혁명 시대에 인공지능, 양자, 합성생물학 등 신흥·핵심기술의 연구개발과 사이버공간에 대한 안보를 염두에 둔 결정"이라고 설명했다. 그러면서 "선진국으로 진입한 우리의 미래 생존과 번영을 위해 반드시 달성해야 할 핵심적 국가이익으로 국가안보 차원의 전략적 대응이 더욱 긴요해지고 있다"고 덧붙였다.

청와대는 이번 개편을 통해 반도체와 요소수 부족 사태를 통해 드러난 글로벌 공급망 위기에 더 효과적으로 대응하고, 군사적 관점에 머물렀던 전통적인 안보 개념을 탈피하겠다는 계획이다. 아울러 핵심기술 보호를 한층 강화하는 방안을 마련하고, 사이버 안전을 확보하기 위한 노력도 강화해 나갈 방침이다.

■ **국가안보실 (國家安保室)**

국가안보실이란 국가안보에 관한 대통령의 직무를 보좌하는 중앙행정기관이다. 조직은 실장 1인과 차장 1인 그리고 비서관, 위기관리센터로 구성되어 있다. 국가안보실장은 국가안보실의 장으로, 장관급 정무직 공무원이다.
국가안보실장은 국가안전보장회의(NSC, National Security Council) 상임위원회 위원장을 겸임한다. 박근혜 정부에서 신설되었으며, 같은 장관급인 국방부 장관, 외교부 장관, 통일부 장관, 행정안전부 장관, 국가정보원장보다 사실상 권한이 더 크다. 외교, 치안, 안보의 실세라는 점에서 미국의 국가정보장(DNI)에 비견된다.
박근혜 정부에서는 국방부 장관을 지낸 인물들이 국가안보실장으로 임명됐다. 그러나 문재인 정부 들어서 정통 외교관 출신 정의용 국가안보실장이, 뒤이어 국가정보원장을 지낸 서훈 국가안보실장이 임명됐다.

경찰, '홍남기 아들 특혜입원 의혹' 수사 착수

▲ 서울대병원

홍남기 경제부총리 겸 기획재정부 장관의 아들이 **병상 부족 문제를 겪는 서울대학교병원 특실에 특혜 입원했다는 의혹**과 관련해 경찰이 수사에 나섰다.

서울경찰청 반부패·공공범죄수사대는 서민민생대책위원회가 홍 부총리와 김현수 서울대병원장을 직권남용과 업무방해, 청탁금지법 위반 혐의로 고발한 사건을 배당받았다고 2021년 12월 10일 밝혔다. 이에 고발인 조사를 진행할 예정이다.

홍 부총리의 아들 A 씨는 2021년 11월 24일 발열과 통증으로 서울대병원 응급실을 찾았으나 응급 상황이 아니라는 진단을 받고 환자 등록이 취소됐다. 이후 홍 부총리와 김 원장이 전화 통화를 한 뒤 서울대병원 1인실 특실에 2박 3일간 입원한 사실이 알려지면서 논란이 됐다.

당시 서울대병원은 코로나19 확산세로 위급하지 않은 일반 환자의 입원이 불가능한 상황이었고,

김 병원장이 입원 결정을 내렸다는 의혹이 제기되며 논란이 커졌다.

서민민생대책위는 2021년 12월 5일 "서울대병원에 일반인이 입원하는 것은 위급한 경우가 아니면 사실상 불가능한 상태에서 홍 부총리가 고위공직자로서 규칙을 어겼다"며 경찰에 고발장을 제출했다.

기재부 측은 "(A 씨가 입원한) 병동은 코로나 환자 병동과 분리돼 코로나 환자 입원과는 전혀 관련 없는 것으로 안다"며 "1인 특실 하루 입원 비용은 70만원 정도인데 치료가 급하다고 판단해 이를 받아들이고 입원했다"고 설명했다.

➕ 노블레스 오블리주·노블리스 말라드

노블레스 오블리주(noblesse oblige)는 사회 고위층 인사에게 요구되는 높은 수준의 도덕적 의무를 뜻하는 말이다. 초기 고대 로마 시대에서 왕족 등의 고위층이 전쟁에 참여하고 많이 희생됐던 전통에서 비롯됐다. 노블레스 말라드(noblesse malade)는 '병들고 부패한 귀족'이란 의미다. 사회적 지위가 높은 사람들이 도덕적 의무를 다하는 노블레스 오블리주에 반대되는 뜻이라고 할 수 있다. 돈 많고 권력 있는 엘리트 집단이 약자를 상대로 '갑질'을 일삼고 권력에 유착해 각종 부정부패에 가담하는 것이 노블레스 말라드의 전형이다.

분야별
최신상식

경제
산업

기준금리 0.75→1.00%, 0.25%p 인상...
20개월 만에 '0%대' 마감

■ **제로금리 (zero interest rate)**

제로금리는 금융기관끼리 자금을 주고받는 단기금융 시장의 금리를 사실상 제로(0)%에 가깝도록 낮추는 금리 정책이다. 경기 침체 시 소비 촉진 수단 중 하나로 활용된다. 다만 제로금리 정책은 이자소득자들의 장래가 불안해지면서 도리어 소비가 위축되고 부동산 투기나 주택 가격 폭등으로 자산 버블 현상을 초래하는 등 부작용이 있을 수 있다.

막 내린 '초저금리 시대'

코로나19의 여파로 0%대까지 떨어진 기준금리가 20개월 만에 다시 1%대로 올라섰다. 한국은행 금융통화위원회(이하 금통위)는 11월 25일 통화정책방향 회의에서 **연 0.75%인 기준금리를 1.00%로 0.25%p 인상**했다. 이로써 한은이 경기 방어 차원에서 돈을 풀며 1년 8개월 동안 주도한 이례적 통화완화 정책과 ■**제로금리**에 근접한 '초저금리 시대'가 막을 내렸다.

2020년 3월 16일 금통위는 코로나19 충격으로 경기 침체가 예상되자 기준금리를 한 번에 0.5%p 낮추는 이른바 '빅컷'(1.25%→0.75%)을 단행했고, 5월 28일 추가 인하(0.75%→0.5%)를 통해 2개월 만에 0.75%p나 금리를 빠르게 내렸다. 이후 기준금리는 작년 7, 8, 10, 11월과 올해 1, 2, 4, 5, 7월 무려 아홉 번의 동결을 거쳐 지난 8월 마침내 15개월 만에 0.25%p 인상됐고, 이날 0.25%p가 더해졌다.

금융 불균형 현상 해결 목표

이번 기준금리 인상은 물가 상승 우려가 높아진 데다 가계부채 증가와 집값 상승에 따른 **금융 불균형**이 확대되고 있어서다. 여기에 우리 경제의 회복세

2022년 추가 인상 가능성 시사

2022년 추가 인상 가능성도 커졌다. 이주열 한국은행 총재는 금통위 회의 직후 기자간담회에서 **"이번 인상으로 기준금리가 1.00%가 됐지만, 여전히 완화적인 수준"**이라며 "내년(2022년) 1분기 경제 상황에 달려 있겠지만 1분기 기준금리 인상을 배제할 필요는 없다고 본다"고 말했다.

이 총재는 "경기 상황에 맞춰 과도하게 낮춰 기준금리를 서서히는 게 필요히 필요하기 때 코로나19 관련 분화신성이 상존하고 있으나 국내경제가 양호한 성장세를 지속하고 물가가 상당기간 목표수준을 상회할 것으로 예상되므로 앞으로 통화정책의 완화 정도를 적절히 조정해 나갈 것"이라고 밝혔다.

➕ 기준금리 조정 폭이 0.25%p인 이유

한국은행 금융통화위원회는 서버에서 본격부터 기준금리제를 도입에, 기준금리를 소성할 때마다 0.25p씩 인상하거나 인하해왔다. 기준금리 변동 폭을 0.25%p로 일정하게 조정하는 것은 기준금리 변화가 시장에 미치는 영향이 크기 때문이다. 0.25%p로 일정하게 조정하면 우리 경제가 금리변동에 대비할 수 있다는 장점이 있다. 이 방식은 미국 연방준비제도(Fed·연준)가 2004년부터 정책금리 조정 시 0.25%p 단위로 기준금리를 조절하는 통화정책을 따라한 것이다. 이 같은 방식은 당시 미 연준의 의장인 앨런 그린스펀의 이름을 따 '그린스펀의 베이비스텝' 방식으로 부른다.

가 탄탄할 것이라는 판단도 금리 인상을 뒷받침했다. 그동안 시중에 돈이 많이 풀린 부작용 등으로 인플레이션(물가 상승) 우려가 커지는 데다 가계대출 증가, 자산 가격 상승 등 '금융 불균형' 현상이 여전하기 때문이다.

금리 위싱의 가상 큰 원인이 된 물가 싱승세는 심싱싶은 상황이다. 글로벌 공급망 병목현상이 예상보다 장기화되고, 국제유가와 원자재 가격 상승세가 계속되며 전 세계적으로 인플레이션 압력이 커지고 있다. 실제로 최근 소비자물가 상승률(전년 동월 대비)은 6개월 연속 2%를 웃돌다가 10월 3.2%로 3% 선을 넘어섰다. 2012년 1월(3.3%) 이후 9년 9개월 만에 최대 상승폭이다.

9월 말 기준 우리나라 가계 신용(빚) 잔액(1844조9000억원)도 역대 최대 규모다. 금융감독 당국의 다양한 가계대출 억제 대책에도 불구하고, 3분기에만 주택담보대출을 중심으로 36조7000억원이나 더 불었다.

POINT 세 줄 요약

❶ 코로나19의 여파로 0%대까지 떨어진 기준금리가 20개월 만에 다시 1%대로 올라섰다.

❷ 이번 기준금리 인상은 물가 상승·가계부채 증가 등 금융 불균형을 해결하기 위함이다.

❸ 한은은 2022년 기준금리 추가 인상 가능성을 시사했다.

美 재무부
"韓 환율관찰대상국 지위 유지"

▲ 재닛 옐런 미 재무장관

미국 재무부가 12월 3일(현지시간) 한국을 환율관찰대상국으로 유지했다. 미 재무부는 이날 '주요 교역상대국의 거시경제·환율정책 보고서(환율보고서)'를 내고 ▲한국을 포함해 ▲중국 ▲일본 ▲독일 ▲아일랜드 ▲이탈리아 ▲인도 ▲말레이시아 ▲싱가포르 ▲태국 ▲멕시코 ▲스위스 등 총 12개국을 환율관찰대상국으로 지정했다.

조 바이든 미 행정부 출범 후 지난 4월 이후 처음으로 낸 이번 환율보고서에는 스위스가 새로 이름을 올렸다. 재무부는 이들 12개국에 대해 "자국의 통화 관행에 세심한 주의를 기울일 가치가 있다"고 평가했다.

환율관찰대상국(monitoring list)란 미국이 교역 조건을 자국에 유리하게 만들려는 목적으로 만든 국가의 목록으로서, 환율에 개입하는지 지속적으로 모니터링할 필요가 있는 국가를 말한다. 미 재부장관은 반기별로 주요 교역국에 대한 환율보고서를 의회에 제출한다.

환율보고서는 미 정부가 주요 교역국의 외환 정책을 평가하는 자료다. 재무부는 종합무역법과 무역촉진법(2015년)에 따라 주요 교역국의 경제·환율정책에 관한 보고서를 매년 4월과 10월 2차례 의회에 제출한다.

이번 보고서에서 환율조작국으로 분류된 나라는 없었다. 도널드 트럼프 전 행정부에서 미국은 대만과 스위스를 환율조작국으로 지정했지만, 바이든 행정부는 이에 대해 증거가 충분하지 않다며 결정을 뒤집었다. **중국은 2019년 8월 환율조작국으로 지정됐다가 2020년 1월 해제**된 이후 환율관찰대상국 지위를 계속 유지하고 있다.

환율관찰대상국은 미국의 지속적인 환율 모니터링 대상에 오르지만 특별한 불이익은 없다. 다만 환율조작국으로 지정되면 미 정부의 개발자금 지원과 공공 입찰에서 배제되고 국제통화기금(IMF)의 감시를 받는다.

➕ 환율관찰대상국 지정 기준

미국은 2015년 무역촉진법에 따라 ▲지난 1년간 200억달러 초과의 현저한 대미 무역 흑자 ▲국내총생산(GDP)의 2%를 초과하는 상당한 경상수지 흑자 ▲12개월 중 6개월간 GDP의 2%를 초과하는 외환을 순매수하는 지속적·일방적인 외환시장 개입 등 3개 항목을 기준으로 각국의 환율 정책을 평가한다. 이 세 기준 중 2가지를 충족하면 관찰대상국, 3가지 모두에 해당하면 환율조작국에 준하는 심층분석대상국으로 지정한다.

2021년 12월 환율보고서에서부터는 환율관찰대상국 기준이 ▲대미 무역 흑자 200억달러 초과에서 상품수지와 서비스수지 포함 150억달러 초과 ▲경상수지 흑자도 GDP의 2% 초과에서 3% 초과 혹은 경상수지 흑자 갭이 GDP의 1%인 경우로 변경됐다. ▲외환시장 개입 부문도 12개월 중 6개월에서 8개월로 바뀌었다.

비트코인 하루 새 22% 폭락...
"닷컴버블보다 심각"

가상화폐(암호화폐) 시장의 대장 격인 비트코인 가격이 코로나19 변이와 **테이퍼링**(tapering : 양적완화 단계적 축소)**의 가속화**, 가격 거품론 등의 우려로 하루만에 20%대 폭락했다. 12월 4일(현지시간) 미 경제 매체인 마켓인사이더 등에 따르면 비트코인 가격은 ▪**그리니치 표준시(GMT)** 기준 하루 새 22% 폭락하며 한때 4만2000달러선이 붕괴됐다.

이더리움도 10% 이상 급락하는 등 가상화폐 전체가 주저앉았다. 투자자들은 비트코인 등 가상화폐 시장에서 10억달러(약 1조1800억원)어치를 **투매**(投賣 : 손해를 무릅쓰고 서둘러 팔아치움)했다고 로이터통신은 전했다.

가상화폐 데이터 플랫폼인 코인게코에 따르면 1만1392개 가상화폐의 전체 시가총액은 15% 가까이 하락하며 2조3400억달러로 쪼그라들었다.

오미크론·연준·거품론 복합 악재

마켓인사이더는 코로나19 새로운 변이인 오미크론 확산으로 글로벌 금융시장이 변동성에 노출되면서 위험자산인 주식에 이어 가상화폐가 폭락했다고 전했다. 여기에 11월 미국 고용 지표가 예상치를 크게 밑도는 것으로 나타나면서 전날 다우, 스탠더드앤드푸어스(S&P), 나스닥 등 미국 3대 지수도 모두 하락했다.

미 연방준비제도(연준·Fed)의 결정도 가상화폐 가격 하락에 영향을 미친 것으로 분석된다. 제롬 파월 연준 의장은 자산 매입 축소, 즉 테이퍼링을 몇 달 더 일찍 끝내는 것이 적절하다고 밝혔다.

2022년 상반기로 테이퍼링 일정이 앞당겨지면 이에 따라 금리 인상 시점도 당겨질 것으로 전망됐다. **금리가 인상되면 위험자산보다 안전자산 선호 현상이 나타나, 대표적인 위험자산인 가상화폐에 대한 투자도 줄어들게 된다.**

일각에서는 워런 버핏 버크셔 해서웨이 회장의 오른팔로 불리는 찰리 멍거 버크셔 해서웨이 부회장이 암호화폐에 대해 "▪**닷컴버블**보다 더 심각하다"고 경고한 것이 가상화폐 시장을 크게 출렁이게 했다는 분석도 있다. 멍거 부회장은 호주에서 열린 투자 콘퍼런스에서 "암호화폐는 만들어지지 않았어야 했다"고 지적했다.

한편, **비트코인을 법정화폐로 채택한 유일한 국가인 엘살바도르**는 비트코인을 추가 매수해 눈길을 끌었다. 나이브 부켈레 엘살바도르 대통령은 12월 4일 트위터에 "엘살바도르는 방금 전 비트코인 하락장에서 150개를 매수했다"고 밝혔다. 추가 매수한 비트코인의 평균 단가는 개당 4만8670달러로 비트코인 매수에 나랏돈 730만달러(약 86억원)을 더 썼다는 뜻이다.

■ 그리니치 표준시 (GMT, Greenwich Mean Time)

그리니치 표준시(세계 표준시)는 영국 런던에 있는 그리니치 천문대를 지나는 본초자오선(경도의 기준이 되는 경도 0°의 자오선)상의 평균 태양시로서 세계 협정 세계시의 기준시간대다. 그리니치 천문대는 찰스 2세가 1675년 천문항해술 연구 목적으로 런던 교외 그리니치에 설립한 세계적인 천문대다. 1884년 워싱턴회의는 이 천문대를 지나는 자오선을 본초자오선으로 지정했다.

세계 각지의 표준시는 그리니치 표준시와의 시차(時差)를 정수로 두는 것이 보통이다. 대한민국 표준시(KST, Korea Standard Time)는 동경 135° 기준인 그리니치 표준시보다 9시간 빠르다. 따라서 그리니치 표준시에서 9시간을 더하면 대한민국 표준시가 된다.

■ 닷컴버블 (dot-com bubble)

닷컴버블은 1995~2000년 인터넷 관련 사업의 등장으로 미국 등 주식시장이 급격히 상승하다가 폭락한 거품경제 현상이다. IT버블, 인터넷버블이라고도 한다. 이 시기에 이른바 닷컴 기업이라고 하는 인터넷 기반 사업이 우후죽순 등장했고 수많은 IT 벤처기업의 주가가 폭등했다. 회사 이름에 '닷컴'만 넣어도 주가가 치솟을 정도였다.

그러나 인터넷 기술 과도기에 너무 느리고 저질스러운 서비스에 사업 자체에 대한 불신이 커지면서 대부분의 IT 기업이 파산했다. 이 시기 나스닥 지수는 4배 뛰었다가 상승분을 모두 반납했고 이후 10년 이상 하락장을 경험했다. 미국에서는 닷컴버블의 악몽으로 벤처기업에 대한 인식이 악화돼 현재에도 벤처기업 대신 스타트업이라는 단어를 주로 사용하고 있을 정도다.

1997년 외환위기를 극복하기 위해 김대중 정부가 벤처기업 육성책을 주도하며 한국에서 벤처기업이 쏟아져 나온 가운데 한국도 닷컴버블의 타격을 받았다. 2000년 한 해 코스닥 지수는 281P에서 52P로 5분의 1토막이 났으며 이후 코스닥 지수가 다시 100P를 넘을 때까지 무려 21년이 걸렸다.

➕ 민스키 모멘트 (Minsky moment)

민스키 모멘트란 과도한 부채로 인한 경기 호황이 끝나고, 채무자의 부채상환 능력이 약해져 건전한 자산까지 팔기 시작하면서 자산가치가 폭락하고 금융위기가 시작되는 시기를 의미한다. 미국의 경제학자인 하이먼 민스키가 주장한 '금융 불안정성 가설'에서 비롯된 이론이다.

민스키는 금융시장이 내재적으로 불안정성을 내포하고 있으며, 금융시장에서 활동하는 경제 주체가 비합리성과 심리적 요인에 의해 크게 좌우되므로 자산 가격의 거품과 붕괴를 주기적으로 겪게 된다고 주장했다. 민스키의 이론은 '합리적 인간'을 전제하는 주류 경제학계에서 주목받지 못했지만 2008년 글로벌 금융위기 이후 재조명받았다.

민스키 모멘트가 발생하는 단계는 4단계로 나누어 볼 수 있다. 1단계로 일부 현명한 투자자의 경우. 경기확장 국면에 미래를 낙관하고, 차입을 통해 투자를 확대한다. 2단계로 기관 투자가의 참여가 시작되며, 자산가격 상승률이 차입금의 이자율을 초과한다는 생각에 추가 차입을 하고, 금융기관은 이에 호응한다. 3단계로 대중 투자자들의 과다차입을 바탕으로 한 탐욕적인 투자가 확산되면서 신용 버블이 발생한다. 4단계로 외부 충격(대형 금융사고, 원자재 가격 폭등 등)이 발생하면, 불안감 확산으로 투자자들이 보유하고 있던 자산을 투매하고 자산 가격이 폭락한다.

기출TIP 2018년 언론중재위원회에서 민스키 모멘트가 출제됐다.

금감원 2022년 가계대출 증가율 목표 4.5%...대출 문턱 더 높인다

가계부채 폭증에 따른 금융 당국의 가계대출 조이기로 어려워진 은행 대출이 2022년에는 더 어려워질 전망이다. 12월 5일 금융권에 따르면 시중 은행들은 11월 26일 금융감독원에 2022년 가계

대출 증가율 관리 목표로 4.5~5%를 제출했다.

금감원은 지난 11월 중순 은행들에 2022년 가계대출 총량 관리 목표 제출을 요청하면서 가계대출 증가율을 평균 4.5% 수준에서 관리하라는 지침을 전달한 것으로 알려졌다. 당국이 제시한 가계대출 증가율 목표치 4.5%는 2021년 초 당국이 은행권에 제시한 목표치 지침인 5%보다 낮다.

시중은행은 대부분 당국이 제시한 목표치 4.5%에 맞춰 2022년 목표를 제시했고 2021년 기준 가계대출 증가율이 높지 않다고 자체 판단한 일부 은행은 5%의 목표를 써냈다.

5대 시중은행의 2021년 가계대출 관리 상황을 보면 2020년 12월 말 대비 2021년 11월 전체 가계대출 증가율은 ▲KB국민은행 5.43% ▲신한은행 6.30% ▲하나은행 4.70% ▲우리은행 5.40% ▲NH농협은행 7.10% 수준이다.

그러나 "4분기 신규 전세자금대출은 총량 관리 대상에서 제외한다"는 당국의 후속 방침을 적용하면 전세대출을 뺀 각 은행의 가계대출 증가율은 KB국민은행 4.35%, 신한은행 4.10%, 하나은행 3.90%, 우리은행 3.80%, NH농협은행 6.90%로 낮게 집계됐다.

은행권에서는 2022년 가계대출 증가율 목표가 낮아진 만큼 2022년 은행의 가계대출 여력이 줄고 실수요자들의 불편이 초래될 것이라고 지적했다.

이러한 우려에 대해 고승범 금융위원장은 12월 3일 간담회에서 "경제성장률, 물가 상승률 등 실물경제 상황과 금융시장, 자산시장 등 각종 동향을 종합적으로 보면서 (가계대출 증가율 목표를) 탄력적으로 조정하겠다"면서 "중·저신용자에 대한 대출, 정책서민금융 상품에 대해 최대한 인센티브를 부여할 것"이라고 밝혔다.

▌ 신규 정책서민금융상품 종류 (자료 : 금융위원회)

구분	지원대상	비고
안전망 대출 II	최고금리 인하일(2021년 7월) 이전에 연 7% 이상 고금리대출을 1년 이상 이용 중이며 연소득 3500만원 이내로 임박해 정상상환 중인 저소득·저신용자(연소득 3500만원 이하 또는 연소득 4500만원 이하이면서 개인신용평점 하위 20%)	최대 10000만원 내 고금리 내환대상으로 환인된 잔액범위, 3·5년 원리금 균등분할상환
햇살론15	연소득 3500만원 이하, 또는 신용등급 하위 20% 이하이면서 연소득 4500만원 이하인지	해당 상품을 취급하는 은행에서 모든 대출 절차를 원스톱으로 진행
햇살론뱅크	정책서민금융상품의 이용자 및 상환 이산 경과하고 부채 또는 신용도가 개선된 저소득·저신용 서민을 지원	연 4.708%내의 금리(보증료 연 2.0% 포함)를 부담
햇살론 카드	신용교육을 일정 시간 이수한 신용평점 하위 10% 이하인 자 중 소득증빙 가능한 서민에게 신용카드 발급 지원	카드대출(현금서비스, 카드론, 리볼빙) 및 일부 업종 이용이 제한되고 동일인당 1개 카드(사)만 발급 가능

* ▲새희망홀씨 ▲미소금융 ▲근로자햇살론 ▲사업자햇살론 ▲햇살론15 ▲햇살론17 ▲바꿔드림론 ▲안전망대출 ▲안전망대출 II ▲햇살론유스

➕ **리볼빙 (revolving)**

리볼빙은 고객이 사용한 카드대금 중 일정 비율만 결제하면 나머지 금액은 대출 형태로 전환돼 자동 연장되는 결제방식이다. 고객의 일시 상환 부담이 줄고, 카드사는 대출자산을 남기는 효과가 있다.

11월 소비자물가 3.7% 상승... 10년여 만에 최고치

지난 11월 소비자물가 상승률이 9년 11개월 만에 최고치를 기록했다. 통계청이 12월 2일 발표한 '소비자물가동향'에 따르면 지난 11월 **■소비자물가지수**는 109.41로 2020년 동월 대비 견줘 3.7% 올랐다. 이는 **2011년 12월 4.2% 이후 약 10년 만에 가장 큰 상승폭**이다.

소비자물가지수 상승률은 지난 4월 2.3%를 나타낸 이후 6개월 연속 2%대를 유지하다가 지난 10월부터 3%대에 진입했다. 2021년 1월부터 11월까지 누적 물가 상승률은 2.3%였다.

통계청 측은 "11월 소비자물가는 통신비 지원에 따른 **■기저효과**가 축소되면서 공공서비스 가격 오름세가 둔화됐지만, 농·축·수산물과 공업제품 가격 오름세가 많이 확대돼 상승 폭이 전월보다 0.5%p 확대됐다"고 설명했다.

석유류가 물가 상승에 가장 큰 영향을 미쳤다. 석유류는 1년 전 같은 달보다 35.5% 상승해 2008년 7월(35.5%) 이후 8년 4개월 만에 가장 크게 올랐다. 기획재정부는 "국제유가 상승이 지속하면서 정부가 11월 12일부터 유류세를 20% 인

하했지만 총 3번에 걸쳐 진행되는 물가 조사 가운데 1번만 유류세 인하분이 반영돼 11월 물가에는 제한적인 영향을 미쳤다"고 설명했다.

개인서비스 물가도 11월에 3% 올라 2012년 1월(3.1%) 이후 최대 오름폭을 나타냈다. 원재료비 상승으로 외식 물가가 크게 오른 영향이다. 농·축·수산물 물가도 한파·병해가 닥친 데다 예년보다 김장철이 빨리 찾아오면서 1년 전보다 7.6% 올랐다.

물가의 장기 추세를 보여주는 **■근원물가**는 2.3% 올라 두 달 연속 2%대 상승률을 보였다. 구매 빈도와 지출 비중이 높은 품목을 골라 작성해 '체감 물가'로 불리는 생활물가지수는 5.2% 올라 2011년 8월(5.2%) 이후 가장 크게 상승했다.

홍남기 경제부총리 겸 기재부 장관은 2021년 한국의 연간 물가 상승률이 한국은행이 전망치로 내놓은 2.3%를 넘어서지는 않을 것이라고 밝혔다. 하지만 줄곧 물가 상승률 전망치를 내놨던 한은은 전망치 수정을 시사하고 나섰다.

한은은 "11월 물가 상승률 상승폭이 예상보다 크게 나타나면서 올해 연간 상승률은 전망치를 다소 상회할 가능성이 있다"고 전망했다. 한은은 "앞으로 소비자물가 상승률은 최근의 국제유가 흐름, 유류세 인하 효과 등을 감안할 때 점차 둔화되겠으나 수요 측 물가 상승 압력 확대, 공급 병목의 영향 등으로 상당기간 목표 수준을 상회할 것"이라고 예상했다.

■ **소비자물가지수 (CPI, Consumer Price Index)**
소비자물가지수(CPI)는 일반 소비자가 소비생활을 영위하기

위해 구입하는 재화나 서비스의 가격 변동을 종합적으로 측정하기 위해 작성되는 물가지수를 말한다. 이는 최종소비자 구입 단계에서의 물가 변동을 파악해 일반 가구의 평균적인 생계비나 소비자구매력을 측정하기 위한 특수목적지수라 할 수 있다. 매월 통계청에서 작성·발표하며 일반 소비자 가계지출 가운데 중요도가 큰 상품과 서비스 등 500여 개 품목을 조사대상으로 한다.

예를 들어 CPI가 109.41이라는 것은 지수 기준연도의 동일한 품질의 상품과 서비스를 동일한 양만큼 소비한다고 가정할 때 예상되는 총 비용이 지수 기준연도에 비해 9.41% 증가했음을 의미한다. 따라서 CPI의 숫자 그 자체는 의미가 없으며 지수 기준연도와의 비교에 따라 비교 시 달라진다. 어제서 수 기준연도의 ~~비해비비비 하나나 시수 개편을 통해 벼려 ~~ 있다

■ 기서효과 (基底效果)

기저효과란 경제지표를 평가하는 과정에서 기준시점과 비교 시점의 상대적인 수치에 따라 그 결과에 큰 차이가 나타나는 현상을 의미한다. 호황기의 경제상황을 기준시점으로 현재의 경제상황을 비교할 경우, 경제지표는 실제 상황보다 위축된 모습을 보인다. 반면, 불황기의 경제상황을 기준시점으로 비교하면, 경제지표가 실제보다 부풀려져 나타날 수 있다.

■ 근원물가 (根源物價)

근원물가란 농산물~~외부~~ 제외과 시유류 ~~외 일시지수 세네~~ 에 비해 ~~가 변화~~ 신근 품목를 세외한 상기척이고 기조적인 물가이나, 여기서 말하는 일시적인 위부 8 적이닌 징비나 가뭄과 같은 계절적인 영향이나 석유가격 등 물가변동분이다. 근원물가변동을 나타내는 지표를 근원물가지수라고 한다.

대비 32.1% ~~증가히 60억4000만달러 기록해~~ ~~니고 밝혔나, 이는 무역 통계가 집계되시 시사산~~ 1956년 이래 월별 기슈 역대 최고치였던 2021년 9월(558억3000만달러)을 뛰어넘는 수치다.

우리나라 월간 수출액은 2013년 10월 처음으로 500억달러에 처음 진입한 후 8년 1개월 만에 600억달러 고지를 밟았다. 수출 증가세는 2020년 11월 이후 13개월째 이어지고 있다. 특히 2021년 11월 월간 수출액 최고 기록은 ~~코노나~~ ~~19 등 듀비의 개재~~ ~~새시 이뤄낸 선파고시 의미가 그다.~~ 11월 수입액은 573억6000만달러로 2020년 같은 기간보다 43.6% 증가했고 이에 따라 무역수지는 30억9000만달러 흑자를 기록했다. **19개월 연속 무역수지 흑자**다.

수출 품목별로는 반도체·석유화학·컴퓨터·농수산·화장품이 역대 11월 중 수출 1위를 기록했고 일반기계와 철강 수출은 역대 11월 가운데 2위에 올랐다. 수출 상대국별로는 9대 주요 지역으로의 수출이 모두 전년 같은 기간보다 늘었다.

최단 기간 무역 1조달러 달성 예상

예상보다 빠른 글로벌 경기회복세와 주력 품목 및 신산업 품목의 고른 수출 증가세, 국제유가 상승 등의 요인에 힘입어 한국 무역액은 지난 10월

월간 수출액 사상
첫 600억달러 돌파

11월 우리나라 수출액이 604억4000만달러를 기록했다. 대한민국 무역 역사상 월간 수출액이 600억달러를 넘어선 것은 처음이다. 산업통상자원부는 12월 1일 '2021년 11월 수출입 동향'을 발표하고 11월 우리나라 수출액이 전년 동기

26일 역대 **연간 최단 기간**(299일)**에 1조달러를 돌파**했다.

산업부는 이러한 흐름대로라면 연간 기준 사상 최대 수출·최대 무역 규모를 달성할 수 있을 것으로 예상했다. 2021년 1~11월 기준 수출액은 5838억달러, 무역액은 1조1375억달러이며 기존 역대 연간 최고치는 2018년 수출 6049억달러, 무역액 1조1401억달러였다.

문재인 대통령은 12월 6일 제58회 ■**무역의 날** 기념식에서 "우리 경제사에서 2021년은 무역의 해로 기록될 것"이라고 자부했다. 문 대통령은 "우리는 한 계단 뛰어올라 **세계 8위 무역 강국으로 발돋움**했다"며 "무역인들과 온 국민이 힘을 모아 이뤄낸 자랑스러운 성과"라고 치하했다.

문 대통령은 "소중한 성과마저도 오로지 부정하고 비하하기만 하는 사람들이 있다. 이런 성취들을 부정하고 폄훼한다면 그것은 우리 정부에 대한 반대나 비판 차원을 넘어서서 국민들이 이룩한 성취를 폄훼하거나 부정하는 것에 다름 아니다"라고 말했다.

이는 정부가 국정운영 성과를 부각할 때마다 보수 야권이나 언론에서 자화자찬(自畵自讚 : 자신이 한 일을 자기가 스스로 칭찬함)이라는 비판이 나오는 것을 의식한 말로 풀이된다.

■ **무역의 날**
무역의 날은 무역의 균형 발전과 무역입국의 의지를 다지기 위해 제정한 법정기념일로 매년 이날 수출 유공자와 기업에 대한 포상 등 기념행사가 열린다. 우리나라가 처음으로 수출 1억달러를 달성한 1964년 11월 30일을 기념해 '수출의 날' 행사를 치러 오다가, 1990년부터 '각종 기념일등에 관한

규정'에 따라 '무역의 날'로 명칭을 변경하였다. 2012년에는 2011년 12월 5일 우리나라가 세계에서 9번째로 무역규모 1조달러를 달성한 것을 기념하기 위해 무역의 날을 12월 5일로 변경하였다.

> ➕ **대한민국 15대 수출 품목** (자료 : 산업통상자원부)
> ▲반도체 ▲석유화학 ▲일반기계 ▲자동차 ▲석유제품 ▲선박 ▲철강 ▲무선통신 ▲디스플레이 ▲차부품 ▲컴퓨터 ▲바이오헬스 ▲섬유 ▲가전 ▲이차전지

OECD, 韓 2021 성장률 전망치 4.0% 유지

한국경제 전망(%)

연도 전망시점	'20년	'21년^e		'22년^e		'23년^e
		'21.5월, 9월	'21.12월	'21.5월, 9월	'21.12월	'21.12월
GDP 성장률	-0.9	4.0	4.0	2.9	3.0	2.7
민간소비	△5.0	2.1	3.4	3.2	3.3	3.0
정부소비	5.0	3.6	5.5	4.5	4.3	3.2
총고정자본형성	2.6	3.6	2.6	4.0	2.0	2.2
수 출	△1.8	9.8	8.5	1.9	2.1	2.2
수 입	△3.3	5.8	7.5	2.2	2.4	2.4
실업률	4.0	4.0	3.6	3.5	3.1	3.1
소비자물가	0.5	2.2	2.4	1.8	2.1	1.5
재정수지 (GDP대비%, 일반정부)	△2.3	△4.1	△2.9	△3.5	△2.5	△2.1
경상수지(GDP대비%)	4.5	7.2	5.0	7.1	4.4	4.3

* GDP 성장률, 소비자물가 상승률은 중간전망('21.9월) 기준.
중간전망시 발표하지 않는 그 외 지표는 본전망('21.5월) 기준

▲ OECD 한국 경제 전망 (자료 : 기획재정부)

경제협력개발기구(OECD)가 **한국의 2021년** ■**경제성장률 전망치를 4.0%로 유지**했다. 2022년 전망치는 2.9%에서 3.0%로 0.1%p 상향했다. 다만 2021년 소비자 물가 성장률 물가 전망치는 지난 9월보다 0.2%p 올린 2.4%로 내다봤다.

12월 1일 기획재정부에 따르면 이날 OECD가 이러한 내용을 담은 경제 전망을 내놨다. OECD는 매년 5월·12월에 회원국과 주요 20개국(G20)과 세계 성장률 전망치를 담은 본 전망을,

3월·9월에 G20과 세계 경제 전망치만 담은 중간 전망을 내놓는다.

이번 전망에서 한국의 2021년 경제성장률은 9월 중간 전망을 유지했지만 주요국 전망치가 하락한 점을 고려하면 선방한 것이다. OECD는 미국 경제성장률 예상을 9월 6.0%에서 5.6%로, 중국은 8.5%에서 8.1%로, 일본은 2.5%에서 1.8%로 낮췄다. 세계 평균은 5.7%에서 5.6%로 1%p 밀어졌다.

OECD는 최근 세계 경제가 공급망 차질, 원자재 가격 상승, 코로나 재확산 등으로 성장 동력이 둔화됐다고 평가했다. 한국 경제에 대해서는 "사회적 거리두기 완화와 수출·투자 호조세, 정책 효과 등으로 회복세가 지속되고 있다"고 평가했지만 "부동산 가격 상승과 가계부채 증가로 금융시장 안정성 우려가 커지고 있다"고 경고했다.

OECD는 한국 경제가 코로나19 팬데믹 이전 기준대비 위기 전 대비 가장 빠르게 성장할 것으로 예상했다. 위기 전 GDP(국내총생산) 규모를 100이라고 한다면 2021년 103.1, 2022년 106.2, 2023년 109.0이 될 것이라고 전망했다.

■ 경제성장률 (economic growth rate)
경제성장률은 한 나라의 경제가 일정 기간에 얼마나 성장했는가를 나타내는 지표다. 보통 1년 동안 경제활동을 한 각 영역이 창출한 부가가치가 전년도와 비교해 얼마나 증가했는지 판가름 하는 지표로, 그 나라가 이룬 경제 성과를 측정하는 중요한 척도가 된다. 경제성장률은 국내총생산(GDP)이 변화한 정도이며 특히 서로 다른 두 시점의 생산 능력 변화를 측정하는 것이므로 물가의 영향을 받지 않도록 실질 GDP의 변화로 측정한다.

$$경제성장률 = \frac{금년도실질\ GDP - 전년도실질\ GDP}{전년도실질\ GDP} \times 100$$

홍남기 "초과세수로 12.7조원 이상 규모 민생대책 시행"

▲ 제48차 비상경제 중앙대책본부 회의 (자료 : 기재부)

홍남기 부총리 겸 기획재정부 장관은 11월 23일 "초과세수와 이미 편성된 예산을 더해 총 12조 7000억원 규모의 민생대책을 시행하겠다"고 밝혔다.

홍 부총리는 정부서울청사에서 일런 제48차 비상경제 중앙대책본부 회의에서 정부는 '소상공인 등 민생경제 지원방안' 등을 논의했다. 이번 대책은 소상공인 손실보상 및 비보상 대상 업종 맞춤지원, 고용 취약계층 지원, 서민 물가안정·부담경감 및 돌봄·방역 지원 등이 담겼다.

홍 부총리는 "소상공인의 경우 손실보상 비대상업종에 초저금리 대출지원 등 맞춤형으로 총 9조4000억원을 지원하겠다"고 말했다. 여기에 2021년 3분기 손실보상 부족재원 1조4000억원까지 포함하면 총 지원 규모는 10조8000억원 수준이 될 전망이다.

정부는 손실보상 제외업종 중 인원·시설이용 제한업종에 대해 역대 최저금리인 1.0%로 2000만원 한도의 '일상회복 특별융자' 2조원을 공급한다. 저신용 특별피해업종 융자 등 기존자금의 지원 대상을 확대하고 지원조건도 개선한다. 여행·숙박업 등을 대상으로 하는 관광기금 융자의 경우 2022년 대출잔액 3조6000억원에 대한 금리를 한시적으로 최대 1%p 낮춘다. 신청 시부터 1년간 원금상환유예도 하기로 했다.

홍 부총리는 "인원·시설 제한업종 중 매출 감소 업체 14만 개, 손실보상 대상 80만 개를 포함한 약 94만 개 업체에 대해 두 달간 전기료와 산재보험료 일부를 경감하겠다"고 말했다. 정부는 2021년 12월과 2022년 1월 94만 개 업체에 전기료 50%, 산재보험료 30%를 최대 20만원까지 깎아준다는 방침이다.

소진이 예상되는 구직급여 지원 등에는 1조4000억원이 투입된다. 정부는 코로나19 지속으로 11월말 구직급여 예산이 소진될 것으로 예상됨에 따라 1조3000억원을 지원하기로 했다. ■**국민내일배움카드** 지원대상도 약 6만5000명 늘리고 저소득층 에너지 바우처 지급단가도 10만9000원에서 11만8000원으로 높인다.

이외에도 생활물가 안정을 위해 채소류 계약재배 등 자금지원도 4000억원 늘리기로 했다. 1만5000명 대상 육아휴직·육아기 근로시간 단축 사용 지원과 보건소 코로나 대응인력 지원에도 1000억원을 지원한다.

홍 부총리는 초과세수 세부 사용 방안에 대해서도 설명했다. 그는 "초과세수 19조원 중 약 40%인 교부금 정산재원을 제외한 나머지 11~12조원중 5조3000억원은 소상공인·취약계층 지원

에 활용하고 2조5000억원은 국채시장 안정과 재정건전성을 위해 국채물량 축소에 사용할 계획"이라고 말했다. 이어 "그 외 예산에 대해서는 2022년으로 넘어가 국가결산 과정을 거치게 될 것"이라고 말했다.

■ **국민내일배움카드**
국민내일배움카드는 이전까지 분리 운영된 실업자·재직자 내일배움카드를 하나로 통합한 직업훈련 지원카드로, 2020년 1월부터 시행됐다. 이는 실업자·재직자·특수형태근로종사자·자영업자(일정소득 이하) 등 취업 여부나 직종에 관계없이 직업훈련이 필요한 이들에게 지원되며, 평생 능력개발이 요구되는 환경에 맞도록 개인 주도의 훈련기회를 제공한다. 국민내일배움카드는 직업능력심사평가원의 심사평가 절차를 거친 훈련과정을 수강하였을 때 지원하며, 구체적 과정은 직업훈련포털(HRD-Net)을 통해 확인이 가능하다. 다만 취미·순수 자기계발 등 취업 이외 목적의 훈련은 허용되지 않으며, 고용센터 상담 과정에서 훈련 후 구체적 취업계획 등을 확인하게 된다.

6년 새 은행 점포 1098개 사라졌다

코로나19 사태로 비대면 금융 거래가 확산하면서 은행 점포가 빠르게 사라지고 있다. 스마트 뱅킹이 은행 거래의 핵심 수단이 됐지만 디지털 금융에 익숙하지 않은 고령자나 점포가 적은 비수

도권 거주자의 불편이 한층 커질 것이라는 우려가 나온다.

국회입법조사처가 11월 22일 내놓은 '은행권의 점포 축소와 금융소외계층 보호를 위한 과제' 보고서를 보면 국내 은행들의 점포수가 2015년 말 7281개에서 2021년 말 6183개로 15.1%(1098개) 줄어들 것으로 예상된다.

이는 금융감독원 자료를 이용해 지으로, 업산 섬포 감소 폭이 2017년 312개에서 2018년 23개, 2019년 57개로 숙아진 뒤 코로나19 사태가 터진 2020년 304개로 커졌다. 2021년에는 222개로 예상되는데 상반기에만 79개가 줄었다.

은행 **현금자동입출금기**(ATM, Automatic Teller's Machine)도 사라지고 있다. 더불어민주당 유동수 의원이 금감원에서 받은 자료에 따르면 2021년 8월 말 이으 'ATM 5만5170대로 2019년 말보다 10.7%(3883대) 감소했다. 코로나19 확산으로 비대면 금융거래가 증가하고 핀테크 등 혁신 금융서비스가 등장하면서 전통적인 은행 점포와 ATM의 설 자리가 줄어든 영향이다.

고령층 금융 소외 우려

문제는 고령층의 금융 접근 문턱이 높아진다는 점이다. 보험연구원은 지난 5월 이와 관련한 보고서에서 "금융 디지털화가 진행되면서 디지털 소외는 금융 소외로 이어질 가능성이 높다"며 "국내 은행 지점의 감소는 인터넷·모바일 거래보다는 대면 거래를 주로 하는 고령 소비자에게 더 큰 영향을 미친다"고 지적했다.

한국은행의 2019년 조사 결과를 보면 70대 이상의 지급 수단 가운데 현금 이용 비중은 68.8%로 전 연령대 평균의 2.6배에 달했다. 현금 인출을 위한 금융기관 창구 이용률도 70대 이상이 53.8%로 전체 평균의 약 2배였다.

➕ **포용적 금융** (financial inclusion)

포용적 금융이란 금융 소외계층에게 금융 접근성을 높여 취약 가구 및 기업에 대한 기회를 확대하는 것을 말한다. 포용적 금융은 그 기에 베크너니긴 밖에서 시작식으로 시작의 대비 가는 금융(micro finance)인 소액금융에서 시작됐다. 1983년 무하마드 유누스가 설립한 방글라데시의 그라민은행(Grameen Bank)이 내표석이다. 지난 코로나19 위기 국면에서 신한·KB·하나·우리 등 4대 금융지주 산하 은행들이 중·저신용자 대출을 빠르게 줄인 반면 카카오뱅크는 그 비중을 유지했던 것으로 나타났다. 다만 카카오뱅크 가계자금 대출의 95% 이상, 신용대출의 98% 이상이 1~4등급의 고신용자에게 쏠려 있는 점은 여전했다. 이에 대해 홍성국 더불어민주당 의원은 "코로나19라는 비가 세차게 내리는 상황에서 인터넷 서뮤우행마저 중금리 대출을 외면하면 서민들의 부담은 모두 싣어시게 뒤나" 며 "카카오뱅크는 평소 동금리 내출 활성화와 포용적 금융 학대라는 취지를 잊어선 안 된다"고 강조한 바 있다.

글로벌 금융시장, 새 변이 공포에 '검은 금요일'

코로나19 새 변이 바이러스 '오미크론' 확산 우려로 뉴욕 증시가 2021년 들어 가장 큰 폭으로 급락했다. 유럽 증시는

물론 코로나19 확산에 따른 이동 제한 조치의 영향을 받는 원유 선물 시장도 크게 휘청거렸다.

11월 26일(현지시간) 뉴욕증시의 다우존스 산업평균지수는 전장보다 905.05p(2.53%) 떨어진 3만4899.34에 거래를 마쳤다. 다우 지수는 장중 한때 1000p 이상 빠졌으나 그나마 낙폭을 약간 줄였다. 스탠더드앤드푸어스(S&P) 500 지수는 106.84p(2.27%) 떨어진 4594.62에, 기술주 중심의 나스닥 지수는 353.57p(2.23%) 떨어진 1만5491.66에 각각 장을 마감했다.

미 추수감사절 연휴로 오후 1시에 폐장한 이날 증시는 미국 최대 쇼핑 대목인 '▪블랙 프라이데이'라는 표현 그대로 '검은 금요일'을 맞았다. 다우 지수의 하루 낙폭은 2020년 10월 28일 이후 13개월 만에 최고치를 기록했다.

뉴욕 증시 급락은 새 코로나19 변이 바이러스(B.1.1.529) 오미크론이 남아프리카 공화국을 중심으로 급속도로 퍼져나가면서 투자자들의 불안감이 커진 데 따른 것으로 풀이된다.

겨울철을 맞아 오미크론이 세계적으로 확산할 수 있다는 우려가 금융시장 전반에 영향을 미쳤다. 이미 코로나19 감염이 급증하고 있는 유럽 증시는 ▲프랑스 파리 CAC 40 지수 ▲독일 프랑크프루트 DAX 30 지수 ▲영국 런던 FTSE 100 지수가 각각 3~4%씩 일제히 하락했다.

뉴욕상업거래소(NYMEX)에서도 2022년 1월 인도분 서부 텍사스산 원유(WTI)는 배럴당 11.3%(8.89달러) 폭락한 69.50달러에 거래를 마쳤다.

▪ **블랙 프라이데이 (black Friday)**
블랙 프라이데이는 11월 넷째 주 목요일인 미국 추수감사절의 이튿날을 일컫는 말로, 미국에서 연말 쇼핑 시즌을 알리는 신호탄이자 연중 최대의 쇼핑이 이루어지는 날이다. 블랙 프라이데이는 2주간 진행되며, 주요 쇼핑업체들이 한 해 중 가장 큰 폭의 할인 혜택을 제공한다. 이에 따라 소비가 활발하게 이루어져 이전까지 지속된 장부상의 적자(red figure)가 흑자(black figure)로 전환된다고 하여 이 같은 말이 붙었다. 블랙 프라이데이에 소비되는 양은 보통 미국 연간 소비량의 약 20%를 차지하는 것으로 알려져 있다.

▌ 미국 주식시장 4대 지수

지수	내용
다우존스 산업평균지수 (Dow Jones Industrial Average)	뉴욕증권거래소에 상장된 우량 기업 주식 30개 종목을 표본으로 하여 미국 다우존스사가 시장가격을 평균해 산출하는 세계적인 주가지수
S&P 500 지수 (Standard & Poor's 500 Index)	뉴욕증권거래소에 상장된 우량 기업 주식 500개 종목을 국제 신용평가기관인 S&P가 선정해 산출하는 지수로서 공업주(400종목)·운수주(20종목)·공공주(40종목)·금융주(40종목) 그룹으로 구분
나스닥 종합주가지수 (NASDAQ Index)	정보통신(IT) 등 첨단기술 관련주 및 벤처기업 중심으로 상장된 장외 주식거래시장
러셀2000 지수 (Russell 2000 Index)	미국 주식시장에 상장된 2000개 중소기업 주가지수로서 미국 투자회사인 러셀인베스트먼트가 창안

우리금융,
23년 만에 완전 민영화 성공

우리금융지주가 23년 만에 완전 ▪민영화된다. 유진프라이빗에쿼티(PE)를 비롯한 5개사가 정부 지분을 인수하면서 과점 주주 체제로 새로 출발하

우리금융그룹

게 됐다. 앞으로 적극적 인수합병(M&A)을 통해 그룹 외연 확장에 속도를 낼 것이라는 분석이 나온다.

금융위원회는 11월 22일 공적자금관리위원회(이하 공자위)를 열고 우리금융지주 지분 잔여 매각 낙찰자로 유진PE 등 5개사를 최종 선정했다고 발표했다.

4%를 낙찰받은 유진PE는 예금보험공사가 입찰 과정에서 당초 약속한 신규 사외이사 추천권도 확보했다. 유진PE에 이어 KTB자산운용(2.3%), 얼라인파트너스컨소시엄(1%), **암호화폐거래소 업비트 운영사인 두나무**(1%), 우리금융지주 우리사주조합(1%) 등도 낙찰자 명단에 이름을 올렸다. 낙찰 가격 평균은 무낭 1만3000원대다.

이번 매각이 완료되면 기존 최대 주주였던 예금보험공사의 지분은 5.8%로 낮아진다. 우리사주조합(9.8%), 국민연금(9.42%)에 이어 3대 주주로 내려앉게 된다. 대신에 IMM PE(5.57%), 유진PE(4.00%), 푸본생명(3.97%), 한국투자증권(3.77%), 키움증권(3.73%), 한화생명(3.16%) 등 과점 주주 중심으로 지배구조가 재편된다.

이사회 구조도 사내이사 2명, 사외이사 6명 체제로 바뀐다. 유진PE가 신규 사외이사 추천권을 얻으면서 사외이사 의석수가 1석 늘어나고 예보가 갖고 있던 비상임이사 자리가 사라진다. 기존 이사회는 사내이사 2명, 사외이사 5명, 비상임이사 1명 체제였다. 유진PE 측은 "안정적인 대형 금융

사이기 때문에 금리 상승기에 좋은 투자처라 판단했다"고 말했다.

민영화는 우리금융의 최대 숙원사업이었다. **1997년 외환위기 당시 은행권 '빅5'였던 '조한제상서'**(조흥·한일·제일·상업·서울은행)**가 줄줄이 무너졌고, 이후 공적자금 12조7663억원을 투입받은 상업·한일은행이 합병해 한빛은행**(우리은행의 전신)에 탄생했다. 이때에 평화은행 등이 추가 합병 이후 우리은행으로 재출범했다. 이후 금융지주사로 전환했지만 최대주주는 변함없이 예보였다. 이번 매각으로 공적자금 전액이 회수될 것으로 예상된다.

우리금융은 완전 민영화를 계기로 그룹 포트폴리오 강화에도 본격적으로 나설 전망이다. 우리금융은 다른 금융지주에 비해 **증권·보험 등 비은행 부문**이 약하다는 평가를 받아 왔다. 금융권 관계자는 "최근 우리금융이 금융감독원으로부터 내부등급법 승인을 받으면서 추가 출자 여력도 크게 늘었다"며 "앞으로 M&A에 더 적극적으로 나설 것"이라고 내다봤다.

■ 민영화 (民營化)

민영화란 국가 및 공공단체가 공기업의 법적 소유권을 주식 매각 등의 방법을 통해 민간부문으로 이전하는 것을 말한다. 보통 정부가 운영하는 공기업이나 공공기관의 효율성을 높이기 위해 민영화를 진행한다. 공기업은 정부의 지원 아래 정부 사업을 대행하므로 수익 구조가 안정적인 데다, 특정적인 분야에서 독점적인 지위를 누릴 수 있는 특성이 있다. 이러한 안정적 구조에서는 효율성이 떨어지는 부작용이 나올 수 있으므로 민영화를 통해 시장 경쟁으로 효율성 증진을 꾀하려는 것이다. 국내에서 민영화가 된 대표적 기업으로는 포스코(구 포항제철), KT(한국전기통신공사), KT&G(담배인삼공사) 등이 있다.

삼성전자 대표이사 3인 전원 교체

삼성전자가 반도체·가전·모바일 부문의 대표이사 3명을 모두 교체했다. **가전과 모바일을 '세트(완제품)'로 통합하고, 세트 부문 대표이사에 이번에 부회장으로 승진하는 한종희 영상디스플레이사업부장**을, 반도체 부문 대표이사에 경계현 삼성전기 사장을 임명했다. 세대교체로 그룹을 쇄신하려는 이재용 삼성전자 부회장의 의지가 반영됐다는 분석이 나온다.

삼성전자는 2021년 12월 7일 이러한 내용을 골자로 하는 '2022년 정기 사장단 인사'를 실시했다. 회장 승진 1명, 부회장 승진 2명, 사장 승진 3명, 위촉업무 변경 등 총 9명의 인사가 이뤄졌다.

삼성전자는 반도체·가전·모바일 3개 부문별로 대표를 둬왔는데 이번에 2인 대표체제로 바뀌면서 모두 교체됐다. 삼성전자 대표이사가 바뀐 건 권오현 부회장 등이 물러나고 현 체제가 구축된 2018년 인사 이후 4년 만이다.

반도체를 이끌던 **김기남 부회장은 회장으로 승진**해 미래 기술을 개발하는 삼성전자 종합기술원을 이끈다. 그의 후임으론 삼성전자 메모리사업부 부사장을 지낸 경 사장이 임명됐다. 가전 부문 김현석 대표와 모바일 부문 고동진 대표가 물러나고, 두 부문을 합친 세트 부문 대표에 가전 부문에서 TV 사업을 맡아온 한 사장이 승진·임명됐다. 대표이사들의 연령대는 60대에서 50대로 낮아졌다.

이 부회장의 측근으로 꼽히는 정현호 사업지원 TF(태스크포스)장(61)은 사장에서 부회장으로 승진했다. **사업지원TF는 미래전략실 해체 이후 그룹 차원의 컨트롤타워 역할을 하는 조직이다.**

재계에선 이 부회장이 강조한 '뉴삼성' 기조에 맞춰 예상보다 큰 규모의 쇄신 인사가 나왔다는 분석이 나왔다. 삼성전자는 이날 인사에 대해 "세대교체 인사를 통해 격화하는 글로벌 경쟁구도 하에서 진영을 새로 갖춰 변화를 선호하는 기반을 마련했다"고 설명했다.

계열사 대표에는 삼성전자 출신이 대거 임명됐다. 삼성SDI 대표엔 전략통으로 그간 삼성전자 살림을 맡아온 최고재무책임자 최윤호 사장이 옮겨간다. 삼성전기 대표는 장덕현 삼성전자 시스템LSI사업부 센서사업팀장(부사장)이 사장으로 승진·임명됐다. 에스원 대표는 2013년부터 삼성전자 경영지원실 재경팀장을 맡았던 남궁범 사장이 맡게 됐다.

➕ 삼성전자 통합 세트 사업 부문 명칭 DX로 확정

삼성전자는 통합 세트 사업 부문 명칭을 DX(Device eXperience) 부문으로 확정했다. D는 세트 부문을 뜻하고 X로 차별화된 제품과 서비스로 고객경험(CX, Customer eXperience)을 중심으로 삼겠다는 브랜드 방향성을 제시했다. 주력사업 경쟁력 강화와 함께 신수종 사업(미래를 이끌어갈 사업)으로 꼽는 로봇 부문 역시 사업팀으로 격상, 사업화에 속도를 낸다.

기존 소비자가전(CE)과 IT·모바일(IM) 부문을 통합해 출범한 DX 부문은 VD(Visual Display), 생활가전, 의료기기, MX(Mobile eXperience), 네트워크 등 사업부로 구성된다. 삼성전자는 앞서 12월 10일 무선사업부 명칭을 26년 만에 MX사업부로 교체한다고 발표했다.

10월 생산 전월 대비 1.9% 감소... 18개월 만에 최대 폭 하락

10월 **전산업생산생산지수**가 18개월 만에 최대 폭으로 하락했다. 설비투자도 17개월 만에 가장 큰 폭으로 떨어졌다. 정부가 2021년 4% 성장률 달성을 목표로 경제 살리기에 총력을 기울이고 있지만 **글로벌 공급망 차질과 코로나19 확산 등이 경기 회복의 발목**을 붙잡고 있다는 분석이 나온다.

통계청이 11월 30일 내놓은 '10월 산업활동 동향'에 따르면 10월 전산업생산은 전월 대비 1.9% 감소한 것으로 나타났다. 이는 2020년 4월 (-2.0%) 이후 가장 큰 감소폭이다. 전산업생산은 7월 0.7%, 8월 0.1% 감소한 뒤 9월 1.1%로 반등했지만 10월 들어 다시 마이너스(-)로 돌아섰다.

업종별로는 광공업생산이 3.0% 감소하며 하락 폭을 이끌었다. 광공업생산이 3%대 감소한 건 2021년 5월(-7.7%) 이후 1년 5개월만이다. 광공업생산은 8월 이후 3개월째 감소세를 이어가고 있다. 차량용 반도체 수급 차질 등 글로벌 공급망 이슈로 자동차생산(-5.1%)과 1차 금속생산 (-5.9%) 등도 동반 하락했다.

서비스업 생산은 0.3% 감소했다. 숙박·음식점업

이 4.5% 증가했지만 금융·보험과 법률서비스업 등에서 감소했다. 공공행정은 건축시설 임차료 지급 등의 영향으로 8.9% 줄며 2013년 3월 이후 최대폭으로 감소했다.

설비투자도 뒷걸음질 쳤다. 설비투자는 전월보다 5.4% 하락하며 3개월 연속 감소세를 이어갔다. 감소폭으로는 2020년 5월(-5.7%) 이후 가장 크게 밑비졌다. 나스닥데이 세소 정비와 사동사 등 은상비 투자가 크게 감소해 게 영향을 미리 진 으로 풀이된다.

소비 동향을 보여주는 소매 판매는 전월에 비해 0.2% 늘며 2개월 연속 증가했다. 다만 전달 (2.4%)보다 오름폭은 둔화했다. 현재 경기 상황을 보여주는 동행지수 순환변동치는 0.2p 감소하며 2개월째 내렸고 선행지수 순환변동치는 4개월째 하락했다.

정부는 경기가 본격적으로 하강한 것으로 보기엔 무리라고 설명한다. 10월 개천절과 한글날 휴일이 대체공휴일로 지정되며 조업일수가 줄어든 점을 고려해야 한다는 것이다.

■ **전산업생산지수 (IAIP, Index of All Industry Production)**

전산업생산지수란 우리나라 경제 전체의 모든 산업을 대상으로 국내에서 생산한 재화와 용역에 대한 생산활동 동향을 월별, 분기별, 연간으로 집계하여 단일지수로 나타낸 것이다. 이 지표를 보면 전체 산업의 생산활동 동향을 월간 단위에서 한 눈에 알 수가 있으며, 광공업 생산 등 특정 산업의 생산 변화가 전체 생산의 변화에서 어느 정도 기여했는지도 파악할 수 있기 때문에 산업별 진단 및 주요 정책추진 및 투자활동에 활용이 가능하다.

분야별
최신상식

사회
환경

식당·카페·학원·PC방 등
'방역패스' 시행

■ **방역패스**

방역패스란 위드 코로나를 시행하기 위해, 백신 접종을 완료했거나 코로나19 음성으로 확인된 사람에게 발급하는 증명서를 말한다. 2021년 11월 1일부터 시행됐다. 방역패스는 ▲유흥시설 ▲노래연습장 ▲목욕장업 ▲경마·경륜·경정 ▲카지노업장 ▲실내체육시설(헬스장·탁구장·스크린골프장·당구장·볼링장)과 같은 고위험 다중이용시설과 ▲의료기관 ▲요양시설 ▲중증장애인 ▲치매시설 등 감염취약시설에 입원할 때나 환자·입소자를 면회할 때 요구된다. 12월 6일부터 ▲식당 ▲카페 ▲영화관 ▲학원 ▲PC방 등이 추가 확대됐다.

식당·카페 다시 인원 제한

정부가 식당이나 카페를 비롯한 실내 다중이용시설 전반에 대해 ■**방역패스**(백신패스, 접종증명·음성확인제) 적용을 대폭 확대하고, 사적모임 허용 인원을 다시 축소하는 고강도 조치를 12월 3일 내놨다. 그간 일부 고위험시설에 제한적으로 적용되던 방역패스가 **식당·카페 등 이용 빈도가 높은 다중이용시설로 확대**된 것이 이번 조치의 핵심이다.

최근 코로나19 확진자가 연일 5000~7000명을 오르내리는 데다 위중증 환자까지 치솟자 감염 확산을 막고, 미접종자를 보호한다는 것이다. 또 2022년 2월부터는 방역패스 대상 연령에 만 12~18세 청소년이 포함되면서 학원, 독서실 이용을 두고 미접종자 차별 논란도 불거질 것으로 보인다.

정부는 12월 18일부터 사적모임 허용 인원을 수도권·비수도권 4인으로 축소하고 유흥시설이나 식당·카페 등은 밤 9시까지만 운영하도록 했다. 식당·카페의 경우, 접종완료자로만 4인까지 이용이 가능하며, 미접종자는 혼자서 이용하거나 포장·배달만 허용된다. 영화관, 공연장, PC방 등은 밤 10시까지로 제한하되, 청소년 입시학원 등은 예외를 두기로 했다.

방역패스 형평성 논란

방역패스 적용 시설을 대폭 확대하는 정부의 특별방역 대책을 놓고 논란이 확산하는 가운데 **방역패스 적용 대상이 되는 시설 기준 등을 놓고 형평성 문제를 지적하는 목소리도 나왔다.**

특히 2022년 2월부터는 12~18세 청소년에게도 방역패스를 적용하기로 하면서 학생, 학부모들 사이에서는 학원이 적용 대상 시설로 포함된 데 대해 "방역패스가 없으면 청소년은 학원에 못 간다고 하면서 백화점이나 종교시설은 왜 갈 수 있는 건가"라는 불만이 제기됐다.

학원뿐 아니라 **최근 오미크론 변이의 집단감염 발생지로 지목된 교회 등 종교시설은 방역패스 적용에서 제외된 점**, PC방은 방역패스 적용이지만 오락실은 제외된 점, 마스크를 벗을 수밖에 없는 워터파크 등의 시설 역시 제외된 점 등 다른 세부 기준을 놓고서도 불만의 목소리가 나오고 있다.

문재인 대통령이 12월 7일 코로나19 확산을 막기 위한 특별대책을 시행한 것과 관련해 "방역의 벽을 다시 높이는 것은 불가피한 조치로 국민의 이해를 구한다"며 방역패스 등을 그대로 시행할 뜻을 밝혔으나 논란은 지속할 것으로 보인다.

한편, 김부겸 국무총리는 12월 6일 열린 중앙재난안전대책본부 회의에서 이날부터 시작된 식당·카페·학원 등의 백신패스 확대 적용을 언급하면서 백신 접종이 더 이상 시대에 뒤 수 없다고 밝혔다. 청소년(12~18세) 방역패스 도입이 사실상 강제 접종이라는 반발에 대해서도 "학생들이 집중하시 않으면 바이러스가 전파될 수 있는 매개 고리가 된다"며 방역패스 강행을 시사했다.

▌방역패스 적용·미적용 시설 현황 (2021년 12월 6일 기준)

적용 시설	• 기존 : 유흥시설 등(유흥주점, 단란주점, 클럽·나이트, 헌팅포차, 감성주점, 콜라텍·무도장), 노래(코인)연습장, 실내체육시설, 목욕장업, 경륜·경정·경마·카지노 • 식당·카페, 백화점 등, 영화관·공연장, 독서실·스터디카페, 멀티방(오락실 제외), PC방, (실내)스포츠경기(관람)장, 박물관·미술관·과학관, 파티룸, 도서관, 마사지·안마소
미적용 시설	• 결혼식장, 장례식장, 유원시설(놀이공원·워터파크), 오락실, 상점·마트·백화점, (실외)스포츠경기(관람)장, 실외체육시설, 숙박시설, 키즈카페, 돌잔치, 전시회·박람회, 이·미용업, 국제회의·학술행사, 방문판매 홍보관, 종교시설

POINT 세 줄 요약

❶ 식당, 카페 등 실내 다중이용시설 전반에 방역패스 적용이 확대됐다.

❷ 방역패스 적용 대상 시설 기준을 놓고 형평성 문제가 지적된다.

❸ 논란에도 불구하고 정부는 방역패스 강행을 시사했다.

누가 대통령 돼도
신한울 원전 재개되나

▲ 건설이 중단된 신한울 3·4호기 부지 현장 (자료 : 한국수력원자력)

이재명 더불어민주당 대선 후보가 건설이 중단된 신한울 3·4기 원자력발전소(원전) 공사 재개를 시사해 관련 업계가 주목하고 있다. 앞서 윤석열 국민의힘 대선 후보도 신한울 원전 건설 재개와 ▪**소형모듈원전(SMR)** 등 신규 원전 건설 필요성을 밝힌 바 있어 누가 대통령이 돼도 신한울 원전 공사가 재개될 가능성이 커졌다.

이 후보는 12월 2일 방송기자클럽 토론회에서 2017년 공사가 중단된 신한울 3·4호기의 공사를 재개하는 문제에 대해 "국민의 의견에 맞춰 (공사 재개를) 재고할 수 있다"고 밝혔다. 이는 **탈원전 정책 기조를 내세웠던 문재인 정부와 차별화 움직임을 본격화**한 것이다.

이 후보는 "당시 (건설 중단)도 국민에 따라서 결정했지만, 반론도 매우 많은 상태"라며 "그 부분 (건설 재개)에 관한 한 국민 의견이 우선돼야 할 사안"이라고 부연했다. 다만 "장기적으로 신재생에너지가 경제 활성화나 일자리 창출에 훨씬 더 도움이 된다"고 말했다.

윤 후보는 원전 필요성을 역설하며 더 적극적인 모습이다. 윤 후보는 11월 29일 원전 관계자들과 만나 "문재인 정권의 탈원전은 '망하러 가자는 얘기'라며 현재 **깨끗하고 안전하고 효율적인 원자력 발전 외엔 대안이 없다**"고 말했다

정부는 2021년 1월 이미 7790억원가량이 투입된 신한울 3·4호기의 공사계획 인가 기간을 2023년 12월까지 연장키로 했다. 사업 백지화를 염두에 두되 반대 여론을 감안해 최종적인 결정은 다음 정부에 넘긴 셈이다.

▪ 소형모듈원전 (SMR, Small Modular Reactor)

소형모듈원전(SMR)은 대형 원전 10~20분의 1 이하 크기인 전기출력 100~300MWe(메가와트)급 이하의 원전을 말한다. SMR은 상대적으로 안전성이 높고 초기 투자비가 적으며 건설기간이 짧아 차세대 원전으로 주목받고 있다. 미국 일본 등 선진국은 탄소 감축을 위해 SMR 비중을 높이려는 추세다. SMR은 대형 원전에 비해 사고 때 방출되는 방사성 물질의 양이 적어 안전하다고 알려져 있다. 그러나 원전이 작아지면서 안전 설비 또한 축소되고 검사와 관리에 들어가는 기술 비용이 더 증가하므로 경제성 확보 과정에서 오히려 안전이 약화될 수 있다는 반론도 있다.

기출복원문제 2020 경향신문

영구 정지된 원전으로 묶인 것은?

① 월성 1호기, 고리 1호기　　② 월성 1호기, 한빛 1호기
③ 고리 1호기, 한빛 1호기　　④ 고리 3호기, 한울 1호기

정답 ①

해남군, 스티로폼 부표
제로화 속도 빨라진다

전남 해남군이 스티로폼 부표를 친환경 부표로 교체하기 위해 추진 속도를 높이고 있다. 어장에서 많이 사용되고 있는 **스티로폼 부표는 사용 중**

▲ 친환경 부표를 공급하는 모습 (자료 : 해남군청)

에 쉽게 파손되어 **미세플라스틱**으로 변하기 때문에, 이상 퇴적을 훼손하고 해양 생태계를 위협하는 주요 원인으로 지적됐다

2021년 해남군은 2020년 대비 230% 증가한 34만 개의 친환경부표를 보급했다. 이를 위해 군비 보조율을 10% 늘려 38%까지 확대하고, 국도비 42%를 더해 총 80%까지 지원을 실시하면서 어업인 부담을 20%까지 낮췄다.

친환경 부표 지원율을 80%까지 높이 것은 전국에서 처음으로, 어민 부담을 줄이고, 땅끝 청정 바다의 친환경 수산 양식 확산과 해양환경보전을 통한 지속가능한 어업 발전에도 탄력을 받고 있다.

해남군은 2022년도 국비 예산도 추가 확보해 친환경 부표를 330% 증가한 110만 개까지 보급할 계획이다.

최근 이와 관련해 양식장 등 어장에서 이용되는 **스티로폼 부표의 신규 설치를 단계적으로 제한하는 것을 주요 내용으로 하는 어장관리법 시행규칙 일부개정령**이 지난 11월 12일 자로 공포됐다.

이에 따라 2022년 11월 13일부터는 수하식양식장(김, 굴 등) 내에서, 공포 후 2년 뒤인 2023년 11월 13일부터는 모든 어장에서 스티로폼 부표를 새로 설치할 수 없게 된다. 기존 설치된 스티로폼 부표는 사용 가능하나, 신규로 설치하는 부표는 친환경부표만 사용할 수 있다.

■ 미세플라스틱 (microplastics)

미세플라스틱이란 5mm 미만의 작은 플라스틱이다. 처음부터 미세플라스틱으로 제조되거나, 플라스틱 제품이 부서지면서 생성된다. 미세플라스틱은 일상생활에서 쉽게 접할 수 있는 치약, 세정제, 스크럽 등에 포함돼 있다. 미세플라스틱은 너무 작아 하수처리시설에 걸러지지 않고, 바다와 강으로 그대로 유입된다.

세계자연기금(WWF)은 2019년 6월 12일 호주 뉴캐슬대와 함께 진행한 '플라스틱의 인체 섭취 평가 연구' 결과 "매주 평균 한 사람당 미세플라스틱 2000여 개를 소비하고 있다"고 분석했다. 이를 무게로 환산하면 5g으로 신용카드 한 장이나 볼펜 한 자루 수준이다. 한 달이면 칫솔 한 개 무게인 21g, 1년이면 250g 넘게 섭취하게 된다는 얘기다. 이는 인체 내분비계 교란 및 암을 유발할 수 있다

➕ 법의 체계

▲헌법은 최상위 법이다. ▲법률은 국회 의결을 거쳐 제정되는 법으로서, 헌법에서는 국민의 권리 의무에 관한 사항은 반드시 법률에 의해 규정하도록 하고 있다. ▲명령은 헌법·법률의 하위 규범으로, 국회 의결을 거치지 않고 각부에 의해 제정된다. 명령에는 대통령령으로 공포되는 시행령과 국무총리령 및 부령으로 공포되는 시행규칙이 있다. 시행규칙은 법과 시행령에서 위임된 사항과 그 시행에 관하여 필요한 사항을 정한다. ▲자치법규는 법령의 범위 안에서 지자체가 제정하는 자치에 관한 규정이다. 자치법규에는 조례와 규칙이 있는 조례는 지방의회의 의결을 거쳐 정립하는 법 형식이며 규칙은 지자체의 장이 제정하는 규범이다. 이 밖에 법률과 그 하위규범인 대통령령, 총리령, 부령 등의 시행령 및 시행규칙, 조례와 규칙 등 모든 규범을 망라해 ▲법령이라고 한다.

환경부, 파리지옥풀 등
멸종위기종 양도·양수 신고 제외

▲ 파리지옥풀

환경부는 12월 6일부터 국제 멸종위기종인 **파리지옥풀, 벌레잡이통풀, 네펜데스속** 등을 양도·양수, 폐사·질병 신고 대상에서 제외한다고 12월 5일 밝혔다.

환경부는 국제 멸종위기종과 그 가공품을 거래할 경우 '야생생물 보호 및 관리에 관한 법률'에 따라 양도·양수 및 폐사 신고를 하도록 관리하고 있다. 다만 2018년부터는 국내에서 대량으로 증식돼 신고 필요성이 낮은 일부 종에 한해 신고 의무를 면제하고 있다.

이번 신고 대상에서 제외된 파리지옥풀 및 벌레잡이통풀과 네펜데스속은 ▪CITES 협약에 따라 국제거래가 제한되는 부속서 II에 속하는 식충식물이다.

끈끈이귀개과에 속한 파리지옥풀은 파리 등의 벌레들이 잎에 닿으면 급히 잎을 닫아 잡아먹는다. 벌레잡이통풀과 네펜데스속은 주머니처럼 생긴 잎에 벌레를 가둬 잡아먹는다.

환경부는 두 식물종이 국내에서 대량으로 증식되고 있어 상대적으로 신고 필요성이 낮다고 판단했다. 환경부는 "이번 양도·양수 신고제외 대상종 확대를 통해 국민 불편을 해소하고 국제적 멸종위기종 관리제도 실효성을 강화할 것"이라고 밝혔다.

▪ CITES

CITES(사이테스)는 '멸종위기에 처한 동식물 교역에 관한 국제협약(Convention on International Trade in Endangered Species of Wild Flora and Fauna)'의 줄임말이다. 국제적인 거래로 인한 동·식물의 생존위협을 방지하기 위해 1973년 3월 3일 미국 워싱턴에서 조인되어 1975년부터 발효되었다. 이에 따라 사이테스를 '워싱턴 협약'이라고도 한다. 우리나라는 1993년 7월에 가입했다.

사이테스는 대상 동·식물을 ▲I군(수출입으로 인한 멸종 위기에 직면해 있는 종) ▲II군(수출입을 규제하지 않을 경우 멸종 위기에 처할 종) ▲III군(회원국이 자국의 동·식물 보호를 위해 지정한 종)으로 구분해 국가 간 무역거래를 제한한다.

▍ 국제자연보전연맹(IUCN) 적색목록 분류

구분	내용
멸종(EX, Extinct)	개체가 하나도 남아 있지 않음
야생에서 멸종 (EW, Extinct in the Wild)	보호시설에서만 생존하고 있거나 원래 서식지역이 아닌 곳에서만 인위적으로 유입되어 생존
위급한 멸종 위험 (CR, Critically Endangered)	야생에서 멸종 가능성 대단히 큼
멸종 위험(EN, Endangered)	야생에서 멸종 가능성 큼
취약(VU, Vulnerable)	야생에서 멸종 위기에 처할 가능성
멸종 위기 근접 (NT, Near Threatened)	가까운 장래에 야생에서 멸종 우려 위기에 처할 가능성 큼
최소관심종 (LC, Least Concern)	멸종 위험이 낮고 위험 범주에 도달하지 않음

기출TIP 2021년 경향신문에서 멸종위기종과 관련 있는 것(적색목록)을 묻는 문제가 출제됐다.

인천 '층간소음 흉기난동' 현장 이탈한 경찰관 2명 해임

인천 층간소음 흉기난동 **사건 현장을 이탈한 경찰관들이 해임**됐다. 인천 논현경찰서는 11월 15일 인천 남동구의 한 빌라에서 A 씨의 흉기난동 현장에서 범행을 제지하거나 피해자를 보호하지 않은 채 현장을 이탈한 B 경위와 C 순경을 해임했다고 11월 30일 밝혔다. 앞서 경찰은 이들이 현장을 이탈한 사이에 그 사건 피해자였으며 도 징계를 부여하지 않는 인사처분)한 바 있다.

경찰 측은 "두 경찰관에 대한 감찰조사 결과 A 씨의 범행을 제지하지 못했고, 피해자 구호 등 즉각적인 현장조치 없이 현장을 이탈하는 등 부실 대응한 사실이 확인돼 징계위원회에서 해임을 의결했다"고 말했다.

A 씨의 흉기 난동으로 아래층에 사는 40대 여성 D 씨는 목 부위를 흉기에 찔려 의식을 찾지 못하고 있으며, 뇌경색이 진행돼 수술받았다. D 씨의 남편과 딸도 얼굴과 손 등을 다쳐 병원에서 치료를 받았다.

사건 현장에서 부실하게 대응한 B 씨와 C 씨를 포함해 관리·감독 소홀로 고발당한 이상길 전 논현서장과 모 지구대장 E 경감 등 4명에 대해서도 인천경찰청 광역수사팀이 본격적인 수사에 나섰다. 이들 4명 모두 직무유기 혐의이다.

경찰은 앞서 이들을 고발한 서민민생대책위원회 관계자 등을 불러 고발인 조사를 마쳤다. 경찰은 현장 조사와 당시 현장 주변의 폐쇄회로(CCTV, 목격자 진술 등을 받는 등 기초 고사를 진행하고 있다.

공무원 징계의 종류 및 효력

	종류	기간	인사·신분	보수·퇴직급여
중징계	파면	–	•공무원 신분 배제 •5년간 공무원 임용 결격사유	퇴직급여의 1/2 감액 *퇴직급여의 1/4 감액(5년 미만 재직자)
	해임	–	•공무원 신분 배제 •3년간 공무원 임용결격사유	퇴직급여 전액 지급 *퇴직급여의 1/4 감액(금품 미리자) *퇴직급여의 1/8 감액(5년 미만 재직자)
	강등	3개월	•1계급 내림+정직 3월 •처분기간 신분은 보유, 직무에 종사하지 못함	•3월간 보수의 2/3 감액 •승급 제한 •3월간 각종 수당 감액
	정직	1~3개월	신분은 보유, 직무에 종사하지 못함	•보수의 2/3 감액 •승급 제한 •처분기간 동안 각종 수당 감액
경징계	감봉	1~3개월	12개월+처분기간 동안 승진 제한	•보수의 1/3 감액 •승급 제한 •처분기간 동안 각종 수당 감액
	견책	–	6개월+처분기간 동안 승진 제한	승급제한

'신변보호'
전 여친 스토킹 살해자 신상공개

▲ 스토킹 살해 피의자 김병찬

경찰이 신변보호를 받던 30대 여성에게 흉기를 휘둘러 숨지게 한 혐의로 구속 수감된 김병찬(35)의 신상을 11월 24일 공개했다. 서울경찰청은 "이날 신상공개심의위원회 논의를 거쳐 피의자 김병찬의 신상정보를 공개하기로 결정했다"고 밝혔다.

경찰은 김병찬이 범행을 시인하고 있고 폐쇄회로(CC)TV 영상 등 충분한 증거가 확보돼 있어 살인 혐의가 입증된다고 보고 공개를 결정했다. 경찰 측은 "피의자가 미리 흉기를 준비한 뒤 피해자의 주거지에 찾아가 잔인하게 살해하는 결과가 발생했다"며 "신상 공개를 통해 얻는 범죄예방 효과 등 공공의 이익을 고려했다"고 설명했다.

김병찬은 11월 19일 오전 11시 33분 서울 중구 저동의 한 오피스텔에서 자신이 스토킹하던 A 씨에게 흉기를 휘둘러 숨지게 한 혐의를 받고 있다. 김병찬은 "범행이 우발적이었다"고 주장하고 있는 것으로 전해졌다.

유가족, 경찰 대응 지적

유가족은 A 씨가 경찰에 신변보호를 요청했던 11월 7일부터 사건이 발생한 19일까지 경찰의 대응에 문제를 제기했다. 유족들은 **"김병찬이 9일 100m 이내 접근과 전화 통화 등을 금지하는 잠정조치를 받았지만 적절한 조치가 없었다"**며 책임자를 규명하고 개선 방안을 명확히 제시할 것 등을 요구했다.

경찰 측은 이런 주장에 대해 "해당 대화는 실제로 없으며, 대신 '경찰을 보내주겠다. 어디로 보내면 되겠느냐'고 물었고, 피해자는 '지금은 현장을 벗어나 먼 곳에 있고 피의자도 어디 있는지 모르겠다'고 답했다"고 설명했다.

당시 통화했던 112 접수자는 A 씨에게 "(현재 상황에선 신고에 대해) 할 수 있는 건 없는데 저녁이나 내일 출근할 때 경찰의 도움이 필요하면 다시 연락하면 도와주겠다"고 응답했고, 실제로 11월 9일 저녁 경찰이 집까지 동행했다고 한다.

최근 김병찬 사건과 인천 층간소음 흉기난동 사건 등으로 경찰에 대한 비판이 거세지자 김창룡 경찰청장은 11월 24일 전국 14만 경찰관에게 서한문을 보내 비상대응 체제 전환을 선언했다. 김 청장은 서한문에서 "두 사건 모두 국민이 가장 필요로 하는 순간에 경찰이 현장에 있지 못했다"며 "경찰관의 자세와 교육·훈련·출동 체계 등을 심층적으로 살피고 즉시 개선할 수 있는 부분부터 확실히 일신해 나가겠다"고 했다.

> ### ➕ 피의자 신상공개 (被疑者身上公開)
> 피의자 신상공개는 피의자의 얼굴, 성명, 나이 등 신상을 공개하는 것을 말한다. 특정강력범죄의 처벌에 관한 특례법[제8조의2(피의자의 얼굴 등 공개)]을 근거로 한다. 해당 규정은 2009년 연쇄살인범 강호순 사건 이후 흉악범의 신상을 공개해야 한다는 여론이 들끓으며 2010년 4월 신설된 것이다.
> 해당 특례법 제8조의2에 따르면 ▲범행수단이 잔인하고

중대한 피해가 발생한 특정강력범죄 사건일 것 ▲피의자가 그 죄를 범했다고 믿을 만한 충분한 증거가 있을 것 ▲국민의 알권리 보장 및 피의자의 재범 방지 및 범죄 예방 등 오로지 공공의 이익을 위해 필요할 것 ▲피의자가 청소년 보호법 제2조 제1호의 청소년에 해당하지 않을 것 등 4가지 요건을 모두 갖춘 특정강력범죄 사건 피의자의 신상에 관한 정보를 공개할 수 있도록 규정하고 있다.

다만 해당 특례법은 신상을 공개할 때 피의자의 인권을 고려해 신중하게 결정하고, 남용하지 않을 것을 함께 명시하고 있다. 피의자 신상공개의 타당성은 시상정보공개 심의위원회의 판단으로 결정되며 위원회는 총 7명으로 구성되며, 4명 이상은 각 경찰청·경찰서 소속 의사, 교수, 변호사 등 외부 전문가로 위촉된다.

2025년부터 고교학점제 전면 시행

▲ 유은혜 사회부총리 겸 교육부 장관 (자료 : 교육부)

2024년부터 순차 적용될 2022 개정 교육과정에서 모든 교과에 디지털 기초소양 함양 목표가 반영되고, **고교학점제**에 기반해 고등학교 교과과정이 변경된다. 또 초등학교 6학년, 중학교 3학년 등 상급학교 진학 시기에 진로연계학기가 도입된다.

교육부는 11월 24일 국가교육과정 개정추진위원회, 국가교육회의, 전국시도교육감협의회와 함께 '2022 개정 교육과정'의 큰 틀과 교과목별 시수 등을 정하는 총론 주요 사항을 발표했다. 교육부는 **2025년 전면 시행을 목표로 하는 고교학점제**를 고교 교육과정의 기반으로 삼아 학생들의 과목 선택권을 확대한다.

교육부가 지난 8월 발표한 '2025년 전면 적용을 위한 고교학점제 단계적 이행 계획'에 따르면 2022년 중3 고1이 되는 새로운 학년부터는 고등학교의 수업량이 현재 204단위(총 2890시간)에서 192학점(2720시간)으로 줄어든다.

개정 교육과정은 이를 반영해 수업·학사 운영을 '학점' 기준으로 전환하며 1학점의 수업량을 17회(16+1회)에서 16회로 줄인다. 과목별 기본이수학점도 5단위에서 4학점으로 조정되고, 필수이수 수업량이 94단위에서 84학점으로 줄어드는 대신 선택과목 범위가 86단위에서 90학점으로 확대된다. 공통과목을 유지하되 선택과목을 일반·진로·융합선택 체제로 재구조화한다.

또한 초·중학교에서 교과 20% 범위 내 시수 증감, 수업량 유연화 등 학교 자율시간이 확보된다. 중학교 1학년에 대해 170시간 운영 중인 자유학기제도 바뀐다. 개정 교육과정은 1학년 중 한 학기를 선택해 102시간 운영하도록 축소하는 대신, 3학년 2학기에 진로연계학기를 도입한다.

교육부는 구체적인 총론과 교과 교육과정 시안을 개발해 2022년 하반기 새 교육과정을 최종 확정·고시할 예정이다. 확정된 교육과정은 2024년부터 초등학교 1~2학년, 2025년부터 중·고등학교에 연차 적용된다.

■ 고교학점제 (高敎學點制)

고교학점제는 고등학생이 대학생처럼 자신의 적성과 선호도 등에 따라 다양한 과목을 선택·이수하고, 기준 학점을 채우면 졸업을 인정받는 제도다. 이는 획일화된 과목을 공부하는 현재의 교육 체계에서 벗어나 학생들에게 더욱 넓은 선택권을 주겠다는 취지로 시행되는 것이다.

고교학점제가 도입되면 학생들은 개별 적성과 진로에 따라 자신이 원하는 과목을 선택해 교실을 옮겨가며 수업을 듣게 된다. 1학년 때는 공통과목을 중심으로 수업을 들으며 희망하는 진로와 연계된 학업 계획을 세우고, 2학년 때부터 본격적으로 선택 과목을 수강하는 식이다. 고교학점제는 입시 위주의 교육을 정상화하고 학생들이 자기 주도 학습을 이어갈 수 있다는 점에서 긍정적으로 평가된다. 그러나 교육 현장에서는 고교학점제 운영을 위한 필수 선행 조건과 인프라가 제대로 갖춰지지 않았다는 점에서 성급하다는 우려가 나온다.

기출TIP 2021년 서울경제·뉴스1·경향신문 필기시험에서 고교학점제를 묻는 문제가 다수 출제됐다.

화물연대 사흘간 총파업 돌입

▲ 화물연대 총파업 홍보물 (화물연대 홈페이지 캡처)

민주노총 공공운수노조 화물연대본부(화물연대)가 안전운임 ■**일몰제** 폐지 등을 요구하며 11월 25~27일 사흘간 총파업에 들어갔다. 화물연대는 11월 25일 0시부터 16개 지역본부별 거점에서 총파업을 진행했다. 화물연대는 ▲안전 운임 일몰제 폐지 ▲안전 운임 전 차종·전 품목 확대 ▲생존권 쟁취를 위한 운임 인상 ▲산재보험 전면 적용 ▲지입제

(持入制 : 운수회사에 개인 소유 차량을 등록해 거기서 일감을 받아 일을 한 후 보수를 지급받는 제도) 폐지 ▲노동기본권 쟁취 등을 정부에 요구했다.

안전운임은 매년 운수사업자와 화주, 화물차주를 비롯해 공익위원 등으로 구성된 국토부 화물차안전운임위원회에서 결정되는 운임인데, 이 운임보다 낮은 운임을 지급하는 화주는 건당 과태료 500만원이 부과된다. 안전운임은 현재 컨테이너와 시멘트 품목에만 적용되고 있는데, 지난 2020년 3년 일몰제로 시행돼 2022년에는 폐지된다.

화물연대 측은 안전운임 도입 이후 화물차주의 과로 등의 위험이 줄어, 모든 차종으로 안전운임을 확대해야 한다는 입장이다.

반면 화주 측에선 비용 증가 등을 이유로 안전운임 일몰제 연장에 대해 부담을 느끼고 있는 것으로 전해진다. 국토부는 "안전운임과 관련해 화주·차주 등과 협의를 이어갈 계획"이란 입장이다.

이번 화물연대 파업으로 시멘트 등 일부 업종 운송에 차질이 발생했다. 서울 수색유통기지의 시멘트 출하도 사실상 중단된 것으로 전해졌다. 시멘트 업계 등에 따르면 파업 기간 시멘트 출하량이 평소의 20% 수준으로 급감했다.

■ 일몰제 (日沒制)

일몰제는 시간이 지나면 해가 지듯이 법률이나 각종 규제의 효력이 일정 기간이 지나면 자동적으로 없어지도록 하는 제도이다. 입법이나 제정 당시와 여건이 달라져 법률이나 규제가 필요 없게 된 이후에도 한 번 만들어진 법률이나 규제는 좀처럼 없어지지 않는 폐단을 없애기 위해 도입됐다. 일몰법이라고도 한다.

헌재, '윤창호법' 위헌 결정

2회 이상 음주운전 금지규정을 위반했을 때 가중처벌하도록 정한 도로교통법 조항이 위헌이라는 헌법재판소 결정이 나왔다. 헌재는 11월 25일 A 씨 등이 "도로교통법 제148조의2 제1항은 위헌"이라며 낸 헌법소원 사건에서 재판관 7 대 2 의견으로 위헌 결정했다.

도로교통법 제148조의2 제1항은 음주운전 금지규정을 2회 이상 위반한 사람은 2년 이상 5년 이하의 징역이나 1000만원 이상 2000만원 이하의 벌금에 처하도록 규정하고 있다. 이 조항은 2018년 9월 부산 해운대구에서 만취 운전자가 몰던 차량에 치인 윤창호 씨의 사망 사건을 계기로 처벌이 강화되도록 개정돼 이른바 '윤창호법'으로 불린다.

헌재는 **재범 위험을 막기 위한 다른 법 조항과 달리 윤창호법은 일정한 조건을 명시하지 않고 있다는 점**을 언급했다. 다른 가중처벌 조항의 경우 '형의 집행을 종료하거나 면제받은 후 3년 내' 등과 같이 첫 범행 이후 일정한 기간 내에 이뤄진 범죄만 가중처벌한다.

그러나 윤창호법은 과거 음주운전 적발로 특정한 형량이나 유죄 확정판결을 받아야 한다는 조건이 없고, 기간도 제한하고 있지 않으므로 책임에 비해 과도한 처벌을 한다는 게 헌재의 판단이다.

그러나 이선애·문형배 재판관은 "'윤창호 사건'을 계기로 재범 음주운전 범죄를 엄히 처벌하고 예방하고자 하는 형사정책적 고려에 따라 입법화한 규정이고 반복되는 음주운전은 비난가능성이 매우 크므로 심판대상조항에 의한 재범 음주운전자의 가중처벌은 합리적 이유가 있다"는 반대의견을 냈다.

음주운전 처벌 내용

구분	내용
음주운전 사상사고	최고 무기징역, 최저 3년 이상 징역
음주운전 적발 기준	음주운전 2회 이상 적발 시 징역 2~5년 또는 벌금 1000만~2000만 원
운전면허 정지 기준	혈중알코올농도 0.03~0.08% 미만
운전면허 취소 기준	혈중알코올농도 0.08% 이상
운전면허 취소 시 면허 재취득이 제한되는 기간(결격 기간)	3년 적용되는 기준 : 2회 이상

대법 "미성년 '리얼돌', 아동 성착취물급 폐해"…수입 불허

대법원이 미성년 여성의 신체 외관을 본뜬 리얼돌 통관을 막아야 한다는 판단을 내놨다. 대법원

2부는 11월 25일 리얼돌 수입업자 A씨가 인천세관을 상대로 낸 수입 통관 보류처분 취소소송 상고심에서 A 씨 승소로 판결한 원심을 깨고 사건을 서울고법으로 돌려보냈다.

A 씨는 2019년 9월 중국 업체에서 여성의 신체 형상을 한 리얼돌 1개를 수입하겠다고 신고했다가 '풍속을 해치는 물품'이라는 이유로 통관 보류처분을 받게 되자 이듬해 인천세관의 처분을 취소해달라는 소송을 냈다. **수입업자들과 관세 당국은 리얼돌이 풍속을 해치는 '음란물'이냐, 개인의 성적 욕구 충족에 은밀히 이용되는 '성기구'냐는 쟁점을 놓고 통관 때마다 법적 다툼을 벌여왔다.**

관세 당국은 리얼돌을 음란물로 보고 관세법에 따라 통관에 제동을 걸어왔지만, 대법원은 지난 2019년 수입 리얼돌이 음란물이 아니라고 본 판결을 확정했다. 규제 대상인 음란물이 아닌 성기구라면 국가의 개입은 최소화돼야 한다는 취지다. 이번 사건 1심과 2심도 마찬가지였다.

대법원, '수입 불가' 판단

그러나 대법원에서 판단이 뒤집혔다. 대법원은 리얼돌 수입 통관 보류처분 취소소송과 함께 ■**파기환송**했다. 대법원은 "이 사건 물품을 예정한 용도로 사용하는 것은 아동을 성적 대상으로 취급하고 폭력적이거나 일방적인 성관계도 허용된다는 왜곡된 인식과 비정상적 태도를 형성하게 할 수 있을뿐더러 아동에 대한 잠재적인 성범죄의 위험을 증대시킬 우려도 있다"고 지적했다.

성인 형상을 한 리얼돌이라면 국가가 간섭해야 할지 고민할 여지가 있겠으나 A 씨가 통관을 신청한 리얼돌은 그렇지 않다는 취지다. 재판부는

관세법상 통관 보류 대상에 해당하는지 판단하기 전에 리얼돌이 미성년자의 신체 외관을 본뜬 것인지를 먼저 심리해야 한다는 기준을 제시하며 파기환송했다.

■ 파기환송 (破棄還送)

파기환송은 대법원이 원심판결을 파기하고 이를 다시 심판시키기 위해 원심법원(하급법원)에 되돌려 보내는 것을 말한다. 환송을 받은 법원은 해당 사건에 대해 대법원이 내린 파기의 이유와 법률상·사실상의 판단에 구속된다. 따라서 대법원의 파기 사유와 다른 이유를 들어 하급심 법원이 재판을 할 수 없다. 이를 '파기 판결의 기속력'이라고 한다. 다만, 환송받은 재판을 진행하는 과정에서 종전에 발견되지 않은 새로운 증거가 있으면 이를 근거로 새로운 사실을 인정할 수 있다.

정부, 코로나19 확진자 재택치료 의무화

병상 문제 등을 해결하기 위해 앞으로 모든 확진자는 기본적으로 집에서 머물며 치료를 받되, 입원 요인이 있거나 주거 시설이 감염에 취약한 경우 등 재택치료가 불가능한 경우에만 시설에 입원·입소하도록 할 방침이다. 정부는 11월 29일 청와대에서 문재인 대통령 주재로 코로나19 대응 특별방역점검회의를 열어 이런 내용의 의료

및 방역 후속 대응계획 등을 논의했다.

그간 입원 요인이 없는 70대 미만의 무증상·경증 확진자 중 재택치료에 동의한 환자에만 재택치료를 시행해왔지만, 이제 **재택치료를 원칙으로 입원이 필요한 대상자만 입원**할 수 있도록 한다는 것이다.

중앙재난안전대책본부는 12월 1일 코로나19 정례브리핑에서 "95% 이상이 재택치료 잘 지내고 재택에서 완치했다"며 재택치료의 타당성을 강조했다. 최종균 중앙사고수습본부(중수본) 재택치료반장은 "재택치료는 이미 2021년 10월 도입됐고 현재까지 4만여 명의 확진자가 재택치료를 받았다"며 "전문가들과 지속 소통하면서 의료대응체계를 점검하고 있다"고 밝혔다.

"무책임한 재택진료"...비판 속출

코로나19 신규 확진자 수가 처음으로 7,000명을 넘어서는 등 확진자가 폭증하는 가운데 '재택치료 원칙'에 대한 우려와 비판이 커지고 있다. 정부가 재택치료의 안전성을 거듭 강조하고 나섰지만 전문가들은 재택치료 방침이 너무 성급하게 추진됐다고 입을 모았다.

정기석 한림대성심병원 호흡기내과 교수도 "정부가 모든 확진자는 재택치료가 원칙이라고 했는데 의사가 환자를 보지도 않은 상태에서 어떻게 중증 악화 우려가 있는 환자를 가려낼 수 있겠나"라며 "코로나 치명률은 감기의 10~20배에 달하는데 치료가 아니라 '자택격리' 내지 '자택관찰'을 하는 것"이라고 꼬집었다.

정치권에서도 비판이 이어졌다. 의사 출신인 안철수 국민의당 대선후보는 "재택치료 체계로의 전환은 무책임하다"며 "국민의 의료선택권을 제한하고 감염병 치료에 대한 국가의 책임을 회피하는 것"이라고 비판했다. 그러면서 "재택 치료하다 온 가족이 집단 감염되는 사태가 대량으로 발생하면 정부가 수습할 수 있는가"라고 반문했다.

> ■ 코로나19 재택치료
>
> 코로나19 재택치료란 입원요인이 없는 70세 미만 무증상·경증 확진자로서 본인이 동의하는 경우 병원 대신 집 안에서 활동하는 것을 말한다. 고시원·쉐어하우스·노숙인 등 타인과 접촉 차단이 어려운 주거 환경인 경우나, 관리용 애플리케이션 사용 등 의사소통이 어려운 경우, 동거인 중에 고위험군이 있는 경우도 재택치료 대상자에서 제외된다. 확진자가 무증상이면 확진일로부터 10일간, 경증이면 증상 발생 후 10일간 실시한다.

사상 초유 수능 정답 결정 효력정지

2022학년도 대학수학능력시험(수능) 정답 결정이 유예되는 사상 초유의 사태로 대학입시가 혼란에 빠졌다. 서울행정법원은 12월 9일 수능 생명과학Ⅱ 응시생 92명이 한국교육과정평가원을 상대로 낸 정답 결정 처분 집행정지 신청을 일부 인용하고 이 문제의 정답 결정을 본안 사건 선고 때까지로 미뤘다. 올해 **수능은 전 과목 만점자가 1명에 그칠 정도로 이른바 '불수능'(어려운 수능)이었고**

문항 오류 논란까지 벌어지면서 입시 변수가 커졌다. 평가원은 12월 10일 수능 응시생에게 성적표를 배포했지만 생명과학 II 는 공란으로 비워졌다.

서울행정법원은 12월 15일 생명과학 II 20번 문항의 하자를 인정하고 평가원이 결정한 정답(5번)을 취소하라고 판결했다. 법원은 응시생 92명이 평가원을 상대로 낸 정답 결정 처분 취소소송 선고기일에서 이같이 판결했다. 20번 문항은 전원 정답 처리됐고 **이 문제에 매달리느라 소중한 시간을 허비한 수험생들은 억울한 피해**를 봤다.

12월 14일 강태중 평가원장은 출제 오류에 대한 책임을 지고 사퇴했다. 하지만 출제 오류 논란을 매년 반복하는 평가원에 대한 비판론은 가라앉지 않았다. 출제 방식 개선, 관리감독 체계 개편 등 특단의 대책이 필요하다는 지적이 나온다. 평가원은 이번 출제 오류 논란과 관련한 소송에 대응하기 위해 대형 로펌에 3000만원이 넘는 비용을 쓴 것으로 드러나 비판을 받았다. 이 돈은 수험생들의 수능 신청 비용과 교육부의 특별교부금으로 구성된 것이다.

12월 11일에는 **집단유전학 분야 세계 최고 석학 중 한 명인 조너선 프리처드 미국 스탠퍼드대 초빙 석좌교수**가 출제 생명과학 II 20번 문항의 출제 오류를 지적해 화제에 올랐다. 조너선 교수는 이 문제를 한국 학생으로부터 제보받은 것으로 알려졌다.

조너선 교수는 자신의 트위터에 이 문제를 공유하면서 "집단유전학, 중대한 대학 입학 시험, 수학적 모순, 법원의 가처분 명령 등 (흥미로울 법

한) 요소를 다 갖추고 있다"고 덧붙였다. 그는 이 문항을 함께 일하는 연구원들에게 풀어보라고 했고 한 연구원은 문제를 받고 '풀이?'라고 했다. 문항 자체에 오류가 있어 풀이 자체가 불가능하다는 뜻이다.

한편, 문제가 된 문항은 집단 I과 II 중 ▪**하디-바인베르크** 평형이 유지되는 집단을 찾고, 이를 바탕으로 '보기'의 진위를 판단할 수 있는지 평가하는 것이다. 오류를 주장하는 이들은 특정 집단의 개체 수가 음수(-)가 되는 중대한 오류가 발생해 제시된 조건들을 동시에 만족시키는 집단이 존재할 수 없다고 보았다.

▪ **하디-바인베르크 원리 (Hardy-Weinberg principle)**

하디-바인베르크 원리는 개체군에서 유전자를 변화시키는 외부적 힘이 작용하지 않는 한 우성 유전자와 열성 유전자의 비율은 세대를 거듭해도 변하지 않고 일정하다는 원리다. 서로 독립적으로 유전자풀(gene pool : 번식할 수 있는 한 집단 또는 개체 내 고유 유전자의 총량을 나타낸 것)에 대한 원리를 이끌어낸 영국의 수학자인 고드프리 하디와 독일의 내과 의사이자 생물학자인 빌헬름 바인베르크의 이름을 따서 명명하게 되었다.

하디-바인베르크 원리가 적용되려면 ▲무작위 교배가 이뤄질 것 ▲집안의 수가 충분히 클 것 ▲돌연변이가 없을 것 ▲자연선택이 일어나지 않을 것 ▲집단 간의 유전자 흐름이 없을 것 등의 조건을 만족하는 집단이 필요하며 이러한 집단을 멘델 집단이라고 한다.

'백신패스 반대'
고2 국민청원에 22만 동참

한 고등학교 2학년 학생이 "백신패스(방역패스)를 반대한다"며 정부의 방역 정책을 비판한 청와대

백신패스(일명 방역패스) 다시 한 번 결사 반대 합니다

참여인원 : [231,255명]

| 카테고리 보건복지 | 청원시작 2021-11-26 | 청원마감 2021-12-26 | 청원인 naver - *** |

청원시작   청원진행중   청원종료   답변완료

▲ 백신패스 반대 청원 (청와대 국민청원 게시판 캡처)

국민청원에 닷 새 만에 22만 명이 동참해 반향을 일으켰다. 청와대의 공식 답변 요건인 20만 명 동의를 충족한 만큼 청와대나 관련 부처가 답변해야 한다.

자신을 대구 수성구에 거주하는 2004년생 고2 학생이라고 소개한 청원인은 11월 26일 올린 청원에서 "백신패스 확대 정책을 철회할 것을 강력히 요구하고자 한다"며 백신패스에 반대하는 네가지 이유를 들었다.

청원인은 첫째 "돌파감염 건수가 많은데도 백신을 강요하는 것이 잘못"이라고 지적했다. 그는 "연천 육군부대, 청해부대의 집단 돌파감염 사례 등이 퍼진 사례가 있어 백신을 맞았다고 해서 절대 안심할 수 없다는 결론을 내릴 수 있다"고 주장했다.

두 번째는 "인간으로서 기본권인 인권 침해"라는 지적이었다. 청원인은 "모든 종류의 백신에서 부작용에 따른 사망 사례가 꾸준히 나오고 있다"며 "사람의 목숨은 단 하나밖에 없고 백신 맞고 죽는다고 해서 국가에서 보상도 안 해주며 심지어 인과성 인정조차 안 해주는 사례가 태반인 판국에 백신 접종을 거부할 권리가 있어야 하는 것 아니냐"고 반문했다.

세 번째 이유는 "**부스터샷**(booster shot : 추가 접종)**을 요구하기 때문**"이다. 그는 "백신 접종 완료자들까지 6개월이 지난 후에는 미접종자 취급을 하려는 것을 보고 이게 제대로 된 K방역인지 의문이 들기도 했다"라며 "1~2차 접종에서 부작용을 겪은 사람들은 당연히 하나뿐인 목숨까지 잃을까 무서워서 부스터샷 접종을 거부하려 나설 것이다"라고 했다.

네번째 이유는 "**PCR 검사에서 유료화시키겠다는 정책 때문**"이다. 그는 "현재 시행된 백신패스 정책에서는 백신 미접종자가 다중이용시설에 출입하기 위해서 PCR 음성확인서를 지참해야 한다고 돼 있는데 이 PCR 음성확인서의 유효기간은 고작 48시간이다. 백신 미접종자가 일상생활에 지장을 받지 않으려면 이틀마다 고통스럽게 코를 쑤셔가며 검사받아야 한다는 것인데 누가 이런 정책을 좋아하겠나"라고 비판했다.

■ PCR (Polymerase Chain Reaction)

PCR(중합효소연쇄반응)은 DNA에서 원하는 부분을 복제·증폭시키는 분자생물학 기술로 유전자증폭기술이라고도 한다. PCR은 사람의 게놈처럼 매우 복잡하고 양이 지극히 적은 DNA 용액에서 연구자가 원하는 특정 DNA 단편만을 선택적으로 증폭시킬 수 있다.

예를 들어 환자로부터 채취한 검체 안에 확인하고 싶은 코로나19 바이러스 유전자가 너무 적으면 유전정보를 확인하기가 어려워지는데 PCR 검사로 유전자를 다량으로 증폭해 보다 쉽게 바이러스 유전자 유무를 확인할 수 있도록 한 것이다.

이를 통해 PCR 검사는 의료, 분자생물학, 범죄수사, 생물 분류 등 DNA를 취급하는 작업 전반에서 중요한 역할을 담당하고 있다. 코로나19 팬데믹 상황에서도 PCR 검사는 진단 시간을 대폭 줄이는 데 기여했다.

분야별
최신상식

국제
외교

메르켈 시대 16년 만에 끝...
독일 숄츠 정부 출범

➕ 라인강의 기적

라인강의 기적이란 독일이 제2차 세계대전에서 패한 뒤 이룬 경제 성장을 이르는 말이다. 서독 아데나워 정부의 경제 정책과 미국의 마셜 플랜을 통한 원조와 서독 국민들의 전후 복구 노력으로 패전국이었던 독일 경제를 부활시켰다. 이 표현은 한국의 경제 발전을 의미하는 '한강의 기적'의 유래가 되기도 했으며, 독일에서는 '경제 기적(Wirtschafts-wunder)'이라고 표현한다.

굿바이! 무티 메르켈

16년간 독일을 이끈 '무티(Mutti·엄마)' 앙겔라 메르켈 총리가 아름다운 퇴장을 했다. 독일 총선에서 승리한 중도 좌파 성향의 사회민주당(SPD)과 녹색당, 우파 성향의 자유민주당(FDP)이 11월 24일(현지시간) 새 연립 정부 구성을 위한 합의에 도달하며, **메르켈 총리는 독일 역사 최초로 자발적 퇴임**했다.

'동독 출신 첫 총리', '여성 총리 1호', '최연소 총리' 등 숱한 기록을 남긴 메르켈은 ▲2008년 세계 금융위기 ▲2009년 유로존 금융위기 ▲2015년 난민 사태 ▲코로나19 사태 등을 무난하게 극복했다는 평가를 받는다. 국내 정치에서는 실용적 정책에 기반해 좌우 구분 없이 정치 지평을 넓혔고, 대외적으로도 유럽연합(EU)의 결속을 다지는 한편, 미국·중국 등과의 관계에서 유연한 대처를 보여 줬다.

'포스트 메르켈' 숄츠 정부 출범

12월 8일 연방 하원에서 선출된 올라프 숄츠(사진 앞줄 왼쪽) 독일 총리는 독일 최초의 '남녀 동수' 내각 출범을 발표했다. 앞서 등 외신은 숄츠 총리가 남성 8명, 여성 8명으로 구성된 16명의 차기 장관 인선안을 발표했다고

는 중도 좌파 성향으로 분류된다. 이에 정책적인 면에서 다양한 변화가 예고돼 있다. 특히 온난화 정책과 양극화 해소에 중점을 두고 있다.

3당은 가장 먼저 2038년으로 정한 탈석탄 시기를 2030년까지 앞당기기로 했다. 친환경 에너지에 대규모 투자해 재생 가능한 에너지 비율을 2020년 45%에서 2030년 80%로 끌어올린다는 목표를 세운 것으로 알려졌다. 현재 독일이 처한 에너지난을 감안하면 다소 시기상 긍정적입니다. 이를 위해 전기자동차 1500만 대 보유 및 철도 화물운송 25% 확대 등을 제시했다.

보도했다. 남녀 동수 내각은 숄츠 총리의 총선 때 공약이었다.

외교·안보 분야에 여성 장관이 대거 포진했다. 외무 장관에 안나레나 베어보크 녹색당 공동 대표, 내무 장관에 내시 페이저 사회민주당 의원이 내정됐다. 외무 장관과 내무 장관에 여성이 임명된 건 독일 공화국 역사상 처음이다. 이 밖에도 숄츠 총리는 국방, 교통·건설·주택부, 경력협력개발부, 가족·노인·여성·청소년부, 환경·자연보호·원자력안전·소비자보호부, 교육연구부에 여성 장관을 내정했다.

이번 내각은 11월 24일 **사회민주당**(빨강), **녹색당**(초록), **자유민주당**(노랑), **이른바 '신호등 연정' 협약**에 따라 구성됐다. 숄츠 총리가 소속된 사회민주당 7명, 녹색당 5명, 자유민주당 4명 순으로 분배했다.

최저임금 ↑ · 대마초 합법

16년 메르켈 정부가 중도 우파였다면 숄츠 정부

양극화 해소를 위해 꺼내든 카드는 최저임금의 대폭 인상이다. 현재 시급 9.6유로(1만2700원)를 12유로(약 1만6000원)까지 올릴 방침이다. 이민 제도도 개편해 5년 이상 거주 이민자들에게 시민권(이중국적 허용) 신청의 기회를 열어줄 계획이다.

➕ 독일 대통령

내각책임제 국가인 독일은 총리가 실권을 모두 가지지만, 국제법상 국가의 상징이자 국가원수로서 대통령이 존재한다. 대통령의 임기는 5년으로 1회 한해 중임할 수 있으며, 연방 하원의원 및 같은 수의 주 의회 의원들로 구성된 연방 특별 회의에 의해 선출된다. 2021년 기준 독일 대통령은 프랑크 발터 슈타인마이어다.

POINT 세 줄 요약

❶ 16년간 독일을 이끈 앙겔라 메르켈 총리가 독일 역사상 최초로 자발적으로 퇴임했다.

❷ 올라프 숄츠 독일 총리가 독일 최초의 '남녀 동수' 내각 출범을 발표하며 시작을 알렸다.

❸ 이번 내각은 중도 좌파 성향으로, 환경·사회·노동·보건 방면에 정책적 큰 변화가 있을 전망이다.

대만, 유럽 최초 리투아니아에 대사관 개설

인구 269만에 불과한 동유럽 국가 리투아니아가 유럽 내 반(反)중국 움직임의 선두에 섰다. 11월 20일 대만 외교부 등에 따르면 대만은 리투아니아 수도 빌뉴스에 '주(駐)리투아니아 대만 대표처'를 공식 개관했다.

대표처 명칭도 외교적 관례에 따른 타이베이(Taipei)가 아니라 국호인 대만(Taiwan)을 사용했다. 공식 수교 단계가 아닌 대표처 수준이지만 사실상 대만 대사관을 개설한 것이다. 대만이 유럽에 공식 외교 공관을 개설한 것은 18년 만이다.

현재 대만의 수교국은 남태평양 섬나라인 팔라우, 마셜 제도 등 15개밖에 되지 않는다. 유럽 내에서 대만과 수교 중인 곳은 바티칸이 유일하다. **중국은 '하나의 중국' 원칙에 따라 자국의 일부로 간주하는 대만이 세계 각국과 수교를 맺는 것에 강력히 반대**하며 몇 안 되는 대만 수교국들을 상대로 대만과 단교하도록 압박하고 있다. 한국도 1992년 한중 수교 과정에서 대만과 단교한 바 있다.

중국 "초고강도 무역 제재"

중국은 유럽 내 대표적 반중 국가로 자리매김한 리투아니아의 결정이 유럽 등 국제사회에서 도미노 현상을 일으킬 것을 우려했다. 중국 당국은 무역국 관세 시스템에서 리투아니아를 제외하는 초고강도 무역 제재 방침을 시행했다.

이로써 리투아니아의 모든 상품은 중국에서 세관을 통과할 수 없게 됐다. 2020년 기준 리투아니아는 중국에 약 3억유로 상당의 상품을 수출한 바 있다. 이번 무역 제재로 리투아니아는 2021년 말까지 최소 수백억달러 규모의 손실을 예상하는 분위기다.

리투아니아와 중국의 갈등은 이번이 처음이 아니다. 지난 5월 22일 리투아니아 외교부는 "실익은 없고 회원국 간 갈등만 조장한다"며 **중국과 중·동유럽 국가 간 17+1 경제 협력체에서 탈퇴**한다고 선언했다.

9월에는 리투아니아 국가사이버보안기구가 중국산 스마트폰에 '자유 티베트', '대만 독립 만세', '민주주의 운동' 등의 용어를 탐지하고 검열할 수 있는 기능이 내장돼 있다며 자국민들에게 "샤오미, 화웨이 등 중국산 폰을 당장 버려라"라고 권고 했다.

> ➕ **대만의 다양한 국호**
>
> 대만의 정식 국호는 중화민국(中華民國)이며, 자국 내에서는 타이완(臺灣·대만)이라고 부른다. 영어로는 'Republic of China'이며 약칭은 ROC이다. 냉전 시절에는 대한민국 등 친서방 국가에서 지금의 중국인 중화인민공화국(중공)과 구분하기 위해 대만을 자유중국이라고 불렀다.

중국은 대만에 대한 영유권을 주장하고 있으며 대만 정부를 인정하지 않는다. 1983년 중국은 대만에 '중화인민공화국 타이완 특별행정구'라는 이름을 제시했고, 타이완 지구를 홍콩, 마카오와 같은 자국의 특별행정구처럼 간주하고 있다. 이러한 중국의 압력에 의해 대만은 1980년대부터 '중화 타이베이(中華臺北)'라는 별칭을 올림픽 등의 국제대회나 국제기구 등에서 사용하고 있다. 차이잉원 행정부 시대 이후에는 '중화민국 대만'이라는 새로운 호칭을 도입하였다.

美, 중·러 등 27개국 기업 블랙리스트 지정

미 상무부가 국가 안보에 위협이 되는 ▪**블랙리스트** 대상 기업을 발표했다. 중국 12개 기업을 포함해 일본, 파키스탄, 싱가포르, 러시아 등 총 27개국 기업이 포함됐다. 상무부 산업안보국(BIS)은 11월 24일(현지시간) "**미국의 국가 안보 혹은 외교 정책에 반하는 행위를 한 기업으로 최종 선정했다**"며 이같이 밝혔다.

지정된 27곳 가운데 중국 기업은 12곳에 달했다. 이 중 8곳은 중국 인민해방군의 양자 컴퓨팅 기술을 지원하는 기업으로 전해졌다. 또 16곳의 중국·파키스탄 기업은 파키스탄 핵미사일 프로그

램 개발에 참여했다고 상무부는 설명했다.

중국 "미국이 경제무역 질서 파괴"

자오리젠 중국 외교부 대변인은 11월 25일 정례 브리핑에서 관련 질문에 "미국은 국가안보 개념을 일반화하고 국가 역량을 남용해 중국 기업을 압박했다"며 "이것은 중국 기업의 이익을 심각하게 손상하고, 국제질서와 경제무역 질서를 제멋대로 파괴하며 세계 산업 공급망을 심각하게 위협하고 왜곡하고 있다"고 비난했다.

수줴팅 중국 상무부 대변인도 이날 열린 주례 브리핑에서 "미국 상무부가 새 제재 명단을 발표한 것은 중미 양국 정상의 공통 인식에 부합하지 않는다"며 "이는 중미 양국은 물론 세계 공급망 안정, 세계경제 회복에 도움이 되지 않는다"고 주장했다.

▪ **블랙리스트(blacklist)**

블랙리스트는 요주의 인물들의 명단을 말한다. 흔히 수사 기관 따위에서 위험인물의 동태를 파악하기 위하여 작성한다. 블랙리스트는 17C 잉글랜드의 국왕 찰스 2세가 즉위하자마자, 아버지 찰스 1세를 죄인으로 몰아 사형을 선고한 정적들의 이름을 모은 리스트에서 유래됐다.

스웨덴 첫 여성 총리, 사임 5일 만에 재선출

취임 7시간 만에 사임했던 스웨덴 첫 여성 총리 ▪**막달레나 안데르손**이 물러난 지 5일 만에 다시 총리직에 선출됐다고 11월 29일(현지시간) BBC 등이 보도했다. 이날 안데르손은 총 349 의석의

▲ 막달레나 안데르손 스웨덴 총리 (페이스북 캡처)

스웨덴 국회에서 과반수(175명)에 2표 못 미치는 반대 173표를 받아 총리직에 올랐다. 스웨덴 헌법에 따르면 국회 과반수가 반대하지 않으면 총리로 선출될 수 있다. 찬성은 101표, 기권은 75표였다.

이로써 안데르손 총리의 사회민주당(100석)은 스웨덴에서 15년 만에 연정 없이 단일 정당으로 집권하게 됐다. 특히 현 사민당이 현행 총의석수가 확정된 1976년 이래 최소 의석수의 집권당인 만큼 새 총리의 국정 운영에 적잖은 난관이 예상된다.

안데르손은 당선 직후 기자회견에서 "누군가는 이 나라의 총리가 돼야 한다. 다른 대안이 없는 것 같다. 2022년 9월 총선이 치러질 때까지 스웨덴을 위해 일할 준비가 돼 있다"며 "복지, 기후변화 문제에 주력하고 조직범죄와 인종 차별 문제를 해결하는 것에도 힘쓸 것"이라고 말했다.

앞서 11월 24일 **안데르손은 총리 선출 직후 기존에 꾸렸던 연립정부**(연정)**가 붕괴하면서 사퇴했**다. 2022년도 예산안 논의 과정에서 여당 예산안 대신 이민자 반대 예산이 포함된 극우 성향의 스웨덴 민주당 등 야당 예산안이 의결된 게 문제였다.

연정 파트너였던 녹색당이 야당 예산안에 반발해 이탈하자 안데르손 총리는 "연정의 한 정당이 그만두면 총리가 사임해야 하는 것이 관행이다. 정당성을 의심받는 정부를 이끌 의사가 없다"며 7시간 만에 총리직을 내려놨다.

■ **막달레나 안데르손 (Magdalena Andersson, 1967 ~)**
막달레나 안데르손은 좌파 성향 정치인으로 수영 선수 출신의 경제전문가다. 스톡홀름 경제대학(SSE)을 졸업한 뒤 1996년 총리실에 임용되면서 정계에 입문했다. 이후 국세청장을 거쳐 2014년 재무부 장관으로 스테판 뢰벤 전 총리 내각에 합류했다. 그는 강력한 추진력을 가져 '불도저'로 불리며 뢰벤 총리의 신임을 얻었다.

美 연준 의장 연임 파월
"테이퍼링 속도 끌어올릴 것"

▲ 제롬 파월 미 연준 의장 (자료 : FRB)

제롬 파월 미국 연방준비제도(Fed·연준) 의장이 11월 30일(현지시간) 커지는 인플레이션 우려에 대응하기 위해 연준의 자산 매입 규모 축소(테이퍼링) 진행 속도를 높일 가능성을 언급했다.

파월 의장은 11월 30일 미 상원 금융위원회에 출석해 "자산 매입 축소(테이퍼링)를 몇 달 일찍 끝내는 게 적절한지를 논의해야 할 것 같다"며 "현재 경제가 매우 견고하며 인플레이션 압력이 높아지고 있기 때문에 자산 매입 축소에 속도를 내는 것을 고려하는 것이 적절하다고 생각한다"고 말했다.

전문가들은 **파월 의장이 코로나19 변이 오미크론에 의한 충격을 단기적인 문제로 간주하면서 인플레이션과의 싸움이 장기적으로 더 중요하다고 판단했다고 분석했다.** 이미 델타 변이를 경험했기 때문에 변이에 의한 경제적 충격이 회복 이후를 좌우할 결정적인 변수가 되지 못할 것으로 파월 의장이 판단했다는 의견도 제시되고 있다.

유럽중앙은행(ECB) 역시 연준과 보조를 맞춰 돈풀기를 축소하며 긴축적인 통화정책으로 돌아설 것이라는 전망이 나오고 있다.

유로존의 11월 소비자 물가 상승률은 2020년 11월 대비 4.9% 급등해 관련 통계를 작성하기 시작한 1997년 이후 가장 큰 폭으로 뛰었다. 옌스 바이트만 독일중앙은행(분데스방크) 총재는 "물가 전망이 더 높아질 정도로 완화적인 통화정책을 고수하는 것에 대해 경계해야 한다"고 말했다.

▌**1980년대 이후 연준 의장**

이름	임기	비고
폴 볼커	1978.8.~1987.8.	민주당. 인플레이션 억제 위해 금리 인상
앨런 그린스펀	1987.8.~2006.1.	공화당. 1987 블랙먼데이, 2001 9·11 테러 등의 위기를 금리 인하와 유동성 공급으로 극복
벤 버냉키	2006.1.~2014.1.	공화당. 직접 자산을 사들이는 방식으로 시중에 자금을 푸는 양적완화(QE) 정책 펼침
재닛 옐런	2014.2.~2018.2.	민주당. 양적완화 종료 위해 점진적 금리 인상. 연준 자산 축소 방침
제롬 파월	2018.2.~	공화당. 옐런 체제 연속성 유지

미국, 유가 안정 위해 비축유 방출

세계적으로 치솟는 유가를 안정시키기 위해 미국과 중국, 인도, 한국, 일본, 영국 등이 **전략 비축유**(SPR) 방출에 나섰다. 백악관은 11월 23일(현지시간) 성명을 통해 조 바이든 대통령이 유가를 잡기 위해 전략 비축유 5000만 배럴 방출을 지시했다고 밝혔다. 이번 조치는 **미국이 다른 주요 석유 소비국과 조율해 비축유 방출을 결정한 첫 사례**다.

백악관은 5000만 배럴 가운데 3200만 배럴은 에너지부가 앞으로 수개월 간 방출하고 향후 수년 동안 비축유를 다시 채우게 될 것이라고 설명했다. 나머지 1800만 배럴은 앞서 의회가 판매를 승인한 석유의 일부가 방출된다. 미국은 세계 최대 규모인 7억2700만 배럴의 전략 비축유를 보유한 것으로 알려져 있다.

한·중·인도도 참여

미국의 공조 요청에 인도 등이 동참을 선언했다. 인도 석유·천연가스부(이하 석유부)는 11월 23일 보도자료를 통해 "인도는 전략 비축유 중 원유 500만 배럴을 방출하는 데에 동의했다"고 밝혔다. 인도는 산유국이지만 워낙 수요가 많아 세계 3위의 석유 수입국이기도 하다. 인도는 현재 동부와 서부 등 세 저유 시설에 국내 수요의 약 9일분에 해당하는 3800만 배럴의 원유를 비축한 것으로 알려졌다.

일본 정부도 비축한 석유를 방출하기로 방침을 굳혔다고 NHK가 이날 보도했다. 보도에 따르면 일본 정부는 우선 수일분의 비축유를 방출하고 이후 추가 방출하는 방안을 검토하기로 했다.

한국도 비축유 방출에 동참하기로 했다. **정부의 비축유 방출은 2011년 리비아 내전 발발로 국제 유가가 급등했던 2011년 이후 10년 만**이다. 한국은 2011년 리비아 내전 당시 비축유의 약 4% 수준인 346만 배럴을 방출한 바 있다. 외교부는 11월 23일 "최근 급격하게 상승한 국제 유가에 대한 국제 공조 필요성, 한미 동맹의 중요성 및 주요 국가들의 참여 여부 등을 종합적으로 고려해 미국의 비축유 방출 제안에 동참하기로 했다"고 밝혔다.

주요 산유국들은 코로나19 팬데믹으로 세계 에너지 수요가 급감하자 생산량을 대폭 줄였다. 하지만 경기가 회복되면서 수요가 급증했음에도 생산량을 확대하지 않고 있다. 이에 따라 미국은 유가 상승을 억제하기 위해 석유수출국기구(OPEC)에 증산을 압박하고 있지만 받아들여지지 않고 있다.

■ **전략 비축유 (SPR, Strategic Petroleum Reserve)**

전략 비축유란 자연재해나 안보 비상 사태 등으로 석유 공급에 차질이 빚어질 경우를 대비해 비축해 놓은 원유다. 보통 석 달치 사용분을 비축해 둔다. 미국은 석유수출국기구 (OPEC)가 1973~1974년 대미 석유수출을 중단한 것을 계기로 전략 비축유 시스템을 도입했다. 전 세계가 10일 정도 쓸 수 있는 총 7억2700만 배럴의 석유를 분산 비축해 놓고 있다. 미국은 허리케인으로 인한 석유 수급 불안, 유가 안정 등을 이유로 1985년 이후 2021년 10월까지 모두 20여 차례 전략비축유를 방출한 것으로 알려졌다.

'일본만 코로나 확진자 급감' 미스터리

세계가 코로나19를 막기 위해 방역 고삐를 죄고 있지만 일본은 확진자가 크게 줄어 차분한 겨울을 맞고 있다. **코로나19 환자가 줄어드는 정확한 원인이 밝혀지지 않자** 변이 바이러스가 '자가 소멸'을 하고 있다는 분석도 나온다.

11월 26일 일본 후생노동성에 따르면 전날 보고된 코로나19 신규 환자는 112명이다. 사망자는 1명이다. 같은 날 한국에선 3901명이 확진됐고, 39명이 숨졌다. 하루 2만 명 넘던 일본의 코로나19 환자가 1000명 아래로 떨어진 것은 10월 초부터다. 매일 5만 명 넘게 검사받는 것을 고려하면 검사 수치와는 관련이 없는 것으로 보인다.

니혼테레비는 두 나라의 10대 접종률이 방역 상황을 가른 원인 중 하나라고 분석했다. 일본의 10대 접종률은 68.7%지만 한국은 15.4%에 불과하다는 것이다. 그러나 이들 연령층은 전체 인구에서 차지하는 비중이 크지 않다. 확진자 감소의 주된 요인으로 보긴 힘들다. 일본에서 코로나19에 감염된 뒤 어떻게 넘어서 신속 사멸이 빨라졌다는 '지연 감염론'도 고개를 들고 있다. 그러나 일본보다 유행이 컸던 유럽에서도 재확산하는 것을 보면 설득력이 떨어진다.

일본 정부 코로나19 대책 분과회는 이동량에 주목했다. 10월 긴급조치를 해제했지만 병상 부족 탓에 환자가 병원도 못 가고 사망하는 것을 본 국민이 자발적으로 거리두기에 나섰다는 것이다. 실제, 일본이 아니 한눈팔요, 그게 즐기네 미시민 최근에는 밤거리 이동량이 늘었다는 반론이 있다. NHK에 따르면 도쿄 대표 번화가인 신주쿠 긴자 롯폰기의 밤시간 이동량은 긴급사태 해제 후 두 달 가까이 증가세다. 그런데도 확진자는 오히려 줄고 있다.

일각에선 바이러스 자체에 원인이 있다고 분석했다. 이노우에 이투로 일본 국립유전체연구소 교수는 델타 변이 바이러스가 확산하다 유전체 오류가 생겼다고 주장한다. 변이의 특정 단백질(nsp14)에 돌연변이가 많이 쌓여 복제하지 못하게 됐다는 것이다. 아시아인에게 많은 특정 효소(APOBEC3A)가 바이러스 오류에 영향을 줬다는 게 그의 주장이다.

이런 가설도 완전하진 않다. 바이러스가 복제를 못하면 우세종으로 자리잡지 못한다. 사람 간 전파가 어렵기 때문이다.

➕ 팩터X

팩터X는 일본 내에서 코로나19 확진자 감소의 배경을 두고 다른 나라와 구별되는 일본인만의 특별한 요인 (factor·팩터)이 있을 것으로 가정하고 그 미지의 요인을 일컫는 말이다. 2012년 노벨 생리의학상 수상자인 야마나카 신야 교수가 제안한 용어로 알려진 말이다. 신야 교수는 "일본 내 감염자 수가 적은 데에는 일본인만의 특별한 유전적 이유가 있을 수 있다"고 주장했지만 주장의 근거를 제시하지는 않았다. 그러나 최근 일본 연구진은 일본인 60%가 가진 백혈구 항원 타입(HLA-A24)이 코로나 중증화를 예방할 수 있다는 연구 결과를 발표했다. 그러나 아직은 가설에 불과하다는 게 중론이다.

월마트, 매장 못 밟아
발목 절단한 여성에 118억 배상

미국 사우스캐롤라이나주의 한 여성이 6년 전 월마트 매장을 찾았다가 녹슨 못을 밟는 바람에 다리를 절단한 것에 대해 1000만달러(약 118억원)를 배상받았다.

플로렌스 카운티에 사는 에이프릴 존스라는 여성을 변호하는 아나스토폴로 로펌의 로이 윌리 변호사는 보도자료를 발표해 "배심원들은 플로렌스 카운티에 문을 열어 우리 중 **한 명을 다치게 만들면 그 사람을 돌봐야 한다**는 점을 월마트에 확실히 알려주고 싶어 했다. 우리는 영원히 감사할 것"이라고 밝혔다고 2021년 12월 6일(이하 현지시간) 전했다.

그는 이어 "월마트는 정기적으로 안전장치를 살피는 회사 정책을 성실히 수행하는지 동영상으로 실증하지 못했다. 닷새 동안 이어진 재판에 어떤 증거도 내놓지 못했다"고 지적했다.

사고는 2015년 6월 26일 존스가 해당 매장의 중앙 통로에서 쇼핑을 즐길 때 일어났다. 현지 일간 워싱턴 포스트(WP)가 입수한 2017년 소장에 따르면 존스는 통로를 걷다 목재 **팔레트**를 밟으면서 갑자기 오른발에 통증을 느꼈다. 샌들 아래에서 뭔가 찢어지는 소리가 들렸다. 못이 샌들을 뚫고 나와 있었다. 존스는 곧바로 월마트 직원에게 소송을 걸겠다고 경고했다. 처음 다친 지 8개월쯤 됐을 때 그녀의 발이 온통 시커메져 있었다. 결국 발목 위까지 잘라내야 했다.

월마트 변호인들은 "**매장 바닥에 목재 팔레트가 있었다는 것만으로 월마트가 바닥에 못을 방치했다는 정황 증거로 볼 수 없다**"고 항변했다. 하지만 배심원들은 결국 에이프릴 측의 손을 들어줬고 그녀는 월마트 측으로부터 총 1000만 달러를 보상받게 됐다.

랜디 하그레이브 월마트 대변인은 2021년 11월 28일 성명 발표를 통해 "월마트는 우리 매장에서 쇼핑하는 고객들의 안전을 보장하기 위해 열심히 일하고 있다"고 항소했음을 밝혔다.

■ **팔레트 (pallet)**

팔레트는 화물을 일정 수량 단위로 모아 하역·보관·수송하기 위해 사용되는 하역 받침으로 지게차의 지겟날이 들어올 입구가 있다. 팔레트는 물류 표준화의 기본인 유닛로드 시스템의 기본수단이 되는 것으로 수송 장비의 적재효율을 높이고 자동설비와 장비와의 정합성이 있다. 이에 팔레트의 표준화가 요구되고 있다.

➕ **배심제 (陪審制)**

배심제는 시민들이 배심원으로 선발되어 재판에 참여하여 범죄의 유무를 직접 판단하고 결정하는 것으로서 영미법상 오랜 전통을 가진 제도다. 피고와 원고 측에서는 배심원을 심사하여 부적격자를 걸러낼 수 있다. 미국에서는 6개월 이상의 구금에 해당하는 죄에 대한 재판에 대해 배심에 의한 재판을 받을 권리가 보장된다. 미국 연방헌법 수정헌법 제7조는 손해배상을 구하는 소송에서도 배심재판을 청구할 권리를 보장하고 있다. 한국은 2007년 입법을 통해 배심제와 비슷한 국민참여재판제도를 도입했지만 배심원의 유죄·무죄에 대한 평결과 양형에 관한 의견은 '권고적 효력'을 지닐 뿐 법적인 구속력은 없다. 배심원들이 결정한 유죄·무죄 평결을 판사가 따르는 미국 배심제와 달리 우리나라 국민참여재판에서는 판사가 배심원의 평결과 달리 독자적 결정을 내릴 수 있다.

日 여야 의원모임, 야스쿠니 신사 집단참배

우리 정부는 12월 7일 일본 여야 의원 99명이 **야스쿠니 신사**를 집단 참배한 것에 대해 즉각 우려와 유감의 뜻을 표명했다.

▲ 일본 도쿄 야스쿠니 신사

야스쿠니 신사는 도쿄 지요다구에 있으며 일본에서 전쟁에서 사망한 자들을 신(神)으로 모시고 제사를 지내는 시설이다. 도조 히데키와 같은 A급 전범 14명이 안치돼 있음에도 불구하고 일본 정치인들의 참배가 끊이지 않아 주변국으로부터 지탄을 받는다. 한국인 전몰자 2만1000명도 일방적으로 합사했고 신사 내부 박물관에서는 일본의 아시아 침략 전쟁을 '식민지 해방전쟁'이라고 묘사했다.

외교부는 이날 내내의 논평에서 "에 일본에 새 내각 구성 후 얼마 지나지 않은 상황에서 책임 있는 지도급 인사들이 **식민 침탈과 침략 전쟁을 미화하는 상징적 시설물인 야스쿠니 신사를 대규모로 참배한 데 대해 깊은 우려와 유감을** 표명한다"고 밝혔다.

이어 "역사를 올바르게 직시하고 과거사에 대한 겸허한 성찰과 진전한 반성을 행동으로 보여줄 배 를에서 말자가 세계평 수 있다는 것을 다시금 엄중히 지적한다"고 강조했다

교도통신 등 일본 언론에 따르면, 일본 초당파 '다 함께 야스쿠니 신사를 참배하는 국회의원 모임' 소속 여야 의원 99명(중의원 68명·참의원 31명)은 이날 오전 야스쿠니 신사를 참배했다.

이번 참배에는 자민당과 일본유신회, 국민민주당 소속 의원 등이 참여한 것으로 전해졌다. 호소다 겐이치로 경제산업성 부대신과 무타이 스케 환경성 부대신 등 일본 정부 측 인사도 포함됐다.

이 모임이 야스쿠니 신사를 참배한 것은 2019년 10월 18일 이후 약 2년 2개월 만이다. 야스쿠니 신사는 일본 군국주의의 상징으로 평가받는다.

中 헝다, 디폴트 선언 카운트 다운

중국 2위 부동산 개발 업체 헝다가 채무 상환의 어려움을 공식화면서 **디폴트**(채무 불이행) 선언이 카운트다운에 들어간 모습이다. 파장이 확산되는 가운데 중국 당국은 헝다의 디폴트를 '개별 사건'으로 간주하는 방식으로 시장의 혼란을 방지하는데 주력하고 있다.

12월 5일 블룸버그통신에 따르면 헝다는 12월 3일 심야 홍콩증권거래소에 올린 공시에서 디폴트 위기 상황을 공개했다. 헝다는 이 공시에서 "2억6000만달러(약 3000억원)에 달하는 채권자로부터 채무 보증 의무를 이행하라는 요구를 받았다"면서 "상환이 어려울 수 있다"고 밝혔다. 헝다는 지금까지는 어떻게든 채무를 해결하겠다고 설명해왔는데 이런 기조가 바뀐 것이다.

업계에서는 이 채무를 헝다 관계사인 홍콩 쥐샹의 채무로 본다. 쥐샹은 2021년 10월 만기 도래한 같은 규모의 달러 채권을 상환하지 못했다. 당시 채무 상환이 2022년 1월까지 연장됐다는 보도도 나왔는데 결국 채권자들이 즉시 상환을 요구한 셈이다.

헝다가 상환에 실패할 경우 연쇄 디폴트가 불가피할 것으로 전망된다. 헝다의 총채무는 위안·달러 등을 합쳐 2조위안(약 370조원) 규모인데 이중 중국 당국의 통제가 불가능한 달러 채권 192억3600만달러(약 23조원)가 가장 민감하다. 당장 헝다는 12월 6일이면 지불유예 기한이 끝나는 8249만달러(약 976억원)의 달러 채권 이자도 갚아야 한다.

한편 중국 당국도 헝다의 디폴트가 초래할 경착륙 방지에 대비하는 모습이다. 인민은행·은행감독관리위원회·증권감독관리위원회 등은 미리 대비한 듯 12월 4일 일제히 발표한 성명에서 헝다 사태를 개별 사건으로 규정하며 자국의 경제 안정에 위협이 되지 않는다는 취지의 메시지를 내놓았다.

앞서 헝다 본사가 있는 광둥성 정부는 12월 4일 쉬자인 헝다 회장을 '웨탄(約談 : 공개적으로 불러 시정을 요구하는 구두 행정 조치)' 형식으로 불러들였다. 또 "정부 업무팀을 헝다에 파견해 리스크 관리 및 내부 통제 강화로 정상적인 회사 운영이 이뤄질 수 있도록 했다"고 밝혔다.

中 민간 기업 잡기...디디추싱 美 상장 폐지

시진핑 중국 국가 주석이 모두 잘 살자는 공동부유(共同富裕) 구호를 외치며 분배에 중점을 둔 가운데 중국 정부의 '민간 기업 군기 잡기'는 디디추싱의 상장 폐지 결정에서도 나타났다. 중국 최대 차량공유 업체인 디디추싱은 당국의 압박에 결국 미국 뉴욕 증권거래소에서 상장 폐지를 하고 대신 홍콩 증권거래소에 상장을 진행하기로 했다. 대형 기업이 뉴욕증시에 상장하고 나서 반년도 안 돼 스스로 상장을 폐지하는 것은 처음이다.

지난 11월 사상 최대 규모의 기업공개(IPO)로 주목받던 앤트그룹의 홍콩·상하이 증시 동시 상장이 실행 직전 취소된 데 이어 디디추싱 뉴욕증시 상장 폐지 사태까지 벌어지면서 미·중 경제 ■**디커플링**(탈동조화) 현상은 더욱 심화할 전망이다.

■ **디커플링 (decoupling)**
디커플링은 한 나라의 경제가 인접한 다른 국가나 보편적인 세계 경제 흐름과 다른 흐름을 보이면서 탈동조화(脫同調化)되는 현상을 말한다. 주가나 금리부터 국가경제 전체에 이르기까지 서로 관련 있는 경제 요소들이 탈동조화하는 현상을 포괄하는 개념이다. 예를 들어 한국과 미국 경제는 밀접한 관련이 있으므로 미국 증시의 주가가 떨어지면 한국 증시 주가도 하락하는 경향이 있는데 만약 미국 증시 주가가 떨어지는데 한국 증시 주가가 오른다면 디커플링이 나타났다고 표현할 수 있다. 이와 반대로 한 나라의 경제가 다른 국가나 보편적인 세계 경제 흐름의 영향을 받는 것은 커플링(coupling)이라 한다.

기출TIP 2020년 EBS 필기시험에서 디커플링을 묻는 문제가 출제됐다.

> **➕ 디폴트와 모라토리엄의 차이점**
> 디폴트(default)는 채무불이행상태로 민간 기업이 공채나 사채, 은행 융자 등을 받았는데 이자나 원리금을 계약대로 상환할 수 없는 상황, 또는 정부가 외국에서 빌려온 차관을 정해진 기간 안에 갚지 못하는 경우를 말한다. 즉 디폴트는 파산 상황이라고 볼 수 있다. 어느 국가에 디폴트가 선언된다면 해당국에 채권을 투자한 주변국 은행들에도 대규모 손실이 발생한다.
> 모라토리엄(moratorium)은 빚을 갚을 시기가 되었으나 부채가 너무 많아 일시적으로 상환을 연기하는 것으로 '채무지불유예'라고도 한다. 국가가 모라토리엄을 선언하면 국제통화기금(IMF)과 구제금융 협상을 벌이고, 이 과정에서 채무국은 채권국과 만기를 연장하거나 구조조정 작업을 한다. 모라토리엄을 선언하면 디폴트와 마찬가지로 해당 국가의 신용도가 크게 하락하여 외부 거래가 사실상 불가능하게 되며 환율이 급등한다.

美 휩쓴 초강력 토네이도로 100명 사망…원인은 이상기후

▲ 토네이도로 폐허가 된 미 켄터키주 메이필드 시가지

수십 개의 토네이도(회오리바람)가 켄터키주를 중심으로 미국 동부를 강타하며 100여 명이 숨지고 건물과 구조물이 형체도 없이 파괴됐다. CNN은 12월 둘째 주에 약 50개 토네이도가 켄터키·아칸소·일리노이·미주리·테네시·미시시피 등 6개 주를 휩쓸었다고 [illegible] 보도했다.

외신에 따르면 토네이도 발생 사흘째인 12월 12일(현지시간) 확인된 사망자는 최소 94명에 달했다. 구조 당국은 구조 작업이 본격화되면서 사망자 수가 최소 100명을 넘을 것이라고 예측했다. 사망자 대부분은 켄터키주 메이필드에 있는 양초 공장에서 발생했다. 일리노이주에서는 아마존 물류센터가 무너지며 6명의 사망자가 발생했다.

일반적으로 날씨가 추운 12월에 이러한 대형 토네이도는 좀처럼 발생하지 않는다. 과학자들은 이번 토네이도의 발생 배경으로 지구 온난화 등 이상기후를 지목했다. 최근 미국은 중부 지역을 중심으로 유례없이 따듯한 날씨가 지속됐다.

텍사스주 휴스턴은 12월 초 기온이 섭씨 30도를 오르내리는 등 초여름 날씨를 보이며 역대 12월 최고 기온 기록을 경신했고 다른 중서부 지역에서도 평년 기온보다 10도 이상 웃도는 날씨가 이어졌다.

이러한 따듯한 공기가 중서부 지역에서 내려오는 한랭전선 및 저기압과 충돌하면서 대기가 불안정해지고 보기 드문 겨울 토네이도를 형성했다는 분석이 나온다. 조 바이든 미 대통령도 "기후 변화가 극심한 날씨로 이어졌다"며 이번 토네이도의 원인이 기상이변 때문일 수 있다는 견해를 밝혔다.

허리케인·태풍·사이클론·토네이도의 차이점

강력한 비바람으로 풍수해를 몰고 오는 토네이도와 허리케인, 태풍, 사이클론은 비슷하지만 서로 다른 특징이 있다. 토네이도와 [illegible] 허리케인과 태풍, 사이클론은 시속 117km 이상의 강한 바람, 폭우를 동반한 열대성 폭풍의 일종으로 발생 원리와 작동 방식이 같지만 어디에서 발생하느냐에 따라 이름이 달라진다. 북중미에서 발생하는 것은 허리케인, 동아시아는 태풍, 인도양과 남태평양은 사이클론이다. 허리케인과 태풍, 사이클론은 따듯한 바닷물에서 공급되는 수증기로 세력을 키우는 열대성 폭풍이므로 보통 육지에 상륙하면 며칠 만에 잦아들어 소멸한다.

반면 토네이도는 육지에서 형성된 파괴력이 큰 소용돌이 바람으로 온대 저기압과 불안하고 강력한 한랭전선이 만나며 발생한다. 토네이도는 주로 미국 중남부 지역에서 봄과 여름에 나타난다. 토네이도는 자동차도 날려 보낼 만큼 파괴적인 힘을 지니지만 열대성 폭풍보다 상대적으로 규모가 작고 지속시간도 짧다. 실제로 2005년 뉴올리언스를 강타한 허리케인 카트리나는 1800여 명의 사망자를 내며 미국 역사상 최악의 자연재해로 기록됐다.

분야별
최신상식

북한
안보

한미, 북핵 고도화 맞춤용
새 '작계' 만든다

■ **작계 5015 (OPLAN 5015)**

작계(작전계획) 5015(Operational Plan 5015)는 북한 급변 사태에 대비한 작계 5029와 북한과의 전면전에 대비한 작계 5027을 통합해 개선한 한미연합사령부의 군 운용 계획이다. 기존의 작계는 방어 개념이지만 작계 5015는 선제 타격 개념을 도입한 것이 특징이다. 2015년 10월 한미연합사는 전시에 북한 김정은 등 수뇌부를 사살하는 참수작전이 포함된 내용의 작계 5015를 만들었다.

6년 만에 작계 대폭 손질

한미 안보 당국이 2015년 이후 북한 핵·미사일 고도화 위협에 대비하기 위해 6년 만에 종래 작전계획(작계)을 대폭 손질하기로 했다. 양국은 전시작전통제권(전작권) 전환을 위해 2022년 미래연합사령부 완전운용능력(FOC, Full Operational Capability) 평가도 시행하기로 했다. **FOC 평가는 전작권 전환 이후 한국군 사령관(대장)이 지휘하는 미래연합사령부의 운용 능력을 평가하기 위한 3단계 검증 절차 중 2단계다.**

서욱 국방부 장관과 로이드 오스틴 미 국방장관(사진)은 12월 2일 서울 국방부 청사에서 제53차 **한미안보협의회**(SCM, Security Consultative Meeting)를 열고 이같이 전했다. 양 장관은 공동성명을 통해 "새로운 전략기획지침(SPG, Strategic Planning Guidance)을 승인했다"며 "전략 환경 변화를 반영한 이 SPG가 한미동맹에 대한 북한의 위협을 보다 효과적으로 억제하고 필요 시 대응을 위한 군사작전계획에 지침을 제공할 것"이라고 강조했다.

SPG는 한반도에 비상상황이 발생할 경우 대북 군사작전 시나리오를 담은 한미 작계를 수정하기 전 방향성을 제시하는 일종의 가이드라인이다. SPG

면 설득력이 떨어질 수 있기 때문이다.

한편, 양 장관은 2021년 초까지 상당한 규모의 서울 용산 미군기지 토지를 반환하고 한미연합사령부 본부를 경기도 평택으로 이전하겠다는 입장을 재확인했다. 양 장관은 "사용이 종료된 용산기지 구역에 필요한 모든 이전 및 방호 조지가 완료되는 대로 반환을 추진해 나갈 것"이라고 밝혔다.

에 기반해 전략기획지시(SPD, Strategic Planning Directive)를 마련하고 이를 근거로 현재 **작계 5015**를 대체할 작계 5022 등 새 작계를 작성하게 된다. 즉 SPG 합의는 한미가 종래 작계를 수정하는 진기에 착수했다는 의미다.

종선선언과 충돌 없나

작계를 6년 만에 바꾼다는 것은 그 사이 북한의 장거리미사일·핵 능력이 급격히 발전했다고 한미가 판단했다는 의미다. 북한은 2017년 **대륙간탄도미사일(ICBM) 화성—15형 시험발사 성공으로 사실상 핵무기 보유국 반열**에 올랐고, 최근 잠수함발사탄도미사일(SLBM)과 극초음속 미사일 시험발사까지 감행했다. 이를 감안할 때 새 작계는 북한의 전략 무기에 맞설 양국의 대응 방안에 초점을 맞출 것으로 보인다.

다만 이러한 작계 전환은 문재인 정부가 힘을 쏟는 종전선언과 모순될 가능성도 있다. 새 작계는 북한의 군사 위협에 적극적인 무력 대응을 하겠다는 것인데 이와 동시에 종전선언을 하자고 하

⊞ 전작권 전환 3대 조건·3단계 검증 절차

2018년 10월 제50차 한미안보협의회(SCM)에서 한미는 전시작전권 전환의 조속한 추진을 위한 연합방위지침을 만들었다. 이를 통해 한국군이 연합방위군을 주도하고 미군은 보완 및 지속능력을 제공하기로 합의했다. 한미연합사령부는 미래사령부(미래사) 편제로 변경하고, 미래사 사령관은 한국군, 부사령관은 미군이 맡기로 했다.

하지만 우리 군이 미군으로부터 전작권을 넘겨받기 위해서는 3가지 조선을 충족해야 한다. 3가지 조선은 ▲한미연합방위를 주도할 수 있는 한국군의 핵심군사능력 구비 ▲북한의 핵·미사일 위협에 대한 우리 군의 초기 필수대응능력 구비 ▲전작권 전환에 부합되는 한반도 및 지역 안보환경 등이다.

이 중 첫 번째 조건인 핵심군사능력을 구비했는지 파악하기 위해 한미는 ▲1단계 기본운용능력(IOC) ▲2단계 완전운용능력(FOC) ▲3단계 완전임무수행능력(FMC) 등 총 3단계 평가 절차를 거치기로 했다.

POINT 세 줄 요약

❶ 한미가 6년 만에 작계를 대폭 손질하기로 했다.

❷ 이는 북핵에 맞설 대응 방안에 초점을 맞춘 것이다.

❸ 다만 작계 전환이 문재인 정부가 힘을 쏟는 종전선언과 모순될 가능성도 있다.

美 아파치 헬기·포병여단, 한반도 상시주둔

미국 국방부가 11월 29일(현지시간) '해외 주둔 미군 재배치 검토(GPR, Global defense Posture Review)'를 완료하고 그동안 순환 배치해온 **아파치 가디언(AH-64E) 공격용 헬리콥터 대대·포병여단 본부를 한국에 상시 배치**하는 내용을 공식 발표했다. 국방부는 괌·호주 군사시설 강화를 언급하면서 향후 인도·태평양 지역에서 대중 억지력 강화를 위한 군사력 강화 및 병력 추가 재배치 가능성을 열어 놨다.

국방부는 이날 발표한 보도자료에서 "수개월에 걸친 분석과 긴밀한 조율을 거쳐 GPR을 완료했으며, 로이드 오스틴 미 국방장관이 공격용 헬리콥터 대대와 포병대 본부를 한국에 상시 주둔시키는 방안을 승인했다"고 밝혔다. 앞서 주한미군은 지난 9월 순환 배치했던 아파치 가디언 헬기를 상시 주둔 부대에 고정 배치했으며, 미국 워싱턴주에 주둔했던 제2보병사단 포병대 본부도 경기 평택시 험프리스 기지로 이동시킨 바 있다.

또 **국방부는 주한미군 규모를 현 수준으로 유지**하겠다는 입장도 확인했다. 마라 칼린 국방부 부차관은 이날 브리핑에서 "현재 주한미군 배치는 강하고 효과적이며, 지금 이 시점에서 어떤 변화도 밝힐 것이 없다"고 말했다. 칼린 부차관은 한국에 대한 핵우산 정책 변화 여부를 묻는 질문에도 "확장 억지는 절대적으로 중요하며, 이와 관련해 어떤 변화도 이야기할 것이 없다"고 밝혔다.

한편 국방부는 이날 GPR의 최우선 순위로 "대중 견제를 위한 인도·태평양 지역 군사력 강화"를 꼽으면서 괌·호주 등 태평양 도서의 군사 인프라 시설 강화와 호주에 미 군용기 순환 배치 등도 함께 발표했다.

> ➕ **주한미군 군사기지 현황 (2021년 12월 기준)**
> ▲용산기지 ▲평택기지 ▲오산공군기지 ▲군산공군기지
> ▲캠프 캐롤 ▲캠프 워커 ▲캠프 케이시 ▲캠프 무적

1년 절반 복무하는 예비군 생긴다... 2024년까지 5000명 운영

'**예비군**간부 비상근 복무제도'가 일반 병 대상으로도 확대되고, 1년 가운데 절반인 180일 동안

복무할 수 있는 길이 열렸다. 국방부는 비상근 예비군 제도 근거조항이 담긴 예비군법과 병역법 일부개정법률이 국무회의를 거쳐 12월 7일 공포됐다고 밝혔다.

이 제도는 **2014년부터 운영하던 예비군 간부 비상근 복무제도를 기초**로 했다. 이는 원하는 예비역 간부(하사 이상)에 한해 1년에 15일 동안 소집돼, 동원 위주로 편성된 부대에서 동원훈련이나 같은 소부대 시위자, 장비·물자관리 담당과 같은 주요 예비군 직책을 맡기는 제도다.

군부대는 평시엔 상비병력만으로 운영되지만 전시엔 동원예비군이 충원된다. 문제는 저출산으로 인해 병역자원이 계속 감소하면서 상비병력이 줄어들어, 후방 동원사단 등 동원위주부대는 부대원 가운데 90% 이상이 동원예비군으로 구성되는 일이 많다는 셈이다. **군 당국은 2박 3일 동원훈련으로는 한계를 느껴 이 제도를 도입했다.**

첫해 79명을 대상으로 시범 운영한 이후 매년 규모가 확대된 예비군간부 비상근 복무제도는 2021년 3000여 명을 선발해 운영하고 있다. 2018년 육군분석평가단 분석에 따르면 해당 제도를 적용한 동원사단 연대급의 경우, 전투준비 투입시간이 약 29% 줄어들고 부대관리 능력(장비·물자관리 등)은 약 7~17% 향상된다는 사실이 파악됐다.

우리보다 저출산을 먼저 겪은 선진국들은 이런 예비군 제도를 활발히 이용하고 있다. 선발된 예비군 본인들 또한 피치 못할 사정으로 군을 떠났지만, 사회생활과 병행하면서도 군 복무를 이어갈 수 있다는 점에서 만족도가 높았다.

한 해 약 180일을 소집훈련 및 복무하는 장기 비상근 예비군도 2022년에 약 50명 규모로 시범 운용해 평가를 거쳐 점차 확대할 예정이다. 시범 운용 대상 직위는 중·소령급 참모, 정비·보급 부사관, 전차 정비병 등 총 50개다. 예비역 병장도 지원할 수 있다.

■ 예비군 (豫備軍)

예비군은 적이나 반란 등의 유사시를 대비한 예비병력을 말하며 1968년 1월 21일 무장공비 침투 사건 및 1월 23일의 푸에블로호 납북 사건 등으로 북한의 도발 위험이 높아지자 자주적인 방위 태세를 공고히 하기 위하여 1968년 4월 1일 향토예비군이 창설되었다. 예비군은 예비역 장교, 준사관, 부사관의 경우 현역군 계급별 나이 정년까지, 예비역 병 및 보충역의 경우 복무를 마친 다음 날부터 8년이 되는 달이 속하는 해의 12월 31일까지 편성한다.

김정은, 간부대회에서 "당에 절대 충성 지휘관 육성"

김정은 북한 노동당 총비서가 북한군의 교육·훈련을 담당하는 간부들에게 노동당에 절대 충성하는 지휘관들을 육성해달라고 밝혔다. 조선중앙방송은 2021년 12월 7일 "조선인민군 제8차 군사교육일군(간부)대회가 12월 4일과 5일 (평양)

4·25문화회관에서 진행됐다"며 "경애하는 김정은 동지께서 대회를 지도하시었다"고 보도했다.

방송은 노동당 중앙위원회와 중앙군사위원회가 변천되는 시대와 혁명 정세의 요구에 맞게 군사교육사업에서 획기적인 전환을 일으키고자 대회를 소집했다고 설명했다.

방송은 "(김 총비서가) **철저히 당의 사상과 정책, 방식대로 조직·진행함으로써 학생들을 당 중앙에 절대 충성하는 지휘성원들로 육성**해야 한다"며 "군사교육 일꾼들이 당과 혁명 앞에 지닌 숭고한 사명과 본분을 깊이 자각하고 군사교육혁명수행에 한사람 같이 총궐기 총매진하는 것이 중요하다"고 밝혔다.

대회에는 모범적인 군사교육 담당 간부들과 총정치국, 국방성, 총참모부의 간부·지휘관들, 각 군종, 군단급 지휘성원 등이 참석했다. 북한군 서열 1위인 박정천 당비서와 오일정 군정지도부장이 주석단에 자리를 잡았으며 리영길 국방상의 보고와 토론이 있었다. 앞서 김 총비서는 2021년 7월에도 사상 처음으로 전군 지휘관·정치간부 강습을 주재하는 등 군 간부들과 접촉을 늘리고 있다.

➕ 전쟁 나면 누가 이길까...남북 군사력 차이

국방부가 발간한 '2020 국방백서'에는 남북한의 군사력이 공개됐다. 국방부 평가에 따르면 상비 병력에서는 북한이 우리 국군보다 2.3배 많고 야포와 방사포 등 일부 전력도 양적으로 우세하다. 그러나 첨단무기 분야에서는 우리 군이 북한군을 압도하고 있다는 게 국방부의 평가다.

이 국방백서에 따르면 북한 상비 병력은 120만여 명으로 남한 55만5000여 명을 2.3배 웃돌았다. 전차 역시 북한은 4300여 대로 남측의 2130여 대보다 2배 이상 많다. 야포도 북한 8800여 문, 남측 6000여 문으로 북한이 우위에 있다.

하지만 질적으로는 우리 군이 앞선다고 국방부는 강조했다. 실제 한국 공군은 F-35A 스텔스 전투기를 비롯해 F-15K, KF-16 등 북한보다 한 세대 이상 앞서는 기종을 보유하고 있다. 이 밖에도 군정찰위성, 중고도 정찰용 무인항공기, 고위력·초정밀 지대지미사일, 이지스 구축함(KDX-Ⅲ), F-35A, 한국형 전투기(KF-X) 등 핵심 군사능력 증식의 주요 전력증강 계획도 담겨 있어 당분간 이런 우위는 지속될 전망이다.

통일부 2022년 예산 1.5조원... 통일정보자료센터 건립

통일부의 2022년 예산이 올해 1조4750억원보다 273억원 늘어난 1조5023억원으로 확정됐다. 2021년 12월 3일 국회 본회의에서 의결한 2022년도 통일부 예산은 일반회계 2309억원, 남북협력기금 1조2714억원 등 총 1조5023억원으로 편성됐다. 사업비 기준 일반회계는 1674억원, 협력기금은 1조2690억원이다.

일반회계 사업비는 정부안 기준 1669억원으로

편성됐는데, 국회 심의 과정에서 1674억원으로 증액돼 수정 의결이 이뤄졌다. 증액 사업은 중립국 대북협력포럼 1억2000만원, 메타버스 통일교육 2억원, 가짜뉴스 모니터링 사업 2억원 등이다. 신규 사업으로는 통일정보자료센터, 대북·통일정책 플랫폼이 반영됐다.

국회 심의에서 비무장지대(DMZ) 평화의 길 보수 능력 위해 20억원을 증액했다. IT 경제교류협력 비축 사업에 57억원, 경제교류협력비축 사업에는 101억원이 증액 편성됐다. 통일부 당국자는 "향후 남북 경협이 활성화될 경우 기업들의 대출 수요가 많아질 것을 대비한 예비적 지원 성격"이라면서 "내년도(2022년)의 정세 변화에 대비해 2018년 수준으로 환원해놓은 상태"라고 설명했다.

겨레말큰사전 등 본회의 통과
국회 본회의에서는 '겨레말큰사전 남북공동편찬 사업이며 비교기간을 2028년까지 6년 연장'하는 내용의 개정안이 의결됐다. 남북은 2004년 겨레말큰사전을 편찬하기로 합의한 이후 2015년까지 작업을 진행해왔으나 남북관계 상황에 따라 중단과 재개를 반복하며 사업을 완료하지 못하고 있다.

또 무연고 청소년 보호를 강화하는 '북한이탈주민의 보호 및 정착지원에 관한 법률' 개정안이 통과됐다. 보호자, 후견인 지정 근거를 마련하고 긴급 지원을 위해 소재 파악이 필요하면 통일부 장관이 전기통신사업자에게 무연고 청소년 전화번호를 요청할 수 있도록 하는 내용이 담겼다.

이외 통일부 장관이 통일교육 실시, 지원을 위해 필요한 경우 관계 기관에 협조를 요청할 수 있도록 하는 내용이 담긴 '통일교육 지원법' 개정안이 국회 본회의를 통과했다.

■ 겨레말큰사전
겨레말큰사전은 남한과 북한이 공동으로 편찬하는 최초의 국어사전이다. 2005년 2월 20일 남한과 북한의 국어학자들은 금강산에서 민족어 공동사전 편찬을 위한 공동편찬위원회 결성식을 열고 '겨레말큰사전'을 편찬하기로 합의하였다. 사전 편찬의 목적은 분단 이후 이질화된 남한과 북한의 언어를 종합 정리하는 데이터, 남북 배우를 2015년 까지 사전을 발산하는 것이었으나 2010년 이후 남북간계의 민감에 따라 편찬사업의 냉난과 재개가 반복되었고, 2015년 12월 제25차 공동회의 이후로 다시 중단된 상태이다.

➕ 인포데믹스 (infodemics)
인포데믹스는 정보(information)와 전염병(epidemics)의 합성어로, 근거 없는 각종 루머들이 IT 기기나 미디어를 통해 확산하면서 사회, 정치, 경제, 안보에 치명적 위기를 초래하는 것을 의미한다. 인포데믹스라는 용어는 2003년 미국 워싱턴에 있는 컨설팅업체인 인텔리브리지의 회장 데이비드 로스코프가 '워싱턴포스트'에 선글이면서 지금 가는됐다.
오늘날 SNS의 발달로 인포네믹스는 한층 더 위험해졌다. 인터넷이나 휴대전화의 발달로 정보의 전파 속도가 빨라지고 파급력도 커졌기 때문이다. 또한 책임의 주체가 불분명하기에 거리낌 없이 부정적인 정보가 전파된다. 코로나 팬데믹에서 온갖 가짜뉴스가 확산된 것이 대표적인 인포데믹스의 사례. 온라인상에서 가짜뉴스와 선동으로 사람들에게 거짓 정보를 퍼뜨려 사람들에게 불안감을 조성했다.

북한 아태 26개국 중 국력 17위

아시아태평양지역 26개국 가운데 북한의 포괄적 국력이 17위를 기록했다고 미국 자유아시아방송

(RFA)이 2021년 12월 6일(현지시간) 보도했다. 호주 싱크탱크 ■로위 연구소가 12월 5일 발표한 '2021년 아시아 파워인덱스(Asia Power Index)'에서 북한은 100만 점에 11.5점을 받아 26개국 중 17위를 기록했다.

로위연구소는 경제역량, 군사 역량, 위기 극복력, 미래자원 등 자원관련 지표 4개와 경제적 관계, 국방네트워크, 외교 영향력, 문화 영향력 등 영향력 지표 4개 등 8개 항목으로 포괄적 국력을 분석했다.

북한의 외교적 영향력은 2020년보다 2계단 하락한 25위를, 경제 및 문화 영향력은 각각 최하위인 26위를 기록했다. 군사역량 부문에서 북한은 6위를 기록, 8개 항목 가운데 가장 높은 평가를 받았다. 경제역량은 19위, 위기 극복력은 11위, 미래자원은 14위, 국방네트워크는 20위를 기록했다.

포괄적 국력 지표에서 1위는 미국, 2위는 중국, 3위는 일본, 4위는 인도, 5위는 러시아, 6위는 호주이며 한국은 7위를 기록했다. 미국은 2021년 조 바이든 행정부가 출범하면서 외교 복원에 중점을 두고, 백신의 도움으로 팬데믹에서 속도감 있게 회복하고 있는 덕분에 영향력이 올라갔다

는 평가다. 반면 중국은 국내 문제로 인해 아시아에서 과거 미국처럼 지배적이지는 않을 것이라는 진단이다.

■ 로위 연구소 (Lowy Institute)

로위 연구소는 호주의 대표적인 국제전략 싱크탱크다. 대부호인 프랭크 로위(Frank Lowy)와 기업. 정부 기관 등의 재정 지원을 받아 운영되는 이 연구소는 외교·국제안보·경제·멜라네시아·동아시아 등 다양한 분야의 문제를 분석하고, 이를 토대로 정부·국제기구·언론·시민사회에 정책을 제안하는 곳이다.

러·인도 정상회담...
"한반도 비핵화 위한 대화" 촉구

인도와 러시아가 **한반도의 평화 구축을 비롯한 전방위 협력 강화**를 선언하고 나섰다. 나렌드라 모디 인도 총리와 블라디미르 푸틴 러시아 대통령은 12월 6일(현지시간) 인도 수도 뉴델리에서 연례 양국 정상회담을 열어 국방, 무역, 에너지, 우주 기술, 문화 등 여러 분야에서 협력을 확대하기로 했다.

모디 총리와 푸틴 대통령은 특히 회담 후 발표한 99개항 공동선언문에서 한반도 평화 구축 방

안에 대한 기본 입장을 확인했다. 이들 정상은 92항에서 "한반도에서 견고한 평화와 안정을 구축하기 위해 모든 이해 당사국들이 한반도 비핵화를 위해 노력할 것을 촉구한다"며 "이 목적 달성을 위한 대화를 지속할 필요성을 강조했다"고 밝혔다.

러·인도, 전방위 협력 확대

인도 내에서 커지는 '일대일로'에 대한 위기감과 러시아의 이낙 성장세달은 비슷, 미·러의 대결이 가열되면서 국제 정세가 급박하게 진행되는 상황에서 이뤄졌다. 국제사회는 중국의 영향력 확대, 그에 대한 미국의 견제 강화로 지역 정세가 흔들리는 가운데 이번 정상회담을 주시했다.

인도는 2018년 10월 푸틴 대통령의 인도 방문을 계기로 54억3000만 달러(약 6조4000억 원) 상당의 S-400 미사일 5개 포대 반입을 개시하고 세탁을 제출했으며 러시아는 이날부터 공급을 개시했다.

더불어 인도는 미국이 중국 견제를 위해 만든 4자(일본·호주 포함) 안보 협의체 쿼드(Quad)에도 참여하는 등 **미국과 러시아 사이에서 '줄타기 외교'**를 해왔다.

➕ 브릭스 (BRICS)

브릭스는 2000년대를 전후해 빠른 경제성장을 거듭한 ▲브라질(Brazil) ▲러시아(Russia) ▲인도(India) ▲중국(China) ▲남아프리카 공화국(South Africa·2011년 가입) 등 신흥국을 일컫는다. 브릭스 국가는 영토가 넓고 자원과 노동력이 풍부하다는 특징이 있어 향후 세계경제 대국으로 성장할 것으로 예상되고 있다.

유엔, 17년 연속 북한 인권결의안 채택

유엔총회는 12월 16일(현지시간) **북한의 인권 침해를 규탄하며 개선을 촉구하는 북한 인권결의안을 17년 연속으로 채택**했다. 유엔총회는 이날 미국 뉴욕 유엔본부에서 회의를 열고 미리 마련한 결의안을 표결 없이 컨센서스(consensus · 전원 합의)로 채택했다.

결의안은 "오랫동안 진행 중인 조직적이고 광범위한 인권 침해를 가장 강력한 용어로 규탄한다"며 ▲고문·자의적 구금·성폭력 ▲정치범 수용소 ▲강제실종 ▲이동의 자유 제한 ▲송환된 탈북자 처우 ▲종교·표현·집회의 자유 제약 ▲코로나19로 더 악화된 경제·사회·문화석 권리 등을 사례로 나열했다.

유럽연합(EU) 회원국이 주도한 이번 결의안은 유엔 안전보장이사회(안보리)에 북한 인권 문제에 대한 ■**국제형사재판소(ICC)** 회부와 "인권침해에 가장 책임 있는 것으로 보이는 사람들"을 겨냥한 추가 제재를 고려하라고 권고했다. 한국은 이번 결의안의 공동제안국 명단에서 빠졌으나 컨센서스에는 동참했다.

■ 국제형사재판소 (ICC, International Criminal Court)

국제형사재판소(ICC)는 세계 최초의 상설 전쟁범죄재판소로 2002년 7월 1일 정식 출범했다. 집단살해죄, 전쟁범죄, 반인도적 범죄를 저지른 개인을 형사 처벌하기 위해 설립됐다. ICC는 해당 국가가 대량학살과 반인도주의 범죄, 전쟁범죄에 대한 재판을 거부하거나 재판할 능력이 없을 때 개입한다. 우리나라는 2003년 2월 ICC에 정식 가입했다.

분야별 최신상식

문화 미디어

모가디슈, 청룡영화상 작품상 5관왕 수상

■ **청룡영화상 (靑龍映畵賞)**

청룡영화상은 한국 영화를 대상으로 하는 영화상으로, 1963년부터 조선일보가 한국 영화의 진흥과 대중문화 발전을 위해 개최한 시상식이다. 1973년 영화법 개정과 스크린 쿼터제 도입 등으로 한국 영화의 질적 수준이 하락했다고 판단해 중단됐다가, 1990년 17년 만에 스포츠조선의 주최와 조선일보의 후원으로 재개됐다. 청룡영화상은 심사 결과와 심사 진행 과정이 신문에 공개되는 독특한 시스템을 가지고 있다.

2021년 최고의 흥행작 '모가디슈'

11월 26일 여의도 KBS홀에서 열린 제42회 ■**청룡영화상**에서 '모가디슈'가 대상 격인 최우수작품상과 감독상을 휩쓸며 총 5관왕을 차지했다. 류승완 감독이 연출하고 조인성(사진 왼쪽), 김윤석(사진 오른쪽), 허준호 구교환 등이 출연한 '**모가디슈**'는 ▲최우수작품상 ▲감독상 ▲최대관객상 ▲남우조연상(허준호) 등 총 5개의 트로피를 안았다. 류승완 감독은 '부당거래', '베테랑'에 이어 '모가디슈'까지 청룡영화상에서만 세 번째 감독상을 받았다. 류감독은 수상 소감에서 "세상에서 혼자 할 수 있는 일이 있고, 혼자 할 수 없는 일이 있다. 영화 만드는 건 혼자 할 수 없는 일"이라고 감사함을 표시했다.

'모가디슈'는 **1991년 소말리아 내전 당시 남북한 공관원들의 실제 탈출 실화를 모티브**로 한 영화다. 남북 외교 공관원들의 합심을 소재로 다루면서도 신파로 흐르지 않도록 절제한 연출이 돋보이며 후반부에 등장하는 강렬한 카체이싱신에 대한 호평도 끊이지 않았다. 코로나19 거리두기로 극장가가 침체에서 벗어나지 못한 가운데 '모가디슈'는 350만 관객을 돌파하며 2021년 극장가 최고의 흥행작으로 기록됐다.

'자산어보'도 5관왕 차지

남녀주연상은 '자산어보'의 설경구와 '세자매'의 문소리가 받았다. 남녀조연상은 '모가디슈'의 허준호와 '세자매'의 김선영에게 돌아갔다. 넘녀신 ~~인인을 '찟비꿋'이 싱새영 바 '료사 사는 사믿들'의 공능너이 사시냈다.~~

'자산어보'는 최우수작품상을 양보했지만 남우주연상 외에 각본상(김세겸), 음악상(방준석), 편집상(김정훈), 촬영조명상(이의태·유혁준) 등을 휩쓸며 '모가디슈'와 마찬가지로 5관왕을 차지했다. **이준익 감독이 연출하고 설경구, 변요한이 출연한 '자산어보'는 신유박해로 흑산도로 유배된 정약전과 청년 어부 창대와의 교류를 그린 작품**이다.

이번 시상식은 2021년 10월 30일부터 올해 10월 14일까지 개봉한 한국 영화 172편을 대상으로 했으며 청룡영화상 42년 만에 처음으로 OTT(온라인동영상서비스) 플랫폼 작품들이 후보작이 됐다. 넷플릭스 '낙원의 밤', '승리호', '콜' 등이다. '승리호'는 기술상을 차지했다.

➕ 정약용과 형제들

다산 정약용(茶山 丁若鏞, 1762~1836)은 개혁과 개방을 통해 부국강병을 이루고자 했던 조선 후기 대표적 실학자이다. 정약용은 1표 2서로 불리는 『목민심서』, 『흠흠신서』, 『경세유표』를 비롯하여 『아방강역고』, 『마과회통』 등 500여권 이상의 책을 저술하였다.

정약용에게는 첫째 형 정약현, 둘째 형 정약전, 셋째 형 정약종이 있었다. 순조 원년(1801년) 조정의 대대적 ~~인 천주교 신자 핍박(신유박해)로 김세들이 구금되 됐은 것지만 정약현은 천주교를 받아들이지 않아 처벌막었다. 싱익진은 즉산도에 유배되이 그곳에서 한고 죄초의 어류보고서인~~ 『자산어보(玆山魚譜)』를 서술했고 그 외에도 『표해록(漂海錄)』, 『송정사의(松政私議)』 등의 저작을 남겼다. 셋째 정약종은 1786년 세례를 받고 한국 최초의 천주교 교리서인 『주교요지(主敎要旨)』를 저술하였고, 신유박해 때 참수형을 당했다. 정약용은 전라도 강진에서 18년간 귀양살이를 했다.

▌제42회 청룡영화상 수상자(작)

최우수~~작품상~~	모가디슈	신~~인여우상~~	공승연(혼자 사는 사람들)
감독상	류승완(모가디슈)	신인감독상	박~~시은(내가 죽던~~ 날)
남우주연상	설경구(자산어보)	각본상	김세겸(자산어보)
여우주연상	문소리(세자매)	촬영조명상	이의태·유혁준(자산어보)
남우조연상	허준호(모가디슈)	편집상	김정훈(자산어보)
여우조연상	김선영(세자매)	음악상	방준석(자산어보)
신인남우상	정재광(낫아웃)	미술상	김보묵(모가디슈)
		기술상	정성진·정철민(승리호)

POINT   세 줄 요약

❶ 청룡영화상에서 '모가디슈'가 최우수작품상등 5관왕을 차지했다.

❷ '모가디슈'는 2021년 350만 관객을 돌파했다.

❸ '자산어보'도 남우주연상 등 5관왕을 차지했다.

영친왕 일가 어린이 옷, 국가민속문화재 지정

▲ 전(傳) 영친왕 일가 어린이 옷 (자료 : 숙명여대)

문화재청은 조선 시대 왕실의 어린이 복식 문화를 파악할 수 있는 '전(傳) ■영친왕 일가 어린이 옷'을 국가민속문화재로 지정한다고 11월 29일 밝혔다. 전(傳)은 기록이 확실하지 않으나 사용자 등을 추정할 수 있는 유물에 붙인다. 이번에 국가민속문화재로 지정되는 복식 유물은 숙명여자대학교 박물관에 소장된 조선 시대 왕실의 어린이 옷(총 9건)으로, 1998년에 당시 숙명여대 김명자 교수가 기증했다.

김 교수는 1972년에 아들의 돌을 축하하는 의미로 평소 친분이 두터웠던 영친왕비 이방자 여사로부터 대한제국 마지막 황태자 영친왕 이은(1897~1970)의 옷을 선물 받았다고 한다. 그러나 옷의 주인을 알 수 있는 문헌 등 자료가 부족하고 옷의 크기로 미뤄볼 때 실제 영친왕이 착용했다고 특정할 수 없다.

하지만 '전 영친왕 일가 어린이 옷'은 **조선 시대 왕가 어린이가 입었던 옷에서 볼 수 있는 주요한 특징들이 잘 나타나 있기에 문화재로서 가치를 인**정받게 됐다. '전 영친왕 일가 어린이 옷'은 사규삼과 창의, 두루마기, 저고리, 색동마고자, 풍차바지, 조끼, 버선 등으로 구성됐다.

전문가 조사 결과, 일본에서 환수돼 2009년 국가민속문화재로 지정된 '영친왕 일가 복식 및 장신구류'(국립고궁박물관 소장) 중 영친왕의 아들 이구(李玖, 1931~2005)의 복식 유물과 비교했을 때 소재·단추·문양 등이 매우 유사하다고 밝혀졌다.

■ 영친왕 (英親王, 1897~1970)

영친왕은 고종의 일곱째 아들로 본명은 이은(李垠)이다. 1907년 형인 순종이 즉위한 뒤에 황태자가 되었고, 1926년 순종이 죽은 뒤에는 이왕의 지위를 계승했다. 1907년 일본으로 건너가 일본 왕족인 마사코와 정략결혼을 하였으며, 일본 왕족으로 대우를 받으며 일본군 장성을 지냈다. 그 후 1963년 11월 당시 박정희 국가재건최고회의 의장의 주선으로 국적을 회복하면서 56년 만에 부인 이방자와 함께 환국했다. 뇌혈전증에 인한 실어증을 겪으면서도 1966년 오랫동안 숙원하던 심신장애인 재활원인 '자행회', 1967년에는 신체장애인 훈련원으로 그의 아호를 빌린 '명휘원'을 설립하여 운영하였다. 지병으로 1970년 74세를 일기로 세상을 떠났다.

국보·보물급 조선 불교 미술 한자리에

국립중앙박물관이 12월 7일부터 2022년 3월 6일까지 조선시대 불교 미술을 조성한 승려 장인의 삶과 예술 세계를 살펴보는 특별전 '조선의 승려 장인'을 개최한다. 이번 특별전은 국내외 27개 기관의 협조를 받아 국보 2건, 보물 13건, 시도유형문화재 5건 등 총 145건을 출품하는 대규모 미술전이다.

▲ 국립중앙박물관 특별전 '조선의 승려 장인' (자료 : 국립중앙박물관)

전시품 중 국보는 '송광사 화엄경변상도'와 '흑석사 목조아미타여래좌상'이나. 박물관은 주목할 작품으로 보물인 '용문사 목각아미타여래설법상'을 꼽았다. 이 작품은 이번 전시를 위해 337년 만에 사찰 밖으로 처음 나왔다.

조선 시대에는 숭유억불(崇儒抑佛 : 불교를 억압하고 유교를 숭상) 정책으로 인해 불교가 쇠퇴한 것으로 알려졌고, 이 때문에 이 시기 불교 미술도 크게 수난받지 못하는 성향이 있었다. 그러나 임진왜란(1592~1598) 이후 조선 후기 불교 미술은 활발히 제작됐고 당시 제작된 불상과 불화 또한 화려하며 수준 높은 작품이 적지 않다고 박물관 측은 설명했다.

이는 스님 장인의 활동이 있었기 때문에 가능한 일이었다. 스님 장인은 전문적인 제작 기술을 지닌 출가수행자를 말한다. 그중에서도 부처를 형상화하는 조각승(彫刻僧)과 화승(畫僧)이 중심이 됐고 이들은 공동으로 협력해 작품을 만들고 사제 관계를 맺으며 기술을 전시했다.

이번 전시는 총 4부로 구성하는데 제1부 '승려 장인은 누구인가'에서는 종교미술 제작자로서 일반 장인과 구별되는 스님 장인의 성격을 살펴본다. 제2부 '불상과 불화를 만든 공간'에서는 스님 장

인의 공방과 작업과정에 대한 이해를 돕는다.

제3부 '그들이 꿈꾼 세계'는 이번 전시의 핵심 부분으로서 대표적인 조각승과 화승의 중요 작품들을 집중 조명한다. 제4부 '승려 장인을 기억하며'에서는 국립중앙박물관 소장품과 설치미술가 빠키의 작품을 함께 전시한다.

➕ 삼법인 (三法印)

삼법인은 불교의 세 가지 근본 교의로서 인(印)이란 불변하는 진리를 의미한다. 삼법인의 첫 번째 제행무상인(諸行無常人)은 온갖 물(物)·심(心)의 현상은 모두 생멸변화(生滅變化)하는 것인데도 사람들은 이것을 불변·상존하는 것처럼 생각하므로, 이 그릇된 견해를 없애 주기 위하여 모든 것의 무상을 강조하는 것이다.

두 번째 제법무아인(諸法無我印)은 만유의 모든 법은 인연으로 생긴 것이어서 실로 자아인 실체가 없는 것인데도 사람들은 아(我)에 집착하는 그릇된 견해를 가지므로, 이를 없애 주기 위하여 아(我)가 없음을 밝히는 것이다. 세 번째 열반적정인(涅槃寂靜印)은 생사가 윤회(輪廻)하는 고통에서 벗어난 이상의 경지인 열반적정의 신상을 강조하는 것이다.

기출복원문제 2019 MBC

불교 교리인 삼법인 중 하나로 우주 만물이 시시각각 변화해 한 모양으로 머물러 있지 않다는 것은?

① 제행무상인 ② 제법무아인
③ 열반적정인 ④ 제법실상인

정답 ①

'한한령'에 막혔던 한국영화 중국서 6년 만에 개봉

사드(THAAD·고고도 미사일 방어체계) 갈등 이후 중국 본토 개봉관에서 자취를 감췄던 한국 영화가 6년 만에 중국에서 정식 개봉된다. 주중한

국대사관에 따르면 나문희, 이희준 주연의 한국 영화 '오! 문희'(정세교 감독)가 12월 3일 중국 전역에서 개봉됐다.

한국 영화가 중국 본토에서 정식 개봉하기는 2015년 9월 전지현, 이정재 등이 주연한 '암살'(최동훈 감독)이 상영된 이후 6년여 만이다. 박근혜 정부 시절인 2016년 한국과 미국이 주한미군의 사드 배치에 합의한 이후 중국의 **한한령**이 발동되면서 중국 본토에서 한국 영화는 정식개봉되지 못했고, 한중 영화 합작도 중단됐다.

한중 간 외교 교섭을 거쳐 2017년 10월 강경화 당시 외교부 장관이 '3불'(사드 추가배치·미국 미사일방어체계(MD) 참여·한미일 군사동맹화 부정) 언급을 하면서 중국의 한한령도 중단되는 것으로 여겨졌으나 한국 영화의 중국 시장 진출은 그 후로도 4년여 이뤄지지 못했다.

중국이 외국 영화에 대해 스크린 쿼터를 적용하고 있는 가운데, 한한령 이전엔 연간 한국영화 2~3편 정도가 중국에서 개봉됐으나 한한령 이후로는 '베테랑', '써니' 등 한국 영화를 리메이크한 중국 영화들만 일부 중국에서 개봉했었다.

2020년 12월 중국에서 한국 업체의 한 모바일 게임 서비스 허가가 난 데 이어 한국 영화가 오랜만에 개봉하게 되자 2022년 한중수교 30주년을 앞두고 한한령이 실질적으로 해제되는 신호탄으로 작용할지 주목된다.

■ 한한령 (限韓令)

한한령이란 한국의 사드 배치에 반발해 중국 정부가 내린 한류 금지령을 말한다. 한한령은 한국 연예인의 중국 방송 출연이나 드라마 방영을 금지시키는 등 한국의 문화 산업과 관련한 조치로 시작해 이후 화장품 등 한국산 상품의 통관 불허, 클래식 공연 취소, 중국인의 한국 단체 관광 제한 등 경제 전반적인 조치로 번졌다. 안보 관련 이슈인 사드 배치에 중국이 경제 규제 조치로 대응한 셈이다.

네이버 웹툰 DC와 협업...美 네이버 웹툰 월 이용자 1400만 명 달해

▲ '배트맨 : 웨인 패밀리 어드벤처'(미국 네이버 웹툰 홈페이지 캡처)

네이버 웹툰에서 DC코믹스의 배트맨을 만난다. 네이버 웹툰은 11월 25일 DC와의 첫 협업 작품 '배트맨 : 웨인 패밀리 어드벤처'를 국내 정식 연재한다고 밝혔다.

이번 작품은 글로벌 엔터테인먼트 기업의 슈퍼 IP(지식재산권)를 웹툰·웹소설 오리지널 콘텐츠로 선보이는 네이버 웹툰의 '슈퍼캐스팅' 프로젝트 1호다. 네이버 웹툰은 2021년 8월 DC와 국내 엔터테인먼트 기업 하이브와 협업을 알리며 슈퍼

캐스팅 프로젝트를 공개했다. 2022년 1월에는 전 세계에 케이팝 신드롬을 일으킨 그룹 방탄소년단(BTS)를 주인공으로 하는 슈퍼캐스팅 프로젝트 2호 작품을 선보일 예정이다.

'배트맨 : 웨인 패밀리 어드벤처'는 고담시 신입 자경단원 듀크 토마스(시그널)가 브루스 웨인(배트맨)의 페밀리로 입양이 된 시기가 다뤄 벌어지는 일들을 경쾌하게 풀어낸 일상물이다. 지금까지 공개되지 않은 배트맨의 새로운 이야기를 바탕으로 진행된다.

2021년 9월 네이버 웹툰의 영어, 스페인어 서비스를 통해 북미, 중남미, 유럽 독자들 대상으로 미리 공개되어 일주일 만에 50만 명의 구독자를 확보했다. 현재 구독자 62만8000여 명에 총조회수는 700만 회 이상이다.

한편 네이버는 미국에서 2014년 웹툰(WEBTOON)'이라는 플랫폼을 만들었다. 이 플랫폼에는 한국의 정식 연재에 해당하는 '오리지널'이 있고, '베스트도전(발굴 목적으로 자유롭게 운영되는 아마추어 작가들의 연재 게시판)'에 해당하는 '캔버스(Canvas)'가 있다. 월간 이용자 수는 2021년 11월 기준 1400만 명으로 추산된다.

➕ 네이버 웹툰 플랫폼 성공 요인

2021년 8월 기준 웹툰·웹소설을 아우르는 네이버의 스토리테크 플랫폼엔 총 600만 명(누적)의 창작자가 활동 중이다. 월간 방문자 수는 1억6700만 명으로 업계 1위다. 전문가들은 네이버 스토리테크 플랫폼의 경쟁력으로 '아마추어 콘텐츠 시스템'을 꼽는다. 해당 시스템에 따라 신진 작가는 자신의 작품을 글로벌 시장에 내놓을 수 있고, 프로(기성) 작가는 자신의 1차 저작물을

영상. 공연 등 2차 저작물로 발전시킬 수 있다. 네이버 웹툰은 국내 시장에서는 '도전만화', 글로벌 시장에서는 '캔버스'라는 프로그램을 운영해 아마추어 작가를 위한 참여 시스템을 구축했다. 그 결과 네이버 웹툰의 작가 참여 프로그램은 가장 많은 창작자가 모인 공간으로 성장해 '웹툰 작가의 등용문'이라는 평가를 받고 있다.

클래식 유튜브 '또모' 채용 갑질 논란

구독자 60만 명 규모의 클래식 유튜브 채널 '또모'를 운영하는 백승훈 대표가 채용 갑질 논란에 사퇴했다. 백 대표는 12월 7일 또모 커뮤니티 게시판을 통해 "어제 발생한 상황으로 인해 실망과 상처를 입으신 당사자분과 구독자분들께 진심으로 머리 숙여 사과드린다"며 "이번 일에 무한한 책임을 느끼며 대표직을 내려놓고 더 깊이 반성하고 자숙하겠다"고 밝혔다.

앞서 '또모'에서 직원 채용 과정 중 입사를 하루 앞두고 협의된 것보다 500만원 적은 연봉을 '통보'했다는 주장이 제기됐다. 경력 6년차 PD라는 A 씨는 직장인 익명 게시판 '블라인드'를 통해 또모 측이 출근 직전 연봉 500만원을 낮춰 부르는 등 갑질했다고 주장했다.

A 씨는 출근을 하루 앞둔 12월 5일 오후 5시께

또모 **■최고재무책임자(CFO)**로부터 연봉 조정 요청을 받았다. 또모 CFO는 "사외이사님, 간사님 등과 논의한 결과 3500만원의 연봉이 책정되었고, 괜찮겠냐"고 말했다. 또모 측은 A 씨의 경력이 제대로 인정되기 어렵다고 지적했다.

이에 A 씨가 자신의 경력이 인정되지 않는 점과 출근 직전 급작스러운 연봉 변경 통보에 대해 불만을 제기하자 백 대표가 직접 A 씨와 통화했다. 백 대표는 "저희 회사에서는 처음 근무하시는 것이기 때문에 초봉 기준으로 책징을 했다"고 답변했다고 전해졌다.

■ 최고재무책임자 (CFO, Chief Financial Officer)

최고재무책임자란 기업의 경리·자금·원가·심사 등의 조직을 하나로 통합하여 이를 총괄하는 재무담당최고책임자를 말한다. 종전에는 단순히 결산과 재무제표를 작성하는 것으로만 충분했으나, 기업활동에서 직·간접 금융의 필요성이 커지고 원활한 자금흐름의 중요성이 증대하고 있어 의사결정지원 체로 전환한 것이다. CFO는 정기적으로 경영층의 전략을 검토하고, 투자자들에게 회사 현황 및 향후 발전 방향을 충분히 설명할 수 있어야 한다. CFO는 최고경영자(CEO), 최고업무책임자(COO)와 함께 3대 최고경영인으로 분류된다.

`기출TIP` 2018년 원주MBC 필기시험에서 CFO에 대해 묻는 문제가 출제됐다.

창작 뮤지컬 '레드북', 제15회 차범석희곡상 수상

뮤지컬 '레드북'이 차범석희곡상을 수상하며 창작 뮤지컬의 새 지평을 열었다. 12월 6일 제15회 차범석희곡상 시상식에서 **'■레드북'은 차범석희곡상의 뮤지컬 극본 부문 당선작으로 선정됐다.**

▲ 뮤지컬 '레드북'(자료 : 홍익대 대학로 아트센터)

'레드북' 극본을 쓴 한정석 작가는 "고마우신 분들이 너무 많지만 그 중에서도 특히 '레드북'을 아껴 주신 관객분들께 마음 깊이 감사드린다"라고 관객에게 감사를 전한 데 이어 "꾸준히 성실하게, 정도를 걸어가는 작가가 되겠나"라는 수상 소감을 선했다.

차범석연극재단과 조선일보사가 공동 주최하는 차범석희곡상은 우리나라 연극 발전에 큰 자취를 남긴 고(故) 차범석 작가의 업적을 기리고, 창작인 발굴에 이바지하기 위해 제정한 상이다. 특히 2020년에는 뮤지컬 극본 부문에서 당선작이 나오지 않은 가운데 '레드북'이 2년 만에 선정되며 의미를 더했다.

차범석희곡상 심사위원회는 '레드북'에 대해 "19세기 빅토리아 시대 영국의 도발적인 여성 작가를 통해 '지금 여기'를 살아가는 우리의 현실과 기대를 잘 반영한 작품이다. 젠더와 세대 갈등을 따뜻하고 명랑하게 아우르는 인물과 스토리를 구축하며 창작 뮤지컬의 영토를 넓혔다"라고 선정 이유를 밝혔다.

앞서 '레드북'은 탄탄한 서사와 위트 넘치는 대사로 제7회 예그린뮤지컬어워드에서 극본상, 작곡상 등 4관왕, 제3회 한국뮤지컬어워즈에서 작품상을 비롯한 4관왕을 기록하며 대중과 평단의 호평을 받은 바 있다.

■ 레드북 (Red Book)

'레드북'은 영국의 빅토리아 시대를 배경으로 한 뮤지컬이다. 가장 보수적인 시대로 알려진 빅토리아 시대에서 숙녀보단 그저 '나'로 살고 싶은 여자 안나와 오직 '신사'로 사는 법밖에 모르는 남자 브라운이 서로의 모습을 통해 이해와 존중의 가치를 말하는 작품이다. '레드북'은 코미디에 취약한 한국 뮤지컬 환경에서 젠더 이슈, 미투 운동 등 묵직한 담론을 로맨틱 뮤지컬 코미디로 담아내는 데 성공했다는 평가를 받았다.

'대한민국 콘텐츠 대상'에 김수진·나영석 등 선정

▲ 2021 대한민국 콘텐츠대상 (홈페이지 캡처)

문화체육관광부는 한국콘텐츠진흥원과 함께 12월 8일 서울 강남구 코엑스에서 '2021 대한민국 콘텐츠대상 시상식'을 열고, 한 해 동안 대한민국을 빛낸 콘텐츠 관계자와 우수 콘텐츠를 시상했다.

한국 최초 우주 SF영화 '승리호' 등을 제작한 영화사 비단길의 김수진 대표가 해외진출유공 부문 보관문화훈장을 받았다. 2004년 비단길 설립 후 '추격자', '작전', '늑대소년' 등 새로운 장르의 영화를 꾸준히 제작해 한국영화의 지평을 넓히는 데 공헌했다. 특히 '승리호'로 SF 분야에서도 한국영화의 성공 가능성을 전 세계에 보여줬다는

평가를 받았다.

2021년도에 신설된 방송영상산업발전 유공 부문 문화포장은 나영석 CJ ENM PD가 수훈했다. 나영석 PD는 KBS '1박 2일'과 tvN '꽃보다 할배', '삼시세끼' 시리즈, '신서유기' 등 잇따라 화제의 예능 프로그램을 연출했다. 2021년도는 tvN '윤스테이'를 코로나19 상황에서 한국문화 체험 기회가 없던 외국인 손님에게 우리 문화를 경험하도록 했다.

해외진출 부문에선 김준구 네이버 웹툰 대표와 드라마 전문 스튜디오 스튜디오드래곤이 대통령 표창을 받았다. 김준구 대표는 세계 100개국에서 10개 언어로 웹툰 서비스를 운영해 K-웹툰의 해외시장 입지 구축에 이바지했다. 스튜디오드래곤은 '사랑의 불시착', '시이나지만 괜찮아' 등 5개 작품이 세계적 온라인 동영상 서비스(OTT)에서 인기를 끌어 K 드라마 열풍에 기여했다.

게임산업발전 부문에선 강신철 한국게임산업협회 회장, 박승배 한국보드게임산업협회 회장이 대통령 표창에 이름을 올렸다. 방송영상산업발전 부문에선 '청춘기록'의 하명희 ㈜콘텐츠지음 드라마작가와 '한국인의 밥상' 전선애 한국방송작가협회 작가가 대통령 표창을 받았다.

솔비, 스페인 바르셀로나 국제 예술상 대상 받아

▲ 가수 겸 화가 솔비(인스타그램 캡처)

가수 겸 화가 솔비(권지안)가 12월 6일 스페인 바르셀로나에서 열린 '2021 바르셀로나 국제 예술상(PIAB)'에서 대상인 '그랜드 아티스트 어워드'를 받았다. 솔비는 이 시상식에서 메인 작가로 초청받아 '저스트 어 케이크' 시리즈의 '피스 오브 호프' 작품 총 13점을 선보였다. 또 독일 출신 설치미술가 최재용과 협업한 설치 작품도 전시해 현지의 뜨거운 반응을 일으켰다.

PIAB 어워드는 나이와 국적에 관계없이 재능 있는 예술가를 발견하는 것을 지향하며, 다양한 시각 예술 분야에서 역량을 펼치는 예술가들을 대상으로 설립된 상이다.

제2의 피카소라고 불리는 작가인 '조형 예술의 대가' 로베르트 이모스 심사위원은 솔비의 작품을 두고 "역동적인 표현성과 독창성 부분에 대해 심사위원들로부터 많은 표를 받았다"며 "솔비는 행사 기간 가장 차별적인 면모를 보여준 아티스트"라고 평가했다.

솔비 수상 폄하 논란

솔비의 수상 소식에 한국 현직 작가들이 비판에 나섰다. 현직 화가이자 유튜버인 이진석 씨는 자신의 유튜브를 통해 "작가한테 부스비, 참가비를 뜯어내 딱 전시 이틀하고 주는 상이 무슨 권위가 있겠느냐"며 "솔비가 시상시에 출품한 작품 역시 해외 작품을 베낀 것으로 보인다"고 말해 논란을 빚었다.

이에 대해 솔비의 소속사 측은 12월 10일 언론 매체를 통해 "국제아트페어(FIABCN)와 연계된 PIAB는 2011년 가우디의 걸작인 카사 바트요에서 시작해 2021년 전시까지 10년이 된 현지에선 권위 있는 예술 행사"라고 밝혔다.

그러면서 "한국에서도 상을 받으려면 참가비를 내고 경합하며, 어떤 아트페어든 그곳에 참여하기 위해선 부스비를 낸다"며 "솔비의 경우 해외에서 초청을 받았고 참가비는 내지 않았다. 상을 받은 것은 작품성을 인정받은 것이다. 어떤 아트페어든 한 도시의 이름을 걸고 진행하는 것은 그 규모가 입증된 것"이라고 강조했다.

➕ '아트테이너' 국내외 곳곳서 활약

그림을 그리는 엔터테이너를 뜻하는 '아트테이너'의 세계가 진화하고 있다. 단순한 취미활동을 넘어 전문 작가로서 독창적인 작품 세계를 펼치거나 실력을 인정받고 있다. 가수 솔비는 12월 4일 스페인에서 열린 '2021 바르셀로나 국제 예술상'(PIAB)에서 대상인 그랜드 아티스트 어워드를 수상했다. 이 밖에도 웹드라마

'유 레이즈 미 업', 예능프로그램 '구해줘 홈즈' 등을 통해 이름을 알린 배우 박기웅은 11월 28일 열린 제25회 관악현대미술대전에서 처음 출품한 '불꽃의 얼굴'로 특상을 수상했다. 배우 하정우는 2010년 3월 서울에서 첫 개인전 열었고, 2013년 미국 뉴욕 첼시에서도 데뷔전을 치렀다. 지난 10월에는 갤러리 가나부산에서 개인전 '넥스트 룸'을 열고 50여 점의 작품을 전시했다.

종편 10주년,
뉴스 이용점유율 지상파 넘어서

종합편성채널(종편)이 12월 1일로 개국한 지 10년을 맞았다. 2011년 12월 1일 **채널A, MBN, JTBC, TV조선**이 개국할 당시만 해도 얼마 버티지 못할 것이란 관측이 많았지만 이제 종편은 지상파와 구별이 무색할 정도로 뉴스, 예능, 드라마 등 각 분야에서 영향력을 과시하고 있다.

종편 개국 10년에서 가장 두드러지는 점은 뉴스 이용점유율에 있어 종편이 지상파를 넘어섰다는 것이다. 문화체육관광부가 발표하는 '여론집중도 조사'에서 매체별 뉴스 이용점유율을 보면 종편은 2015년부터 지상파를 앞섰고, 시간이 지나면서 격차가 점점 벌어졌다.

종편 뉴스가 이목을 끄는 이유 중 하나로 지상파

보다 상대적으로 정치색을 드러낸다는 점이 꼽힌다. 최진봉 성공회대 신문방송학과 교수는 "종편은 주 시청자로 타깃을 삼고 있는 사람들의 이데올로기적 지향성을 어느 정도 반영하고 있다"고 말했다.

이어 "TV조선이나 채널A는 보수적 성향을 주 타깃으로 하는데, (시청자 입장에서는) 본인의 색깔과 이데올로기적 지향점을 직극적으로 표현해주고, 이를 분석해주는 채널에 모이게 된다"고 설명했다. JTBC의 경우 2013년 세월호 집중 보도, 2016년 국정농단 사태의 '스모킹 건'이 된 최순실 태블릿 PC 보도 등을 통해 진보층의 지지를 얻었다.

➕ 트로트·연애관찰 예능 반복...전략 바꿔야

이제 어느 정도 기반을 갖춘 종편들은 최근 예능, 드라마 제작에서 흥행 공식을 답습하게 된다며 이 프로그램이 '대박'을 터뜨리면 너나없이 비슷한 프로그램을 쏟아 내놔 비판받았다. TV조선은 2019년 대한민국을 트로트 열풍으로 뒤흔든 '미스트롯'으로 시청률 18%를 넘어서면서 인기를 끌자 '미스터트롯', '미스트롯2'를 내놨고, 여기에서 배출된 트로트 스타들이 출연하는 '뽕숭아학당', '사랑의 콜센터', '내 딸하자' 등을 잇달아 선보였다.

채널A는 2017년 연애 관찰 예능 '하트시그널'이 인기를 끌자 시즌 3까지 프로그램을 이어갔고, 2021년 스핀오프 '프렌즈'도 방송했다. JTBC와 MBN 역시 경연 프로그램이 인기를 끌자 각각 '풍류대장', '헬로 트로트' 등 유사한 예능을 편성했다.

심재웅 숙명여대 미디어학부 교수는 "종편 출범 취지에 걸맞게 다양성을 강화할 필요가 있다"며 "그동안은 교양, 다큐멘터리 등이 거의 없었는데 이제는 '살아남기'에서 10년간의 노하우를 바탕으로 시청자들에게 긍정적인 영향을 줄 수 있는 방향으로 전략을 바꿔야 한다"고 조언했다.

**분야별
최신상식**

과학
IT

N번방 방지법 필터링 기술 논란

■ **N번방 방지법**

N번방 방지법은 N번방 성착취물 제작 및 유포 사건의 재발 방지를 위해 발의되어 2020년 4월 29일 국회 본회의를 통과한 법안이다. N번방 방지법에 따라 인터넷 사업자들은 디지털 성범죄물 삭제 등 유통방지 조치. 기술·관리적 조치 의무가 부과됐다. 대상자는 매출액 10억 원 이상 또는 일평균 이용자 10만 명 이상 사업자가 대상이며, 2021년 12월 10일부터 사업자들은 한국전자통신연구원이 개발한 '영상물 제한 조치 관련 기술'에 의해 불법 촬영물로 의심된 정보를 수시로 식별하고 관리·감독해야 한다.

카카오톡·네이버 등 전면 시행

네이버·카카오 등 인터넷기업이 이용자가 동영상을 올리기 전 불법촬영물 여부를 확인하고 걸러내도록 하는 '■N번방 방지법'(전기통신사업법 및 정보통신망법 개정안)의 후속 조치가 12월 10일 세계 최초로 시행됐다. 그러나 업계에선 정부가 불법촬영물 식별기술에 대한 실증을 충분히 진행하지 않아 법 시행 시 서비스 오류가 잇따를 수 있다고 우려한다.

N번방 방지법에 따라 카카오는 오픈채팅 그룹채팅방에 불법촬영물 등 유통방지 및 이용자 보호를 위한 기술적·관리적 조치를 적용했다. 불특정 다수가 모인 **오픈채팅방에서 이용자가 움직이는 이미지나 동영상, 압축파일을 보내려고 하면 이를 정부가 개발한 필터링 기술로 불법촬영물인지 확인한 후 전송을 제한**하겠다는 것이다.

N번방 방지법이 시행되면서 구글·메타(전 페이스북)·트위터 등 8개 해외 인터넷 사업자와 국내 포털·SNS·인터넷개인방송 등 87개 사업자는 이런 기술적 조처를 해야 한다. 그러나 정부의 기술적 조처가 해외 메신저를 필터링할 방법이 없어, 사실상 사전 검열만 강화됐다는 비판이 나왔다.

실효성 논란

과학기술정보통신부와 한국전자통신연구원(ETRI)은 지난 8월 불법촬영물을 걸러내는 표준 필터링 기술을 개발했다. 딥러닝 기반으로 영상물이 특성값(DNA)을 추출한 뒤 디지털 성범죄 성착취물을 모은 '공유 DNA DB'와 비교해 불법촬영물 여부를 식별하는 기술이다.

문제는 해당 기술이 지난 8월에야 개발돼 실제 대규모 인터넷 서비스에 안정적으로 적용 가능한지 충분한 테스트를 거치지 않았다는 점이다. 실제로 N번방 방지법이 시행된 첫날 "고양이 동영상을 공유했더니 검토 문구가 떴다"는 게시물이 올라와 논란이 가속화됐다.

조치의 대상 범위도 논란이다. 정부에선 '사적 검열'이란 비난을 피하기 위해 조치 대상을 '일반에게 공개되고 유통된 정보'로 제한했다. 이로 인해 **정작 N번방 사건 때 불법촬영물이 퍼졌던 텔레그램은 이번 조치 대상에서 빠졌다.** 텔레그램은 비공개로 운영되는 대표적인 SNS다.

일각에선 '**■넷플릭스법**' 제재를 우려하기도 한다. 과기정통부는 구글·메타·넷플릭스·네이버·카카오·웨이브 등 6개 사업자에 서비스 안정성 확보 의무를 부여하고, 이를 어길 시 시정명령 및 과태료를 부과한다. 이 경우 정부가 개발한 불법촬영물 필터링 기술 오류로 서비스 장애가 발생했는데도 심각한 제재를 받을 수 있다.

■ 넷플릭스법
넷플릭스법이란 서비스 안정성을 확보하기 위해 2020년 12월 10일부터 시행된 부가통신사업자에 통신서비스 품질 유지 의무를 부과하는 내용을 담은 전기통신사업법 개정안 시행령을 말한다. 과도한 트래픽을 유발하는 넷플릭스, 페이스북 등 글로벌 IT기업들이 한국 이동통신망에 무임승차한다는 논란이 확산되면서 마련됐다.
넷플릭스법에 따르면 직전년도 3개월간 국내 일평균 이용자 100만 명 이상과 동시에 국내 일평균 트래픽 양이 국내 총량의 1% 이상인 부가통신사업자가 대상이다. 넷플릭스, 구글, 페이스북, 네이버, 카카오, 웨이브 등 6개사가 해당된다.

시험 TIP 2001년 ㅅ토리Ọㅅ 필기시험에서 넷플릭스법을 묻는 문제가 출제됐다.

POINT 세 줄 요약

❶ 'N번방 방지법'의 후속 조치가 12월 10일 세계 최초로 시행됐다.
❷ 정부가 지난 8월 불법촬영물을 걸러내는 표준 필터링 기술을 개발했지만, 충분한 테스트를 거치지 않아 졸속 논란이 됐다.
❸ N번방 사건 때 불법촬영물이 퍼졌던 텔레그램은 이번 조치 대상에서 빠졌다.

삼성 美반도체 공장, 텍사스주 테일러시로 확정

▲ 삼성전자 텍사스 오스틴 반도체 공장

삼성전자가 미국 내 신규 파운드리 반도체 생산라인 건설 부지로 텍사스주 테일러시를 최종 선정했다고 11월 24일 밝혔다. 삼성전자는 11월 23일(현지시각) 미국 텍사스 주지사 관저에서 김기남 삼성전자 대표이사 부회장, 그렉 애벗 텍사스 주지사, 존 코닌 상원의원 등 관계자들이 참가한 가운데 기자회견을 갖고, 이 같은 사실을 발표했다.

테일러시에 세워지는 신규 라인은 오는 2022년 상반기에 착공해 2024년 하반기 목표로 가동될 예정이다. 건설·설비 등 예상 투자 규모는 약 170억달러(약 20조원)로, 삼성전자의 미국 투자 중 역대 최대 규모이다.

테일러시를 최종 부지로 결정하는 데 **미국 내 첫 번째 파운드리 공장인 오스틴**과의 ▲시너지 ▲반도체 생태계와 인프라 공급 안정성 ▲지방 정부와의 협력 ▲지역사회 발전 등 여러 측면을 종합적으로 고려했다는 것이 삼성전자 설명이다.

삼성전자 관계자는 "테일러시에 마련되는 약 150만

평의 신규 부지는 오스틴 사업장과 불과 25km 떨어진 곳에 위치해 기존 사업장 인근의 인프라를 그대로 활용할 수 있으며, 용수와 전력 등 반도체 생산라인 운영에 필요한 인프라도 우수하다"고 밝혔다.

이번 신규 라인에는 첨단 파운드리 공정이 적용돼 ▲5G ▲**고성능 컴퓨팅(HPC)** ▲AI(인공지능) 등 다양한 분야의 첨단 시스템 반도체가 생산될 예정이다. 삼성전자는 전 세계 시스템 반도체 고객에게 첨단 미세공정 서비스를 보다 원활하게 제공할 수 있게 될 것으로 기대된다고 밝혔다.

테일러시에 들어서는 신규 라인은 2022년 하반기에 완공되는 평택 3라인과 함께 삼성전자의 '시스템반도체 비전 2030' 달성을 위한 핵심 생산 기지 역할을 할 전망이다.

김기남 부회장은 "2021년은 삼성전자 반도체가 미국에 진출한 지 25주년이 되는 해로, 이번 테일러시 신규 반도체 라인 투자 확정은 새로운 미래를 준비하는 초석이 될 것"이라며 "신규 라인을 통해 글로벌 반도체 공급망 안정화는 물론, 일자리 창출, 인재양성 등 지역사회의 발전에도 기여할 것"이라고 밝혔다.

■ **고성능 컴퓨팅 (HPC, High Performance Computing)**
고성능 컴퓨팅이란 컴퓨팅 파워를 이용하여 고도로 복잡한 문제를 해결하거나 비즈니스 크리티컬 분석 작업을 수행. 연산 집약형 작업 부하 처리 등 복잡한 작업을 더욱 빠르고 효율적으로 수행하는 것을 말한다.
고성능 컴퓨팅은 실제 테스트 대신 가상 시뮬레이션을 생성해 특정 상황을 테스트 할 수 있으며, 빠른 계산·응답 속도를 갖춰 대규모 계산에 필요한 비용을 줄일 수 있다. 주로 과학기술 연구에 활용되었으나 점차 제조업, 물류·유통, IT서비스 등 전 산업으로 확대되고 있다.

■ 삼성전자 국내외 반도체 공장 현황 (자료 : 삼성전자)

지역		설립 시기	주요 생산
국내	기흥캠퍼스	1983년	시스템LSI·파운드리·LED
	온양/천안캠퍼스	1990년	조립·검사·패키지 개발
	화성캠퍼스	1999년	메모리·시스템LSI
	평택캠퍼스	2015년	메모리·시스템LSI
미국	오스틴캠퍼스	1996년	파운드리
	테일러시	기가 설립 예정	파운드리
중국	시안캠퍼스	기가 설립	낸드 플래시 메모리

증가 속도와 초도물량 소진 시점 등을 고려해 연내 추가 발주가 지속될 예정이라고 설명했다.

나머지 47개 국가들과는 수출 협상에 속도를 높이고 있다. 이르면 2021년 안으로 초도물량이 공급될 예정이다. 유럽과 아시아, 중남미, 중동, 오세아니아 등에 속한 국가이며 이들 외에도 렉키로나 공급에 대한 문의가 이어지고 있다고 한다. 수출 확대가 기대되는 상황이다.

셀트리온헬스케어는 **대규모 글로벌 임상을 통해 유럽 규제 기관으로부터 안전성과 유효성을 입증받은 첫 코로나19 항체치료제**라는 점을 마케팅 포인트로 내세워 협상을 진행 중이라고 한다. 국내 실제 처방에 따른 축적된 데이터와 최근 정부의 확대 사용 권고 등도 글로벌 시장에서 경쟁력 확보에 긍정적으로 작용하고 있다고 전했다. 국내외 경우 11월 25일 기준 134개 병원에서 환자 2만5209명에게 투여됐다.

질병관리청은 렉키로나 공급 대상을 생활치료센터와 요양병원 내 경증 및 중등증 환자까지 확대한다고 발표했다. 투여 대상이 확대된 만큼 치료 효능과 안전성을 입증할 수 있는 데이터가 지속적으로 쌓여 의약품 신뢰도가 높아질 것으로 기대하고 있다.

셀트리온헬스케어
"유럽 9개국에 렉키로나 공급"

▲ 코로나19 항체치료제 렉키로나 (자료 : 셀트리온)

셀트리온헬스케어는 유럽 9개 국가와 코로나19 항체치료제 '■**렉키로나주**(성분명 레그단비맙)' 공급 계약을 체결했다고 11월 30일 밝혔다. 이와 함께 현재 47개 국가와 수출 협의를 진행 중이라고 전했다.

이번 유럽 공급 초도물량은 5만 명 투여분에 해당하는 15만바이알(vial) 규모로 연내 출하될 계획이라고 한다. 또한 해당 국가 코로나19 확진자

■ 렉키로나주 (Regkirona注)

렉키로나주는 셀트리온이 개발한 국내 최초 코로나19 치료제다. 렉키로나주는 2021년 2월 5일 국내 조건부 허가가 결정된 데 이어 9월 17일에는 정식 품목허가와 투약 가능한 환자 범위를 확대하는 내용으로 변경허가가 이뤄졌다. 2021년 2월 렉키로나주의 국내 조건부 허가가 이뤄지면서 미국의 일라이릴리와 리제네론의 치료제에 이어 세 번째로 정식 허가받은 항체치료제가 됐다. 렉키로나주의 사용 범위는 기저질

환을 가진 경증에서 중등증 성인(18세 이상) 환자에 한정되며, 일반적인 경증 환자는 사용 대상에 해당되지 않는다.

프롭테크 육성 위해
부동산 빅데이터 개방한다

정부가 '■프롭테크' 등 부동산 서비스 신업을 키우기 위해 부동산 관련 공공데이터 개방을 확대하고 창업기업 지원에 나선다. 국토교통부는 11월 29일 정부세종청사에서 이런 내용을 뼈대로 한 '부동산신산업 육성방안'을 내놓고 학계·업계·관계기관 등과 이행방안을 논의했다고 11월 30일 밝혔다.

정부는 2018년 '부동산서비스산업 진흥법'을 제정해 부동산 산업 육성을 위한 제도적 기반을 다졌고, 2020년 12월에는 부동산서비스산업 진흥 기본계획(2021~2025)을 세워 중장기 계획을 마련했다.

이번에 발표한 육성방안은 기술 발전과 부동산 투자에 대한 관심 증가로 부상한 프롭테크 등 새로운 부동산 서비스가 안정적으로 성장할 수 있도록 추진 방안을 마련한 것이다.

정부는 먼저 **프롭테크 서비스의 근간이 되는 부동산 관련 공공데이터 개방을 확대**하기로 했다. 공공이 생산·관리하는 방대한 양의 데이터를 민간에 개방해 양질의 부동산 데이터 생태계를 조성하기 위한 것이다. 이를 위해 업계의 수요가 높은 도시계획 정보와 건축물대장, 업무용 실거래가 등의 정보는 물론 아직 개방되지 않은 아파트 단지 식별 정보와 공장·창고·운수시설 실거래가 등의 데이터를 단계별로 개방한다.

또한 '부동산 빅데이터 플랫폼'을 구축해 천개 공공과 민간 등 다양한 기관에서 생산하는 주택·토지 관련 정보를 효과적으로 관리하고 활용할 수 있도록 지원한다. 아울러 민산이 수집한 부동산 정보를 사고파는 '데이터거래소'를 설립해 품질 높은 데이터 유통을 지원한다.

이와 함께 사용률이 저조한 부동산 전자계약의 법적 근거를 마련하고, 공공주택계약, 이주 대책, 대토 보상 등 공공이 주체가 돼 체결하는 계약부터 전자계약 의무화를 추진한다. 전자계약이 의무화되면 부동산 계약 관련 정보를 즉시 데이터로 확보할 수 있는 기반이 된다.

김형석 국토부 토지정책관은 "프롭테크의 성장 발판을 마련해 국민들이 양질의 부동산 서비스를 받을 수 있도록 지원하고, 신산업이 기존 부동산 산업과 발전적인 관계를 유지하도록 조정하고 관리하는 역할에 충실하겠다"고 말했다.

■ 프롭테크 (proptech)
프롭테크는 부동산 자산(property)과 기술(technology)의 합성어다. 인공지능(AI), 빅데이터, 블록체인 등 첨단 정보기술(IT)을 결합한 부동산 서비스를 말한다. 부동산 중개, 사이버 모델하우스 같은 3차원(3D) 공간설계, 부동산 크라우드펀딩, 사물인터넷(IoT) 기반의 건물관리 등이 프롭테크에 해당한다.

기출TIP 2019년 서울경제 필기시험에서 프롭테크를 묻는 문제가 출제됐다.

기계연, 이산화탄소를 친환경 합성연료로 바꾼다

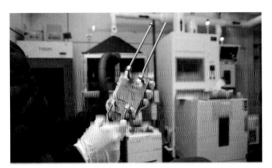

▲ 기계연 연구팀이 개발한 마이크로채널 반응기 시작품 (자료 : 한국기계연구원)

과학기술정보통신부 산하 한국기계연구원이 이산화탄소(CO2)를 친환경 합성연료[**이퓨얼(e-Fuel)**]로 바꾸는 마이크로채널 반응기 개발에 성공했다고 12월 7일 발표했다. **화석연료 사용으로 발생한 이산화탄소 문제를 해결하고, 재생에너지의 잉여전력도 활용할 수 있는 친환경 탄소중립 기술**이 될 것으로 기대된다.

기계연 에너지기계연구본부 연구팀은 이산화탄소와 신재생에너지 발전 잉여전력으로 만든 수소를 반응시켜 합성연료를 만드는 마이크로채널 반응기를 개발했다. 이 반응기는 하루에 30kg 수준의 이산화탄소를 처리해 합성연료로 만들 수 있다. 이렇게 만든 합성연료는 차량, 선박의 연료로 쓸 수 있으며 대용량으로 저장해 필요할 때 쓸 수 있다.

또한 작은 용량에도 불구하고 효율이 뛰어나 탄소 전환 공정이 필요한 곳이라면 어디든 소규모 탄소전환 시스템을 구축할 수 있다. 최근 주목받고 있는 분산형 재생에너지 시스템에도 적합

하다. 특히 신재생에너지 발전시스템이나 선박 등 이산화탄소 배출원에 밀접하게 설치할 수 있어 이산화탄소를 운송하는 데 드는 추가 비용 없이 청정 합성연료를 생산할 수 있다는 점도 장점이다.

■ 이퓨얼 (e-Fuel)

이퓨얼이란 전기 기반 연료(electricity-based Fuel)의 약자고, 물을 전기 분해에 얻은 수소를 이산화탄소나 질소 등과 결합해 만드는 것서 연료다. 신세가스 배출이 줄어지 최근 친세계적 대응이 본격화하면서 주목받고 있다.

➕ 2050 탄소중립 추진전략

2050 탄소중립 추진전략은 탄소중립 시대에 능동적으로 대응하기 위해 정부가 관계부처 합동으로 2020년 12월 7일 발표한 방안이다. 탄소중립이란 개인·회사·단체 등에서 배출한 이산화탄소 등 온실가스의 배출량을 제로(0)로 만들겠다는 것으로, 2016년 발효된 파리협정 이후 전 세계의 화두가 됐다.

우리 정부가 발표한 2050 탄소중립 추진전략은 '경제구조의 저탄소화', '신유망 저탄소 산업 생태계 조성', '탄소중립 사회로의 공정전환' 등 3대 정책방향에 '탄소중립 제도적 기반 강화'를 더한 '3+1' 전략으로 구성돼 있다.

최악의 인터넷 보안 위기...
로그4j 공포 전 세계 발칵

 과학기술정보통신부

과학기술정보통신부는 12월 12일 '아파치 로그4j 2(Apache Log4j 2)' 서비스에 대한 보안취약점이 발

견됐다며 긴급 보안 업데이트를 권고했다. 인터넷 서버용 소프트웨어인 로그4j는 **기업 홈페이지 등 인터넷 서비스 운영·관리 목적의 로그 기록을 남기기 위해 사용하는 프로그램**이다.

정부와 업계에 따르면 12월 10일 아파치 재단이 개발한 자바 기반 오픈소스 로깅 라이브러리인 로그4j에서 치명적인 보안 취약점이 발견됐다. 로그4j는 무료로 제공되는 서비스여서 아마존, 애플, 트위터 등 세계 주요 기업이 서버 관리를 위해 사용하고 있다.

이 로그4j에서 해커가 취약점을 통해 악성코드 등을 심는 방식으로 목표 대상 컴퓨터에 침투할 수 있는데 최악의 경우 기업 서버가 완전히 마비될 수 있다. 외신은 "지난 10년간 가장 치명적이고 거대한 취약점"이라고 경고했다.

과기부는 관련 취약점을 공격자가 악용할 경우 악성코드 감염 등의 피해를 발생 시킬 수 있으므로 '보호나라(https://boho.or.kr) 보안공지'에 따라 긴급하게 보안조치를 해줄 것을 당부했다. 아파치 재단은 12월 6일 해당 취약점을 해결한 보안 업데이트를 발표했고 이용자는 신속한 업데이트가 필요하다.

정보보호 공시 의무화

한편, 과학기술정보통신부는 **정보보호 투자 활성화 및 이용자 보호를 위해 정보보호 공시 의무화 등의 제도를 담은 정보보호산업법 시행령 개정안**이 지난 12월 7일 국무회의를 통과해 12월 9일 시행한다고 밝혔다.

개정안에 따르면 정보보호 공시 의무대상 기준은 ▲**정보보호최고책임자**(CISO, Chief Information Security Officer) 지정·신고 상장법인 중 전년도 매출액 3000억원 이상 기업 ▲정보통신서비스 일일평균 이용자 수 100만 명 이상(전년도말 직전 3개월간) 기업 ▲회선설비 보유 기간통신사업자 ▲집적정보통신시설 사업자 ▲상급종합병원 ▲클라우드컴퓨팅 서비스제공자 등이다.

삼성전자, LG전자, 네이버, 카카오 등 웬만한 IT 대기업은 규제를 받게 될 전망이다. 단 공공기관, 소기업, 금융회사, 정보통신업 또는 도·소매업을 주된 업종으로 하지 않는 전자금융업자는 의무 대상에서 제외했다. 정보보호 공시 이행 기한은 매해 6월 30일까지다. 이때까지 기업별 정보보호 공시자료를 제출하도록 규정했다.

▮ **정보보호 공시 의무대상 기준**

구분	내용
사업	회선설비 보유 기간통신사업자
	집적정보통신시설 사업자
	상급종합병원
	클라우드컴퓨팅 서비스제공자
매출액	정보보호 최고책임자 지정·신고 상장법인 중 매출액 3000억원 이상
이용자 수	정보통신서비스 일일평균 이용자 수 100만 명 이상

삼성바이오로직스, 국제표준 품질경영시스템 ISO 9001 인증

삼성바이오로직스가 글로벌 인증기관 영국표준협회(BSI)의 국제 품질경영시스템 표준 인증

■ ISO 9001
ISO 9001은 국제표준화기구(ISO)가 제정한 모든 산업 분야 및 활동에 적용할 수 있는 품질경영시스템의 요구사항을 규정한 국제표준이다. 제품 또는 서비스의 실현 시스템이 규정된 요구사항을 충족하고 이를 유효하게 운영하고 있음을 제3자가 객관적으로 인증해 구매자와 조직에게 신뢰감을 제공하게 된다.
국가 간 품질시스템의 요구 사항이 각기 달라 국제적인 공통 품질경영시스템 규격 개발의 필요성이 커지자 ISO가 ISO ....

ISO 9001을 **획득했다.** .... 미...... 위탁개발·생산회사로서 고객 신뢰도를 높이게 됐다. ISO 9001 품질경영시스템은 국제표준화기구(ISO)가 제정한 규격이다. 심사에선 제품과 서비스에 이르는 전 과정의 품질경영시스템이 국제표준 요구사항을 만족하는지 엄격히 평가된다.

삼성바이오로직스는 지난 12월 7일 인천 송도 본사에서 품질경영시스템 ISO 9001 수여식을 개최했다고 밝혔다. 인증 심사 결과 삼성바이오로직스는 6개월 만에 1~3공장 전 공장을 비롯해 위탁생산(CMO), 위탁개발(CDO) 등 전 사업부문에서 무결점 통과 기록을 세웠다.

특히 '기업 품질 통합 시스템(EQUIS, Enterprise Quality Unified Information System)'을 운영해 생산 과정에서 발생하는 많은 양의 데이터를 **우수 의약품 제조 품질관리기준**(cGMP)에 맞춰 디지털화하고 고객사와 투명하게 공유한다는 점에서 높은 평가를 받았다.

삼성바이오로직스는 BSI로부터 ▲ISO 22301 BCMS ▲ISO 45001 안전보건시스템 ▲ISO 14001 환경경영시스템 ▲ISO 50001 에너지경영시스템 등 4건의 인증도 획득했다.

식약처, 고혈압 치료제 '로사르탄' 회수 조치

고혈압 치료제로 사용되는 **로사르탄** 성분 의약품 중 아지도(Azido : 아자이드 계열 물질) 불순물이 1일 섭취 허용량을 넘어선 295개 품목에 대해 회수 조치가 이뤄졌다.

12월 7일 식품의약품안전처에 따르면 로사르탄 성분 함유 의약품 중 아지도 불순물에 대한 안전성 조사 결과 시중 유통 중인 306개 품목 중에서 (99개사) 1일 섭취 허용량을 초과해 검출되거나 초과 검출이 우려되는 제품은 295개 품목(98개사)이었다.

식약처는 의약품 분야 국제 가이드라인(ICH M7)을 적용해 로사르탄 아지도 불순물 1일 섭취 허용량을 1.5㎍/일로 설정했다.

안전성 조사 결과 해당 의약품들이 1일 섭취 허용량(1.5㎍/일)을 초과(1.7~88.7㎍/일)했으나 인체 위해 우려는 매우 낮은 수준임을 확인했다고 설명했다.

로사르탄 회수 혼란

해당 의약품을 제조한 일부 제약사들은 자발적인 회수에 나서고 있지만, 실제 회수 업무를 담당하는 의약품유통업계는 개별 제약사들이 다른 기준을 적용하고 있어 이러지도 저러지도 못하는 상황에 처했다.

의약품유통업계 측은 "의약품 회수에 대한 1차적인 책임은 제조사인 제약회사에게 있다"라며 "로사르탄 사태가 불거진 이후 의약품 회수에 대한 기준안을 마련해 제약사들에게 공문을 보냈으나 자체 회수 의사를 표한 일부 기업을 제외하곤 가타부타 말이 없는 상태라 회수를 진행할 수 없는 상황"이라고 밝혔다.

유통업계가 '진퇴양난'에 빠진 이유는 지난 2019년에 발생한 발사르탄 불순물 사태 때 '호된 경험'을 했기 때문이라고 해석하고 있다. 지난 발사르탄 사태 때 대규모 의약품 회수 과정에서 발생한 비용을 일방적으로 의약품유통업계가 부담했다.

의약품유통업계 측은 "이번 사태는 무작정 의약품 회수를 거부하거나 부당한 요구를 하는 것이 아니라 필요한 절차에 따른 비용을 청구하는 것일 뿐이다"라고 덧붙였다.

■ **로사르탄 (losartan)**

로사르탄은 고혈압 치료에 주로 사용되는 약물로 다른 혈압약과 함께 사용될 수 있다. 일반적인 부작용으로는 근경축, 코막힘, 고칼륨혈증이 포함된다. 심각한 부작용으로는 혈관부종, 저혈압, 신부전이 포함될 수 있다. 로사르탄은 1986년 특허를 받았으며 1995년 미국에서 의학용으로 승인되었다. 의료제도에 필수적인 가장 효과적이고 안전한 의약품 목록인 WHO(세계보건기구) 필수 의약품 목록에 등재되어 있다.

➕ 2018년 발사르탄 사태

발사르탄은 혈관 확장과 동시에 체내 수분량을 감소시켜 혈압을 낮추는 작용을 하는 고혈압 약이다. 2018년 중국산 발사르탄 원료의약품에서 발암물질로 작용할 가능성이 있는 NDMA이라는 불순물이 확인돼, 정부가 76개 제약사의 174품목에 판매중지 처분한 사건이 발생했다. 해당 사건은 제네릭(복제약)의 난립과 높은 제네릭 가격 정책, 원료의약품 품질 관리 제도의 미비로 발생했다. 국내 제네릭 의약품은 허가 전 높은 순도의 고가 원료를 사용하지만, 허가 후에는 품질 보장이 어려운 제3국의 저가 원료로 변경하는 경우가 있기에, 이 발사르탄 사태는 원료의약품의 원료선 변경에 대한 관리 감독이 강화되어야 함에 화두를 던졌다.

펄어비스,
한국관광공사와 업무협약 체결

'검은사막', '도깨비'로 유명한 게임사 펄어비스가 한국관광공사와 '게임 한류의 확산 및 한류관광 활성화 협력' 업무 협약(MOU)을 12월 7일 체결했다. 이번 협약을 통해 한국 관광 홍보를 위한 새로운 플랫폼으로 게임의 적극 활용이 기대된다.

메타버스, ■NFT 사업에 진출할 기대주로 꼽히는

▲ 펄어비스의 '도깨비' (DokeV 유튜브 캡처)

펄어비스가 개발 중이 시사 '도깨비'는 도깨비란 것이 띠나는 모념을 주목한 세세복으로 쑥어낸 도깨비 수십 오픈월드 액션 어드벤처 게임이다.

현실과 가상공간을 넘나드는 화려한 오픈월드와 K팝 음악 '락스타(ROCKSTAR)', 한옥, 솟대, 돌담, 해태상, 전통놀이, 국내 명소 등 한국적인 요소를 담은 것이 게임의 특징이다.

김경민 펄어비스 CBO(최고사업책임자)는 "도깨비는 차세대 게임엔진으로 구현한 고퀄리티 그래픽과 높은 수준의 자유도로 메타버스 세계를 경험할 수 있도록 개발하고 있다. 한국관광공사와 함께 게임 한류의 확산과 관광 활성화를 위해 다양한 협업을 추진하겠다"고 말했다.

도깨비 뮤직비디오 화제
펄어비스는 12월 10일 북미 게임 행사 '더 게임 어워드(TGA)'에서 도깨비 공식 주제가 '락스타' 뮤직비디오를 공개했다. 공개 이후 누리꾼들의 호평을 받으며 메타버스 콘텐츠로써 가능성을 제시했다는 평가다.

이번 뮤직비디오는 주인공과 친구들이 락스타 음악에 맞춰 안무를 연습하고 실제 공연 무대에 서기까지 과정을 연출했다. 특히 경복궁 근정전과 경회루, 남대문 등 한국의 역사적 명소를 뽐냈다.

여기에 생활문화 업체와의 협업도 진행 중이다. 펄어비스는 최근 CJ와 제휴를 맺고 CGV 영화관, 올리브영 스토어, 케이팝 음악시상식 MAMA 무대 등 현실 세계의 다양한 장소를 '도깨비' 뮤직비디오에 표현했다.

■ NFT (Non fungible Token)
NFT란 '대체 불가능한 토큰'이라는 뜻으로 블록체인의 토큰을 다른 토큰으로 대체하는 것이 불가능한 가상자산을 말한다. 이는 자산 소유권을 명확히 함으로써 게임·예술품·부동산 등의 기존 자산을 디지털 토큰화하는 수단이다. NFT는 블록체인을 기반으로 하고 있어 소유권과 판매 이력 등의 관련 정보가 모두 블록체인에 저장되며, 따라서 최초 발행자를 언제든 확인할 수 있어 위조 등이 불가능하다. 또 기존 암호화폐 등의 가상자산이 발행처에 따라 균등한 조건을 가지고 있는 반면 NFT는 별도의 고유한 인식 값을 담고 있어 서로 교환할 수 없다는 특성을 갖고 있다.

> ### ➕ NFT에 빠진 게임시장
> 국내 게임업계에 대체불가능토큰(NFT) 사업 진출이 잇따르고 있다. NFT는 메타버스, P2E(Play to Earn)와 함께 대표적인 신사업으로 급부상하고 있다.
> 국내 게임업계에서 NFT 시장에 가장 적극적인 곳은 위메이드다. 위메이드는 블록체인이 적용된 모바일 다중접속역할수행게임(MMORPG) '미르4' 글로벌 버전을 지난 8월 글로벌 170여 개국에 출시했다. 위메이드는 '미르4' 글로벌에 NFT를 적용하고, NFT 거래소도 2022년 오픈할 계획이다.
> 게임업체들은 블록체인 기술을 통해 현실과 가상세계를 잇는 '메타버스' 세계를 구축하고, 그 속에서 놀면서 돈 버는 'P2E' 구조를 만든다는 전략이다. 이 과정에 유저가 획득하는 게임 아이템에 'NFT'를 통해 희소성을 부여해 가치를 더해줄 것으로 기대된다.

분야별
최신상식

스포츠
엔터

메시, 역대 최다 7번째
발롱도르 수상

■ **발롱도르 (Ballon d'or)**
발롱도르는 매년 세계에서 한 해 최고 활약을 펼친 축구 선수에게 수여하는 상이다. 프랑스의 축구 전문지인 '프랑스 풋볼'이 주관하는 권위 있는 축구상이다. 2021년 65회째를 맞았다. 주로 전 세계 최고가 모이는 유럽 빅리그(프리미어리그·세리에A·라리가·분데스리가)에서 활약하는 선수들이 대상이다.

기출TIP 2019년 TV조선 필기시험에서 발롱도르를 묻는 문제가 출제됐다.

'축구의 신' 리오넬 메시(사진)가 개인 통산 7번째 ■**발롱도르**를 수상했다. 메시는 11월 30일(한국시간) 프랑스 파리에서 열린 2021 발롱도르 시상식에서 남자 선수 부문 트로피를 받았다. 2019년도에 이어 2년 연속 수상이다. 2020년 발롱도르는 코로나19 팬데믹 사태로 1956년 제정 이후 처음으로 취소됐다.

축구계 최고의 권위와 명예로 일컬어지는 **발롱도르는 한해 최고의 활약을 펼친 축구 선수 단 한 명에게 수여되는 트로피**다. 메시는 기자단 투표에서 613점을 받아 580점을 받은 바이에른 뮌헨 공격수 로베르트 레반도프스키를 제쳤다. 메시는 개인 통산 일곱 번째 수상(2009~2012년, 2015·2019·2021년)과 함께 역대 최다 수상 기록을 이어갔다. 크리스티아누 호날두(5회)와 격차도 벌어졌다.

이번 발롱도르의 열쇠는 **코파 아메리카 우승**이었다. 메시는 2021년 아르헨티나 대표팀에서 코파 아메리카 정상에 오르며 유일한 흠이었던 '메이저 대회 무관' 징크스를 날렸다. 메시는 대회에서 매 경기 활약해 득점왕, 도움왕, MVP까지 휩쓸었다.

레반도프스키 아쉬운 2위

메시의 수상 자격은 충분했으나 많은 이들은 레반도프스키가 2위를 차지한 것에 아쉬워했다. 지난 2~3년의 활약상을 보면 레반도프스키가 일군 성과가 경쟁자들을 압도한다는 평가가 많았다. 레반도프스키는 지난 시즌 41골을 넣어 게르트 뮐러의 분데스리가 한 시즌 최다 골 기록(40골·1971~1972시즌)도 49년 만에 경신했다.

2021년 뮌헨에서 모든 대회를 통틀어 53골을 넣은 레반도프스키는 새로 제정된 올해의 스트라이커상을 받으며 그나마 아쉬움을 덜어냈다. 유로 2020에서 신들린 활약을 펼쳐 이탈리아 우승에 기여한 골키퍼 잔루이지 돈나룸마(PSG)는 야신상을 받았다. 21세 이하 최우수 선수에게 주는 코파상은 바르셀로나와 스페인 대표팀에서 활약한 미드필더 페드리가 받았다. **2020~21시즌 ▪UEFA 챔피언스리그 우승을 차지한 첼시**는 올해의 클럽으로 선정됐다. 여자 발롱도르는 바르셀로나 여자팀의 알렉시아 푸케야스가 수상했다.

맞수 호날두, SNS 설전 벌여

2010년대 메시와 발롱도르를 번갈아 타내면서 맞수 관계를 형성한 호날두는 이번 투표에서 178점을 받아 6위에 그쳐 시상식에 불참했을 뿐 아니라 발롱도르 시상 주체인 파스칼 페레 프랑스풋볼 편집장과 설전을 벌여 논란을 일으켰다. 페레 편집장은 앞서 11월 26일 미국 일간 뉴욕타임스와의 인터뷰에서 "호날두에게는 단 한 가지 야망에 있어, 메시마가 받은 발롱도르를 받고 은퇴하는 것"이라면서 "호날두가 내게 말해 했기에 알고 있다"고 했다.

호날두는 자신의 인스타그램 계정에 올린 글에서 "페레는 거짓말을 했다"고 맹비난했다. 그는 "나의 가장 큰 야망은 우리 팀(맨체스터 유나이티드)과 대표팀(포르투갈)이 국제대회에서 우승하는 것이니, 또 선수들에게 좋은 본보기가 되는 것"이라 했다, 이번 시상식 불참에 대해서는 "코로나19 방역지침에 따른 것"이라고 이유를 냈다.

▪ UEFA 챔피언스리그 (UCL, UEFA Champions League)
UEFA 챔피언스리그(UCL)는 유럽축구연맹(UEFA)이 주관하는 축구 대회로, 유럽 각국에서 우수한 성적을 거둔 클럽들이 모여 유럽 최고의 축구 클럽을 결정하는 대회다. 역대 UCL 최다 우승팀은 레알 마드리드(13회)다.

POINT 세 줄 요약

❶ '축구의 신' 리오넬 메시가 개인 통산 7번째 발롱도르를 수상했다.

❷ 레반도프스키는 2위를 차지했다.

❸ 발롱도르 6위에 그친 호날두는 발롱도르 시상 주체인 프랑스풋볼의 파스칼 페레 편집장과 SNS 설전을 벌였다.

전북, K리그1 최초 5연패·
최다 9번째 우승

▲ K리그를 제패한 전북 현대 모터스 (전북 현대 모터스 홈페이지 캡처)

프로축구 전북 현대가 울산 현대의 마지막 추격을 따돌리고 **K리그1 첫 5연패와 역대 최다 9회 우승의 금자탑**을 쌓았다. 전북(승점 76·22승 10무 6패)은 12월 5일 전주월드컵경기장에서 열린 제주 유나이티드와 하나원큐 K리그1 2021 파이널 A 최종 38라운드에서 후반전 한교원과 송민규의 연속골을 앞세워 2-0으로 승리하며 울산(승점 74·21승 11무 6패)을 승점 2차로 따돌리고 K리그1 챔피언 타이틀을 지켜냈다.

지난 시즌 K리그1 역대 최초 4연패를 달성한 전북은 이번 시즌 우승으로 5연패를 달성, 최강의 지위를 재확인했다. 아울러 역대 최다 9회 (2009년·2011년·2014년·2015년·2017년·2018년·2019년·2020년·2021년) 우승의 위업을 달성했다.

반면, 치열한 우승 경쟁을 펼친 울산은 3년 연속 준우승에 그쳤다. 또 K리그 역대 최다인 통산 10번째 준우승(1988년·1991년·1998년·2002년·2003년·2011년·2013년·2019년·2020년·2021년)을 기록했다.

올 시즌을 앞두고 전북 지휘봉을 잡은 **김상식 감독**은 국내 프로축구 1부 리그 사령탑 데뷔 연도에 팀을 우승으로 이끈 6번째 감독이 됐다. 또 **조광래 대구 사장, 최용수 강원FC 감독에 이어 선수·코치·감독으로 모두 우승을 경험한 3번째 축구인**이 됐다. 이 중 한 팀에서 선수·코치·감독으로 모두 우승해 본 축구인은 최용수 감독과 김상식 감독 둘뿐이다.

한편, 개인 기록 부문에서는 **제주 주민규가 22골을 넣어 2016년 정조국(당시 광주) 이후 5년 만에 국내 선수 득점왕**이 됐다. 도움 부문은 전북 김보경과 수원FC 무릴로가 10개로 같았으나 출전 경기 수가 적은 김보경이 1위에 올랐다. 득점과 어시스트를 더한 공격 포인트 부문에서는 수원FC 라스가 18골, 6도움으로 24점을 기록해 1위에 올랐다.

▪ K리그 (K-league)

K리그란 K리그1 프로축구 12팀과 K리그2 프로축구 11팀이 참여하는 대한민국 프로축구 리그를 말한다. 1983년 '수퍼리그'로 창설되었으며, 2018년부터는 명칭이 K리그 클래식, 챌린지에서 K리그1과 K리그2로 변경됐다. 2021년 K리그1은 전북 현대 모터스가 우승을 차지했다. K리그2에서는 김천 상무가 우승하며 승강제에 따라 K리그1으로 승격했지만, K리그1에서 최하위를 기록한 광주 FC는 K리그2로 강등당했다.

기출TIP 2020년 한국일보 필기시험에서 K리그 구단의 수를 묻는 문제가 출제됐다.

2025 세계양궁대회 광주 개최...
16년 만의 국내 유치

2025년 세계양궁선수권대회가 광주에서 열린다. 이용섭 광주시장은 12월 6일 온라인 브리핑을 하

2019 광주 세계 수영선수권대회 등 메가 스포츠 이벤트를 성공적으로 개최한 경험을 살려 역대 어느 대회보다 성공적으로 치러내겠다"고 말했다.

■ 리커브 (recurve) · 컴파운드 (compound)

리커브는 올림픽에서 일반적으로 볼 수 있는 활로, 활시위를 당기는 것, 조준하는 것 모두 사람의 능력(힘과 시력)만으로 이뤄진다. 올림픽 종목에는 리커브 양궁만 채택돼 있다.
컴파운드는 활시위를 당기는 부분에 도르래가 부착되어 있으며, 활 가운데 부분에는 리커브와 달리 받침대로도 부착할 수 있는 기기 결합되기 있다. 컴파운드 활로는 올림픽 종목에는 채택 되지 않았으나, 세계선수권대회에는 리커브 종목과 컴파운드 종목이 둘 다 채택되어 있으며, 2014년 아시안게임에서도 정식 종목으로 채택되었다.

고 "스위스 루산에서 이쎘밤(3일) 6개 남보나 낮이있다"며 "세계양궁연맹 집행위원회 투표 결과 인구 320만이 세계 스포츠·관광도시 스페인 마드리드를 제치고 압도적 지지로 광주가 2025년 대회를 유치했다"고 말했다.

세계양궁연맹 집행위는 애초 중국 상하이에서 열릴 예정이던 2022 현대 양궁 월드컵도 광주에서 열기로 했다. 세계양궁선수권대회는 국제 양궁대회 중 90여 년 역사를 지닌 가장 권위 있는 대회다. 서 세계 ■리커브와 ■컴파운드 부문 국가별 대표선수가 모두 참가하는 단일종목 중 최대 규모의 대회로 2년마다 열리며, 1985년 서울, 2009년 울산에 이어 국내에서 세 번째로 개최하게 됐다.

광주시는 지난 8월 유치위원회를 출범시켜 올림픽 금메달리스트 6명을 배출하고 국제적 규격과 뛰어난 시설을 갖춘 경기장을 보유하는 등 탄탄한 저변을 홍보했다. 안산, 기보배, 주현정 등 올림픽 금메달리스트들은 홍보 대사로 힘을 보탰다.

광주시는 2025년 7~9월 8일간 대회에 90여 개국 1100여 명 선수와 임원이 참가할 것으로 전망했다. 이 시장은 "2015 광주 하계 유니버시아드,

美, 베이징올림픽 '외교적 보이콧' 공식화

미국 정부가 중국의 인권 탄압을 문제 삼아 베이징 동계올림픽에 대한 외교적 보이콧 방침을 공식화했다. 조 바이든 미국 대통령이 외교적 보이콧 검토 견해를 밝힌 지 18일 만이다. 이날 외교적 보이콧 방침은 바이든 대통령이 12월 9~10일 약 110개국과 함께 '민주주의 정상회의' 개최를 앞두고 발표된 것이다.

젠 사키 백악관 대변인은 12월 6일(현지시간) 브리핑에서 "바이든 정부는 신장에서 중국의 지속적인 종족 학살과 반인도적 범죄, 기타 인권 유린을 감안해 어떤 외교적, 공식적 대표단도 베이징 올림픽과 패럴림픽에 보내지 않을 것"이라고 말했다.

외교적 보이콧이란 선수단을 파견하되 개·폐회식 등 행사 때 정부 사절단을 보내지 않는 것을 말한다. 앞서 미국 의회에서도 중국 신장 지구의 위구르 소수민족 탄압, 홍콩의 인권 탄압 등을 문제 삼아 베이징 올림픽을 보이콧해야 한다는 주장이 제기됐다. 사키 대변인은 중국이 국제 사회의 요구에 부응하기 위해 관련 문제들에 대해 조처해야 한다고 강조했다.

미국 정부가 중국의 인권 탄압을 문제 삼아 베이징 동계올림픽에 대한 외교적 보이콧 방침을 공식화하자 주미 중국 대사관의 류펑위 대변인은 "가식적인 행동"이라며 "성공적인 올림픽 개최에 아무런 영향을 미치지 못할 정치적 조작"이라고 반발했다.

➕ 미중 올림픽 갈등에 고민 깊어진 청와대

미국 정부가 베이징 동계올림픽에 대한 외교적 보이콧을 공식 선언하면서 한국 역시 올림픽에 정부 인사를 파견할지를 두고 고민이 깊어질 것으로 보인다. 미국은 외교적 보이콧 이유로 중국의 인권 탄압이라는 강력한 명분을 내세웠다. 한국을 비롯한 동맹국들도 격화하는 미중의 '가치 갈등' 구도 속에서 선택을 내릴 부담이 커지고 있다는 분석이 나온다. 한편, 2021년 12월 13일 문재인 대통령은 한·호주 공동기자회견에서 "베이징 올림픽 외교적 보이콧을 검토하고 있지 않다"고 대답해 미국의 입장을 달리한다는 점을 밝혔다.

여자배구 IBK 진흙탕 내분 사태... 김사니 감독대행, 결국 사퇴

▲ 자진사퇴한 김사니 IBK 감독대행

여자 프로배구 IBK 기업은행 알토스 구단이 볼썽사나운 내분 사태로 배구 팬들의 눈살을 찌푸리게 했다. IBK는 지난 11월 16일 페퍼저축은행과의 광주 원정 경기가 끝나고 팀의 주전 세터 조송화가 무단으로 팀을 이탈했다. 김사니 코치도 함께 팀을 나갔다.

프로 스포츠에서 선수나 코치가 시즌 중에 부상이나 경조사를 제외하고 직장을 이탈하는 것은 극히 드문 일이다. 이들의 이탈은 서남원 IBK 감독과의 불화가 원인이었다. 팀 내홍과 선수들의 태업 논란까지 치달으면서 IBK는 프로배구 개막 이후 7연패에 빠지며 리그 최하위로 떨어졌다.

구단 측은 반기를 든 선수와 코치 편을 들었다. IBK는 11월 21일 공식 입장문에서 "서남원 감독과 윤재섭 단장을 동시에 경질한다"며 "김사니 코치에게 팀의 정상화를 위해 힘써달라고 당부했으며 조송화에게는 상응하는 조치를 하겠다"고 발표했다.

무단 이탈에 가세해 '감독 흔들기'에 가담했다고 팬들에게 비판받았던 김사니 코치는 11월 23일 감독대행이 돼 나타났고 조송화는 구단의 계약 임의 해지 요청을 거부했다. 김 대행 선임 후 IBK 는 경기력이 월등히 좋아져 그간의 태업 의혹을 더욱 키웠다. **"김사니 코치와 일부 선수가 쿠데타 에 성공했다"**는 뒷말도 나왔다.

김 대행은 이번 사태에 서남원 감독의 투연 배후에 관계에야 될 시기 구 수긍했지만 포인의 구체적 실체를 밝히지 않아 진실게임 양상으로 흘렀다. 도로공사 김종민 감독 등 IBK 이외 5개 팀 감독 들은 배구계의 질서를 흩트린 김 대행과의 악수 를 거부하기로 단체행동에 들어갔다. **초유의 악 수 거부 사태 이후 김 대행은 결국 12월 2일 감독 대행 직을 사진사퇴**하고 팀을 떠나기로 했다.

안태영 코치가 IBK 감독대행을 맡은 가운데 구 단은 팀복을 빨리 수워해 사여 시즌은 정상저으 로 지르겠다고 밝혔다. 그러나 IBK 내분 사태의 중심에 있는 선수들은 여전히 침묵했고 구단도 이들에게 이렇다 할 조치를 취할 의지를 보이지 않아 보여 IBK의 쇄신이 가능할지는 의문이다. '배구 여제' 김연경은 SNS에 "겉은 화려하지만 안 은 썩었다"며 배구계에 일침을 놓았다.

▌ 배구 선수 포지션

포지션		인원*	설명
윙스파이커 (WS, Wing Spiker)	라이트(R, Right side hitter)	1명	주로 오른쪽에서 공격에 치중하는 선수
	레프트(L, Left side hitter)	2명	주로 왼쪽에서 공격에 치중하는 선수. 수비가 좋은 보조 공격수 1명과 공격력이 뛰어난 주 공격수 1명씩 배치
센터(C, Center)		2명	주로 중앙에서 블로킹하면서 중앙 공격인 속공을 하는 선수
세터(S, Setter)		1명	공격수가 스파이크를 할 수 있게 토스를 해주는 선수
리베로(Li)		1명	수비 전문 선수. 팀의 다른 플레이어와 구분하기 위해 축구 골키퍼처럼 다른 색 유니폼을 입음

* 배구는 한 팀에 나서는 주공격과 리베로까지 포함할 경우 1명이 추가돼 7명의 선발 엔트리를 정할 수 있다. 리베로는 선수 교체 제한을 받지 않으며 주로 후위 수비가 약한 센터와 교대한다

2021 틱톡 트렌드 결산... '온오빠', '원정맨' 주목

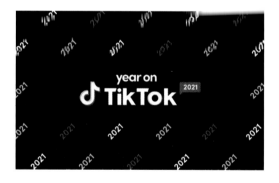

글로벌 숏폼 모바일 비디오 플랫폼 **틱톡(Tik-Tok)**이 2021년 1월부터 10월까지의 영상 데이 터를 분석한 '올해의 틱톡 2021(Year on TikTok 2021)'을 지난 12월 7일 발표했다. 추천피드 픽, 시간순삭, 틱톡 인기스타 등 8개 분야별 인기 영 상을 공개했다.

틱톡 측은 "틱톡은 팔로워 수에 관계없이 추천피 드를 통해 국내뿐 아니라 해외의 사용자들에게 노

출돼 누구나 크리에이터로 발돋움할 기회가 열려 있다"며 2021년 틱톡에서 가장 많은 팔로워를 보유한 계정으로는 방탄소년단(BTS), 블랙핑크 등 유명 연예인들뿐만 아니라 일반인 크리에이터들이 상위권에 올랐다고 말했다.

2021년 틱톡에서는 넷플릭스 '오징어 게임' 속 게임 '무궁화꽃이 피었습니다'를 패러디한 크리에이터 '온오빠'와 해외 인기 영상을 재구성한 '원정맨' 등의 일반인 크리에이터가 주목을 받았다. 특히 원정맨은 세계적인 아이돌 스타 BTS(4440만 명)에 이어 3620만 명의 팔로워를 보유하며 틱톡 인기 스타로 급부상 중이다.

온오빠의 영상은 많은 사용자에게 즐거움을 준 코미디 분야 영상들을 집계한 '시간순삭' 부문에서 화제를 모았다. 제로투, 카디비의 WAP 안무 등을 창의적으로 녹여내며 2억400만 회 이상 조회됐다.

개인의 관심사에 따라 콘텐츠를 추천하는 '추천 피드 픽' 중에서는 크리에이터 원정맨의 영상이 2021년 가장 많이 조회됐다. 틱톡의 이어찍기 기능을 사용해 해외 사용자를 따라 얼굴을 늘리는 원정맨의 영상은 1억5700만 회 이상 클릭됐다.

아울러 2021년 틱톡에서는 요리와 스포츠 카테고리의 약진이 두드러졌다. 요리 카테고리의 대표 해시태그인 #틱톡푸드의 사용량은 2021년 1월 대비 10월까지 약 140배 성장했다. 스포츠 카테고리에서는 도쿄올림픽에서 화제가 된 여자 배구의 영향으로 배구 영상이 인기를 얻었으며 다양한 분야의 운동선수들이 틱톡을 통해 팬들과 일상 및 운동 영상을 공유했다.

■ 틱톡 (TikTok)

틱톡은 짧은 음악, 립싱크, 댄스, 코미디, 탤런트, 챌린지와 같은 3초에서 7분 정도의 영상을 제작 및 공유할 수 있는 동영상 공유 소셜 네트워크 서비스이다. 2017년 5월 중국 바이트댄스가 서비스를 시작한 틱톡은 '댄스 챌린지' 열풍 속에 15초짜리 쇼트폼 동영상 유행을 주도했다. 2018년 초에 세계에서 가장 많이 다운로드된 앱으로 선정됐고, 출시 4년 만인 2021년 9월 글로벌 월간사용자수(MAU) 10억 명을 돌파했다. 사용자는 18~35세가 가장 많은 비중을 차지하고 있다.

한편 틱톡은 전 세계적인 인기를 누리고 있지만 개인정보 유출 논란 때문에 '꼭 지워야 할 중국 앱'에 자주 이름을 올리바 있다. 2020년 도널드 트럼프 전 미국 대통령 재임 시절 틱톡과 모회사 바이트댄스의 미국 내 거래를 전면 금지하는 행정명령에 서명하면서 퇴출위기에 놓이기도 했다.

여자프로테니스 투어, 펑솨이 의혹에 中 대회 개최 보류

여자프로테니스(WTA) 투어가 중국 고위 관리에게 성폭행당한 의혹을 제기한 후 행방이 묘연해진 테니스 선수 펑솨이의 안전에 대한 조사가 제대로 이뤄지지 않고 있다며 중국에서 열릴 예정이던 대회들의 개최를 모두 보류한다고 12월 2일 발표했다.

WTA 투어 스티브 사이먼 대표는 이날 인터

넷 홈페이지 등을 통해 발표한 입장문을 통해 "WTA 이사회의 전폭적인 지지로 **홍콩을 포함한 중국에서 열리는 모든 대회의 개최를 보류**하기로 했다"며 "펑솨이가 자유롭게 소통하지 못하고, 자신의 성폭행 의혹을 밝히는 것에 압력을 받는 곳에 우리 선수들이 가서 경기하도록 할 수는 없기 때문"이라고 밝혔다.

2021년 35세인 펑솨이는 2013년 윔블던, 2014년 프랑스오픈 테니스 대회 여자 복식 우승자로 2014년 복식 세계 랭킹 1위까지 올랐던 선수다. **11월 초 자신의 소셜 미디어를 통해 장가오리 중국 전 국무원 부총리로부터 성폭행을 당했다고 폭로**했으나 돌연 이 계정이 사라지고 이후로는 펑솨이의 행방도 묘연해져 국제 사회에 큰 논란이 됐다.

이후 중국 관영매체들을 통해 펑솨이가 WTA 투어에 보낸 '성폭행 의혹은 사실이 아니다'라는 반박 메일과 최근 모습이 담긴 사진, 영상이 차례로 공개됐지만 펑솨이의 안전에 대한 의혹은 계속 이어졌다.

또 11월 말 펑솨이가 **￭국제올림픽위원회**(IOC) 토마스 바흐 위원장과 영상 통화를 한 사실이 밝혀지면서 펑솨이의 실종설이 잦아드는 듯했지만 바흐 위원장이 중국의 2022년 동계올림픽 유치 과정에서 장가오리 전 부총리와 가까운 사이였다는 주장이 제기되며 논란은 계속됐다.

이에 대해 중국은 '스포츠의 정치화'에 반대한다면서도 특별한 언급을 하지 않았다. 왕원빈 중국 외교부 대변인은 12월 2일 정례 브리핑에서 WTA의 중국 대회 개최 보류에 대한 입장을 묻

는 말에 "우리는 여러 차례 관련 입장을 설명했다"며 "우리는 스포츠를 정치화하는 행위를 일관되고 단호히 반대한다"고 말했다.

￭ 국제올림픽위원회 (IOC, International Olympic Committee)

국제올림픽위원회(IOC)는 1894년 쿠베르탱 남작의 제창으로 파리회의에서 창설된 국제기구다. IOC는 고대 올림픽이 전통을 이어받아 이미추의 장기는 전쟁에서 선비와 개최되는 올림픽대회를 통하는 기구다 본부는 스위스 로잔에 있다. 매년 1회 열리는 총회에서는 올림픽 개최지 선정, 쉬어는 배분, 헌장개정 등 올림픽 전반에 걸친 주요 사항의 최종적인 결정과 임원 및 위원 선출이 이루어지는데, 선발된 IOC 위원은 스포츠계 최고의 명예직으로 국제적인 예우를 받게 된다. 2021년 기준 IOC 위원장은 2013년 9월에 선출된 독일의 토마스 바흐(Tomas Bach, 1953~)이다.

기출TIP 2018년 문화일보 필기시험에서 토마스 바흐 IOC 위원장을 묻는 문제가 출제됐다.

MLB 직장폐쇄, FA 협상 등 모든 행정업무 중단

미국프로야구 메이저리그(MLB) 구단과 선수 노조가 10개월의 마라톤협상에도 합의점을 찾지 못하고 직장폐쇄(lockout)를 결정했다. MLB 노사는 2016년 맺은 노사 단체협약(CBA, Collective

Bargaining Agreement)의 개정 마감 시한인 12월 2일 오후 2시(한국시간)까지 새 협약 체결에 실패했다. MLB 구단주들은 만장일치로 직장폐쇄를 의결했다.

새로운 CBA가 체결되기 전까지 자유계약선수(FA) 협상, 트레이드 등 모든 MLB 행정 업무가 중단된다. 선수들은 구단 시설도 사용할 수 없다. ESPN은 "MLB에서 노사분규가 발생한 건 역대 9번째다. 1994~1995년 선수노조 파업 이후 26년 만에 평화가 깨졌다"고 전했다. 구단들의 결정으로 직장이 폐쇄된 건, 1973년과 1976년, 1990년에 이어 역대 4번째다.

풀타임·탱킹 갈등
MLB 노사는 FA 규정, 연봉 조정, 구단의 전략적인 몸집 줄이기(tanking·탱킹), **포스트시즌 확대 여부** 등을 놓고 10개월 동안 협상했다. 주요 안건은 FA 규정과 탱킹이다. 선수 노조는 현재 FA 취득 기준인 '풀타임 6년'을 5년으로 줄이자고 주장했다. MLB 구단은 29세 6개월 혹은 풀타임 6시즌을 고집했다.

'풀타임 기준'에도 이견이 있다. 현재 MLB에서는 1년의 서비스 타임을 채우기 위해선 정규시즌 187일 중 172일 동안 현역 로스터 혹은 부상자 명단에 포함돼야 한다. 선수 노조는 "구단들이 선수의 서비스 타임을 줄이기 위해 유망주들의 소집 시기를 2주가량 늦추는 꼼수를 쓰고 있다"고 주장하며 이에 대한 방지책을 요구했다.

또한, 선수 노조는 **구단이 리빌딩 혹은 신인 드래프트에서 대어를 잡겠다는 명분을 내세워 전력 보강을 포기하는 탱킹**도 문제 삼으며 "전년도 성적

역순으로 지명하는 현재 신인 드래프트 제도를 '지명권 추첨'을 가미한 로터리 방식으로 바꿔야 한다"고 목소리를 높였다.

➕ FA 자격 얻은 김광현 행방은?
MLB FA 자격을 얻은 김광현의 협상도 노사갈등으로 멈췄다. 스포팅뉴스 등 많은 현지 매체가 "실질적인 CBA 협상 마감일은 스프링캠프를 시작하는 2022년 2월 1일이다. MLB 노사는 씩씩(정규시즌 개막) 일정에 영향을 주는 건 바라지 않는다"며 2022년 초에는 새 CBA를 마련할 것으로 전망했다. 하지만 아직 새 소속팀을 찾지 못한 김광현의 마음은 편치 않다. 변수만 없다면 빅리그 잔류가 어렵지 않지만, 직장폐쇄로 FA 협상을 할 수 없는 상황은 2022시즌 준비에 악영향을 끼칠 수 있다. 김광현에게는 한국프로야구 KBO리그 복귀의 선택지도 있다. KBO에서 김광현의 보류권은 SSG 랜더스가 쥐고 있다.

BTS '아메리칸 뮤직 어워즈' 3관왕

▲ 그룹 방탄소년단 (자료 : AMA)

그룹 방탄소년단이 11월 22일(이하 한국시간) 미국 3대 음악 시상식으로 꼽히는 '아메리칸 뮤직 어워즈'(AMA, American Music Awards)에서 대상에

해당하는 '아티스트 오브 더 이어'를 비롯해 3관왕에 올랐다. 한국인 가수는 물론 **아시아 아티스트가 AMA에서 대상을 받은 것은 방탄소년단이 최초**다. 이들은 2013년 데뷔 이후 8년 만에 최고 영예를 누리게 됐다.

앞서 방탄소년단은 '아티스트 오브 더 이어' 외에도 '페이보릿 팝 듀오 오어 그룹'과 '페이보릿 팝 송' 등 3개 부문에서 후보에 올라 위세나기 대상 수상 가능성이 거론됐다. 이들은 실제로 이날 이 3개 부문에서 모두 트로피를 거머쥐는 데 성공했다.

음악성과 작품성을 중시하는 '그래미 어워즈'(Grammy Awards)와 달리 AMA는 상업적 성과와 대중성을 중요한 지표로 보기 때문에 방탄소년단에게 유리했다는 분석이 나온다. 방탄소년단은 2021년 '버터'로 빌보드 메인 싱글 차트 '핫 100'에서 총 10주 1위를 차지하는 대성공을 거뒀다. 이 밖에도 '퍼미션 투 댄스'와 밴드 콜드플레이와 협업한 '마이 유니버스'로도 핫 100 1위를 찍었다.

BTS, 그래미 본상 후보 불발
방탄소년단은 대중음악계 최고 권위를 지닌 '그래미 어워즈'에서 **2년 연속으로 '베스트 팝 듀오/그룹 퍼포먼스' 후보**에 올랐다. 당초 기대를 모았던 4대 본상인 '제너럴 필즈(General Fields)' 후보에는 들지 못해 아쉬움을 남겼다.

그래미 어워즈를 주관하는 미국 레코딩 아카데미는 11월 24일이 같은 내용이 담긴 제64회 그래미 어워즈 후보군을 발표했다. 그래미 어워즈는 이번에 총 86개 부문을 시상하는데 그 가운데에서

도 **'올해의 앨범', '올해의 레코드', '올해의 노래', '신인상' 등이 4대 본상인 '제너럴 필즈'**로 불린다.

'베스트 팝 듀오/그룹 퍼포먼스'는 그래미 팝 장르 세부 시상 분야 중 하나로 2012년 신설됐다. 방탄소년단은 지난 시상식에서 아시아 가수 최초로 이 부문 후보에 올라 기대를 모았지만 실제 수상자는 레이디 가가 아리아나 그란데가 신설된 데다.

이번 후보 발표를 두고 아미(방탄소년단 공식 팬덤)와 외신 등에서는 이해하기 어렵다는 비판의 목소리가 나왔다. 한 해외 팬은 트위터에 방탄소년단이 2021년 빌보드 싱글 차트에서 12주나 1위를 차지한 사실을 상기시키며 "이것이 본상 후보의 자격이 되지 못한다면 레코딩 아카데미의 판단 근거는 도대체 무엇이냐"고 비판했나.

│ BTS, 빌보트 '핫 100' 1위 곡
▲Dynamite(2020) ▲Savage Love(2020) ▲Life Goes On(2020) ▲Butter(2021) ▲Permission to Dance(2021) ▲My Universe(2021)

기출TIP 각종 언론사 필기시험에서 빌보드 '핫 100' 차트에서 1위한 BTS의 곡을 묻는 문제가 자주 출제되니 반드시 암기해야 한다.

분야별
최신상식

인물
용어

프래밀리
framily

프래밀리는 **친구(friend)와 가족(family)의 합성어로 가족 같은 친구를 의미한
다.** 혈연이나 법적 관계로 맺어진 가족이 아니더라도 식구처럼 함께 생활하
는 사람이나 집단을 가리킨다. 애초부터 친분은 없었지만 서로 지켜야 할
규칙을 지키며 함께 생활하는 사람들을 지칭하기도 한다. 예컨대 혼자 지
내는 노인들이 한 공간에서 서로 돕는 공동체나 가정 해체에 따른 청소년들
을 위해 후원 단체·기관이 마련한 생활공간 등이 대표적이다.

1인 가구의 증가와 전통적 가족의 개념, 가치관이 변화하는 시대에 프래밀
리는 새로운 대안적 공동체 형태로 주목받고 있다. 지켜야 할 규칙이 있고,
적당히 가까우며, 적당히 거리가 있으면서도 원하면 언제든 탈출할 수 있
는 열린 관계는 상대방에게 경제적 부담을 주지 않고 가족보다 덜 끈끈하고
덜 외롭게 사는 해결책이 되고 있다.

최근 결혼을 하지 않고 함께 사는 비혼동거 가족 등 전통적 가족 형태와 다
른 새로운 유형의 가족이 늘어나면서 '생활동반자법' 도입 필요성에 대한
논의도 활발해지고 있다. 현행 가족 관련 법·제도들이 결혼한 부부와 자녀
등으로 구성된 전통적 가족 개념만 전제로 하고 있어 프래밀리처럼 새로운
유형의 가족을 보호하는 데 미흡한 점이 있어 입법 보완이 요구된다.

왝플레이션
whackflation

왝플레이션이란 '후려치기', '강타'를 의미하는 영단어 '왝(whack)'과 화폐가치가 하락해 물가가 오르는 '인플레이션'을 합성한 신조어로, 최근 세계 곳곳에서 갑작스럽고 예측 불가능한 형태로 나타나는 인플레이션을 말한다. 미국 경제 매체 블룸버그통신은 지난 11월 들어 전 세계에서 나타나는 물가 상승세를 '왝플레이션'으로 불러야 한다고 주장했다. 이때 왝플레이션의 의미를 호황과 불황 사이 벌어지는 물가 파동으로 규정했다. 물가 하락에 이은 강한 물가 상승이라고도 설명했다.

현재 상황을 1년에 물가가 수백% 오르는 극심한 인플레이션 현상을 뜻하는 초인플레이션(hyperinflation·하이퍼인플레이션)이라고 보기에는 과도한 표현이고, 경기 불황 속 물가 상승을 의미하는 스태그플레이션(stagflation)은 현 상황이 '경기 불황'인지에 대해 해석의 여지가 있다는 이유에서 왝플레이션이란 용어가 쓰이고 있다. 블룸버그는 물가가 갑작스레 치솟은 것처럼 극단적인 가격 하락이 뒤따를 가능성이 있다고 경고했다.

과불화 화합물
PFAS, Poly-and PerFluoroalkyl Substances

과불화 화합물은 물과 기름에 쉽게 오염되지 않고 열에 강한 특징이 있는 약 4700여 종의 화학 물질군으로 프라이팬과 일회용 종이컵의 방수코팅제, 가죽과 자동차의 표면처리제 등 다양한 용도의 산업용·소비자 제품과 워터프루프 기능이 네이링 화장품뿐만 로션과 크림 등 기초 화장품에도 사용된다. 과불화 화합물은 국제암연구소가 인체 발암 가능 물질로 분류하는 등 지속해서 체내에 축적될 경우 인체에 유해한 영향을 줄 수 있는 성분으로 알려져 있다.

한편 국내에서 판매 중인 화장품 중 일부에서 과불화 화합물이 검출된 것으로 조사됐다. 환경운동연합·발암물질없는사회만들기국민행동·노동환경건강연구소는 지난 11월 9일 기자회견을 통해 이 같은 사실을 밝혔다. 시중에서 판매되는 총 20개 화장품을 대상으로 성분을 분석한 결과 10개의 제품에서 과불화 화합물이 검출됐다고 밝혔다. 립 메이크업 제품의 경우 모든 제품에서, 자외선 차단제는 80%, 메이크업 베이스 제품 50%, 파우더·팩트는 40%에서 과불화 화합물이 검출됐다고 설명했다.

외화보험
外貨保險

외화보험은 **일반적인 원화 보험과 상품구조는 같지만, 보험료 납부와 지급이 미국 달러 등 외국통화를 기준으로 이뤄지는 보장성 상품**이다. 외화보험 계약자 수는 2017년 1만4475명에서 2020년 16만5746명으로 급증했다. 외화보험은 보험 기간 중 환율이 상승하면 가입자 보험료 부담이 커지고, 보험금 수령 시점에 환율이 하락하면 보험금 원화가치가 하락할 수 있다. 또한 금리에 따라 만기보험금 규모가 달라질 수 있는 등 여러 위험에도 불구하고 외화보험 상품 판매 시 설명을 소홀히 하는 등 불완전판매 우려가 있다는 지적을 낳고 있다.

이에 금융위원회와 금융감독원은 지난 2020년 10월 소비자경보 '주의'를 발령했다. 금융위는 2021년 초 '2021 금융산업국 업무계획'을 발표하며 "외화보험 환율 변동성이 크고 과당경쟁이 있다는 게 정부 판단"이라고 말했다. 금융 당국은 5년, 10년 후 소비자 피해가 우려된다며 외화보험 대책을 2021년 이내 발표하겠다고 했으나 지난 10월에는 "현재로서 결정된 바가 없다"고 밝혔다.

FAST 플랫폼

▲ 미국의 FAST 플랫폼 '플루토TV'

FAST 플랫폼은 **광고 기반의 무료 스트리밍 플랫폼**을 말한다. 'Free Ad-supported Streaming TV'의 앞 글자를 따서 만든 표현이다. 글로벌 OTT(온라인동영상서비스)인 넷플릭스처럼 콘텐츠를 스트리밍하지만 광고(AD)가 함께 나오기 때문에 무료로 볼 수 있는 실시간 채널 서비스다. 현재는 넷플릭스와 같은 정액 결제형 유료 스트리밍 서비스가 대세를 이루고 있지만 미국에선 비아컴CBS의 플루토TV, 폭스의 투비 등의 FAST 플랫폼이 빠르게 자리를 잡아가는 중이다.

FAST 플랫폼이 과거 무료 스트리밍 서비스와 차별되는 부분은 실시간 서비스라는 점이다. 과거에도 **광고를 보는 대신 무료로 볼 수 있는 비실시간 비디오**(AVOD, Ad-supported Video on Demand)가 있었지만, FAST 플랫폼은 AVOD에 실시간 라이브 채널까지 결합한 것이 특징이다. 디지털 매체에서 방송되는 TV라고 볼 수 있는 것이다. 국내에선 뉴 아이디가 유일하게 FAST 플랫폼 채널을 운영하고 있지만 아직 활성화되기 전 단계다.

감염병혁신연합
CEPI, Coalition for Epidemic Preparedness Innovations

감염병혁신연합(CEPI)은 신종 감염병 백신을 개발하고, 개발된 백신을 공평하게 분배하기 위한 목적으로 지난 2017년 다보스포럼에서 출범한 국제 민간 기구다. 노르웨이에 본부를 둔 CEPI는 각국 정부와 자선기금에서 받는 꾸어로 세계 백신기업에 투자하고 있으며, 백신 개발기업, 생산기업, 분야에 기업을 연계하는 공동시상위 꼬백스 마켓플레이스(COVAX marketplace)를 통해 백신기업의 협업을 촉진하여 전 세계 백신 공급의 가속화를 견인하고 있다. 2020년 10월까지 사업비로 약 25억5000만 달러를 확보했다.

한국은 2020년 CEPI에 가입했으며, 2022년까지 총 900만달러를 공여하기로 했다. 국내 기업 중에서는 SK바이오사이언스가 CEPI와 협력 관계를 맺고 있다. 지난 11월 16일 문재인 대통령은 청와대를 방문한 CEPI의 리처드 해쳇 대표를 만나 코로나19 백신개발 협력 등을 두고 의견을 교환했다. 문 대통령은 SK바이오사이언스가 개발 중인 코로나19 백신에 대한 기대감을 드러내며 CEPI의 지속적인 관심을 당부했다.

투르크어 사용국기구
OTS, Organization of Turkic States

▲ 투르그이 시용국기구 기(旗)

투르크어 사용국기구(OTS)란 **터키와 카자흐스탄, 아제르바이잔, 우즈베키스탄, 키르기스스탄 등 투르크어족**(시베리아·중앙아시아, 중국 신장자치구, 러시아 볼가강 중류 지대에서 소아시아·크림 비투에 신린 비야 기역에서 시용되는 민어의 여어)**으로 부르는 송안아시아 국가들로 구성된 기구**로, 2021년 11월 터기 이스탄불에서 열린 성상회의에서 공식 출범했다. 2009년 10월 터키와 카자흐스탄, 아제르바이잔, 키르기스스탄 등 4개국이 중심이 돼 설립된 '투르크 평의회(Turkic Council)'를 전신으로 한다.

OTS는 이 지역의 맹주를 꿈꾸는 레제프 타이이프 에르도안 터키 대통령이 만들어낸 결실이다. OTS가 출범하자 중국이 바짝 긴장하고 있다. **약 1500년 전 중국을 위협했던 돌궐제국의 부활**을 연상시키는 투르크계 국가들의 정치·경제적 협력이 같은 투르크계인 중국 내 신장 위구르 지역의 분리 독립 움직임을 부추길 수 있다는 우려 때문이다. 향후 중앙아시아 지역의 지정학적 변화에 어떤 영향을 미칠지 주목된다.

복합기업 할인
conglomerate discount

복합기업 할인이란 **여러 사업을 영위하는 회사의 시가총액 합계가, 개별사업을 상장할 때의 시가총액 합계를 밑도는 것을 말한다.** 최근 공식 매출 실적이 없는 미국 전기차 스타트업인 리비안이 상장 후 주가가 급등해 포드와 제너럴모터스(GM) 등 미국 자동차 대기업의 시총을 훌쩍 뛰어넘자 해당 용어가 각종 매체에 등장하고 있다.

경제 전문가들은 전기차로의 전환을 추진하는 자동차 대기업의 가치가 전업 전기차 제조업체의 가치보다 낮게 평가되는 현상을 두고 다각 경영에 의한 복합기업의 기업가치가 제한되는 복합기업 할인이 나타나고 있다고 분석했다. 신규 투자자의 입장에서는 유망한 사업에 투자하고 싶어도 그 기업이 복합기업이라면 다른 사업의 영향을 받을 수 있다는 우려로 투자에 소극적일 수 있다. 이러한 문제는 회사 분할로 해결할 수 있어, 회사 분할로 복합기업 할인을 피하는 사례가 나타나고 있다. **다국적 기업 제너럴일렉트릭(GE), 존슨앤드존슨(J&J), 일본의 도시바 등이 회사 분할 계획을 검토**하고 있다고 밝혔다.

스웨덴 패러독스
Swedish Paradox

스웨덴 패러독스는 **적극적인 연구개발(R&D)이 기업의 실적이나 경제 성장세로 이어지지 못하는 현상을 말한다.** 이는 스웨덴의 사례에서 처음 나온 용어다. '노벨상의 나라' 스웨덴은 1990년대 세계 1위의 R&D 투자국가였지만, 이를 특허나 라이선스 성과, 경제성장 등 산업적 성과로 연결하지 못했다. 이를 두고 R&D 투자가 활발한 우리나라가 '코리아 패러독스'에 빠질 수 있다는 경고의 의미로 자주 인용된다.

과학기술정보통신부에 따르면 우리나라의 R&D는 세계 최고 수준으로 2019년 총연구개발비는 89조471억원으로 세계 5위를 기록했다. 국내총생산(GDP) 대비 R&D 규모로 보면 4.64%로 이스라엘에 이은 세계 2위로 순위가 상승한다. 다만 '2020년 기술이전·사업화 실태조사 보고서'를 보면 2019년 국내 공공연구기관의 기술이전 효율성은 1.73%로, 연구개발비 대비 기술이전 수입의 규모가 크게 부족한 것으로 나타났다. 혁신창업 모범 사례가 있긴 하지만 여전히 R&D 성과가 기술 사업화로 이어지기에는 부족함 점이 많다는 것이다.

실재감테크

connecting together through extended presence

실재감테크란 **시공간의 물리적 한계를 극복하고 완전한 실재감을 느낄 수 있게 만드는 기술이다.** 김난도 서울대 소비자학과 교수가 꼽은 2022년 임인년(壬寅年) 범띠 해를 이끌 10대 트렌드 중 하나이다. 실재감테크는 2020년 초부터 확산된 코로나19로 온라인·비대면이 일상화되면서 부상했다. 대표적 사례로 메타버스(Metaverse)의 가상 인플루언서(virtual influencer)를 들 수 있다. 메타버스란 현실세계와 같은 사회·경제·문화 활동이 이뤄지는 3차원의 가상세계이다. 가상 인플루언서는 기업 마케팅 등을 목적으로 생성된 가상의 디지털 인물로, SNS에서 영향력을 행사하는 인플루언서를 가리킨다.

실재감테크는 한 마디로 '경계 흐리기'로 요약된다. 김난도 교수는 "시공간을 초월해 기업 고유의 제품과 서비스에 대한 다중감각적 자극을 동시에 체험할 수 있게 해야 한다"고 말한다. 실재감테크를 통해 경계를 지울 때 새로운 비즈니스 모델이 창출될 수 있다는 것이다.

바른생활 루틴이

바른생활 루틴이란 **사회 속 스트레스를 해소하기 위해 스스로 바른생활을 추구하며 정해진 생활 루틴(routine : 매일 수행하는 습관이나 절차)을 지키려고 노력하는 사람을 말한다.** 김난도 서울대 소비자학과 교수가 꼽은 2022년의 이끌 10대 트렌드 중 하나이다. 루틴은 삶의 방향성을 스스로 통제하려는 의식적인 노력이라는 점에서 단순한 습관과 차이가 있다. 주 52시간 근무제 등 근로시간의 축소, 코로나19로 인한 재택근무 확산 등으로 인해 생활의 자유도가 높아지고 자기 관리에 대한 욕구가 커지면서 등장했다.

이러한 자기 관리 노력은 단순한 자기계발의 차원이 아니라 치열한 경쟁사회에서 힐링을 도모하고 스트레스를 해소하며 미세행복을 추구하는 것으로 나타난다. 하루 일과표를 만들어 스스로 준수하고, 서로 모르는 사람들끼리 스터디 대화방을 만들어 실천을 인증하는 등 큰 성공이 점점 어려워지는 사회 분위기 속에서 일상의 목표를 세우고 지켜가며 작은 성취를 이뤄간다. 행복은 이처럼 일상의 성실함에 온다는 것이다.

엄격성 지수
stringency Index

엄격성 지수란 **영국 옥스퍼드대가 2020년 1월부터 전 세계 180여 개국의 코로나19 정책을 분석한 지수다.** 옥스퍼드대가 집계한 엄격성 지수는 각 국가의 코로나19 방역 수준을 모임 인원, 다중이용시설 등 9개 분야로 나눠 평가한다. 지수가 낮을수록 방역 강도가 약하고, 높을수록 세다고 해석할 수 있다.

지난 11월 11일 영국 옥스퍼드대학교 발표한 코로나19 엄격성 지수를 보면 우리나라는 100점 만점(11월 8일 집계)에서 39.35점에 그쳤다. 이는 G20 회원국 중 멕시코 35.19점, 유럽연합(EU) 의장국 슬로베니아 36.11점 다음으로 낮았다. 엄격성 지수가 낮다고 무조건 방역이 실패한 것으로 보긴 어렵지만, 한국 정부가 단계적 일상회복(위드 코로나·with covid19 : 코로나와 공존)을 시행한 뒤 지수가 8점가량 떨어지는 등 방역 긴장감이 떨어졌다는 지적이 나온다. 일시에 너무 많은 방역조치를 풀어 확진자가 급장했다는 지적이 방역 당국 내에서도 나오고 있다.

스티븐 손드하임
Stephen Sondheim, 1930~2021

▲ 고(故) 스티븐 손드하임

스티븐 손드하임은 뮤지컬 '웨스트사이드스토리', '어쌔신', '스위니 토드', '컴퍼니' 등의 작곡가로 국내에도 잘 알려진 미국 브로드웨이 뮤지컬의 거장이다. 11월 26일(현지 시각) 향년 91세 나이로 별세했다. 그는 메이저 뮤지컬 작곡가로서, 가사까지 함께 직접 쓰는 몇 안 되는 음악가였다. 그가 작곡한 '어릿광대를 보내주오(Send in the Clowns)'는 프랭크 시내트라, 주디 콜린스 등 전설적인 가수들에 의해 여러 차례 녹음됐다. 특히 이 곡은 피겨스케이팅 김연아 선수가 2014년 은퇴 무대인 소치 동계 올림픽 쇼트프로그램 경기에서 배경 음악으로 활용돼 스포츠 팬에게 친숙하다.

손드하임은 60년 이상 뮤지컬 업계에 종사하면서 그래미상 8개, 토니상 8개, 아카데미상 1개를 수상했다. 2015년에는 당시 버락 오바마 대통령으로부터 '대통령 자유 훈장'을 받았다. 뉴욕타임스(NYT)는 손드하임에 대해 "20C 후반기 가장 존경받는 영향력 있는 작곡가이자 작사가이자 브로드웨이에서 가장 사랑받는 쇼를 만들어낸 무대 뒤 원동력"이라며 "미국 뮤지컬의 기준을 수립했다"고 평가했다.

새로운 자본주의

▲ 기시다 후미오 일본 총리

새로운 자본주의는 지난 10월 취임한 **기시다 후미오 일본 총리가 내세운 경제 정책 기조의 개념으로서, 일본에 만연한 신자유주의로부터 부의 분배에 방점**을 찍은 것으로 이해된다. 부의 분배가 없다면 소비가 늘지 않고 성장할 수도 없다는 건 해묵은 문재인 정부가 내세웠던 소득주도성장파도 빗닿아 있나, 기시나 총리는 **"아베노믹스**(양적완화를 근간으로 한 아베 신소 선 총리의 경제 정책)가 성장에서 중요한 성과를 이룬 것은 의심할 나위가 없다"면서도 "부의 재분배라는 측면에서 낙수효과는 아직 나타나지 않았다"고 말했다.

이와 관련해 기시다 총리는 일본 기업에 임금 인상을 요구하고 있다. 그는 지난 11월 '새로운 자본주의 실현 회의'에 참석해 "2022년 노사 간 임금 협상 때 자사의 지급 능력을 근거로 최대한의 임금 인상이 기대된다"고 기업의 임금 인상을 압박했다. 일본 정부는 임금을 높이는 기업에 세제 혜택을 주는 방안을 추진하는 것으로 전해졌다. 하지만 현금성 지원 정책이 경제 성장에 큰 효과가 없을 것이란 점에서 새로운 자본주의 정책에 대한 비판도 나온다.

버질 아블로
Virgil Abloh, 1980~2021

▲ 고(故) 버질 아블로 진 루이비통 수석 니자이너

버질 아블로는 미국 출신의 세계적인 패션 디자이너로 **루이비통모에헤네시(LVMH) 그룹 최초의 흑인 크리에이티브 디렉터(CD)이자 세계적인 스트리트 명품 브랜드 '오프화이트(Off White)' 창업주**이다. 지닌 11월 29일(현시시신) CNN 등 외신에 따르면 이날 프랑스 명품 브랜드 루이비통의 묘기업 LVMH 그룹이 이블로의 사망 소식을 빌표했다고 전했다. 그는 암 투병 끝에 사망했다. 향년 41세.

고인은 '차세대 칼 라거펠트(명품 브랜드 샤넬의 수석 디자이너)'라는 극찬을 받은 천재 디자이너다. 위스콘신 대학에서 토목공학을 전공한 그는 유명 래퍼 칸예 웨스트를 통해 패션계에 입문했다. 2018년 흑인 최초 루이비통 남성복 수석 디자이너가 된 그는 '타임'이 선정한 '세계에서 가장 영향력 있는 인물' 중 한 명으로 꼽히는 등 명품 업계에서 큰 파장을 일으켰다. 한편, 버질 아블로 사후 그가 직접 디자인 했거나 디자인에 참여한 제품은 그의 사후 재평가받으며 리셀 가격이 급등했다.

리 엘더
Robert Lee Elder, 1934~2021

▲ 고(故) 리 엘더

리 엘더는 **1975년 흑인 선수 최초로 미국프로골프(PGA) 투어 메이저 대회인 마스터스에 출전했던 프로 골퍼**로 지난 11월 29일(현지시간) 별세했다. 향년 87세. PGA 투어 통산 4승을 기록한 엘더는 1975년 흑인 선수로는 최초로 마스터스에 출전해 화제가 됐다. 당시 마스터스는 백인들의 전유물로 여겨져 엘더의 출전이 사회적으로 큰 논란이 됐다. 엘더는 마스터스에 출전하지 말라는 협박 편지를 받았고, 안전 문제로 대회 내내 숙소를 옮겨야 했다.

그는 1975년에 이어 1977년부터 1981년까지 마스터스에 모두 6회 출전했다. 1979년에는 흑인 최초로 미국과 유럽의 골프대항전인 라이더컵에 미국 대표로 참가하기도 했다. 50세가 된 뒤에는 시니어 PGA 투어에 나서 통산 8승을 올렸다. '살아있는 골프 전설' 잭 니클라우스우스는 "엘더는 선구자였고, 수많은 사람에게 존경받는 좋은 사람이었다"고 추모했다.

처널리즘
churnalism

처널리즘이란 **제품을 대량생산한다는 뜻의 천 아웃(churn out)과 '저널리즘(journalism)'을 합성한 말로 보도자료와 큰 차이가 없는 뉴스를 지칭하는 용어다.** 기자가 취재 대신 보도자료나 홍보자료를 그대로 재구성하여 기사화하는 것을 뜻한다. 언론들이 정부기관이나 기업 및 시민단체에서 발표한 내용을 그대로 받아 적는 사례가 적지 않다. 단순한 정보 전달을 하는 기자들이 하는 것은 '저널리즘'이 아니라 '처널리즘'이라고 비판 받는다.

디지털 시대가 열리며 온라인 언론사들이 우후죽순 생겨났고, 기자들은 실시간으로 대량의 기사를 생산해내야 하는 환경에 놓였다. 이에 따라 기자들이 보도자료를 무비판적으로 재구성해 속도 경쟁에만 집중하는 세태를 비판하고자 처널리즘이란 말이 등장했다. 처널리즘은 보도자료에 오류가 있어도 그대로 퍼져나가거나, 홍보기관에 유리한 정보가 객관적 사실처럼 독자에게 전달될 우려가 있다.

최수연

崔秀妍, 1981~

▲ 최수연 네이버 CEO 내정자 (자료 : 네이버)

최수연은 **네이버 차기 최고경영자**(CEO)로 선정된 인물로 '1981년생 여성'이라는 점, 네이버에 합류한 지 2년밖에 되지 않은 외부 인사라는 점에서 파격 인사로 주목받았다. 네이버는 지난 11월 17일 이사회를 열고 현 글로벌 사업 지원 책임자인 최수연 책임리더를 차기 대표로 내정했다. 한성숙 현 대표에 이어 두 번째 여성 CEO의 등장이다. 네이버는 차기 대표 인선을 마무리하고, 경영쇄신을 위한 다음 단계로 들입니다는 계획이다.

최 내정자는 1981년생으로 서울대학교 토목공학 학사, 연세대학교 법학전문대학원 석사를 취득했다. 이후 미국 하버드 로스쿨에서 법학석사(LL.M) 과정을 마쳤다. 2005년 네이버에 입사한 최 내정자는 2018년 미국 법무법인 코브레&김(Kobre & Kim) 국제변호사, 법무법인 율촌 변호사를 거쳐 지난 2019년 네이버에 재합류했다. 네이버는 지난해 5월 직장 내 괴롭힘으로 직원이 극단적인 선택을 한 사건과 관련해 대대적으로 조직을 재정비하고 있다. 최 내정자는 올해 3월 주주총회를 거쳐 대표로 선임될 예정이다.

스포츠 워싱

Sports Washing

스포츠 워싱이란 **국가가 스포츠 행사를 통해 이미지를 세탁하는 행위를 말한다.** 2015년 아제르바이잔이 거론되면서 처음 등장한 말이다. 아제르바이잔은 석유로 부를 누리는 나라지만, 국제앰네스티 등 인권단체들은 이 세르비에이산에 고문과 인권침해 역사를 가지고 있다고 지적해왔다. 이해 아제르바이잔은 스포츠 분야에서 큰 성과를 거뒀는데, 이 때문에 국내 인권 문제가 숨겨졌던 행태를 비판해 스포츠 워싱이라는 단어가 등장했다.

최근에는 올해 2022년 베이징 동계올림픽과 카타르 월드컵의 개최를 앞두고 스포츠 워싱 논란이 일고 있다. 특히 중국 고위급 관리로부터 성폭행당했다고 폭로한 뒤 실종설이 불거진 중국 테니스 스타 펑솨이의 안전을 확인했다고 밝힌 국제올림픽위원회(IOC)는 올림픽 흥행 실패를 우려해 펑솨이의 안전을 억지로 연출해냈다는 비판을 받고 있다. 이는 심각한 인권침해 문제를 이른바 스포츠 워싱했다는 지적이 나온다.

영케어러
young carer

영케어러란 **아픈 가족을 돌보는 청소년 또는 청년을 지칭한다.** 이들은 소득이 없는 상태에서 학업과 취업 등 진로에 매진할 시기에 가족 돌봄 노동을 병행해야 하는 어려움을 겪고 있다. 저출생, 고령화 등 인구변화로 영케어러가 늘어날 것이라는 전망이 많지만 현재 국내에선 보건복지부와 여성가족부 등 정부 부처들의 영케어러에 대한 실태조사조차 이뤄지지 않아 복지 사각지대에 놓여 있다.

2021년 11월 1일 탐사보도매체 '진실탐사그룹 셜록'(이하 셜록)이 22세 청년 '간병 살인' 사건의 이면을 취재해 보도하면서 '영케어러'가 사회적 이슈로 떠올랐다. 셜록 취재 결과 22세 청년은 뇌출혈로 쓰러진 아버지를 간병하려다 극심한 생활고에 시달려 아버지를 돌보지 못하고 굶겨 사망에 이르게 한 것으로 알려져 안타까움을 샀다. 이 사건이 알려지자 이재명 더불어민주당 대선 후보 등 정치권에서 자성의 목소리가 나오며 영케어러 지원책이 마련돼야 한다는 목소리가 높아졌다.

별제권
別除權

별제권이란 **파산재산에 속하는 특정재산에서 다른 채권자보다 우선해 변제를 받을 수 있는 권리를 말한다.** 별제권을 인정하는 취지는 파산자의 특정재산 위에 있는 **담보권**(擔保權 : 채무자가 빚을 갚지 않을 경우에 채권자가 채무 이행을 확보할 수 있는 권리)의 효력을 존중하기 위해서이다. 현행법상 주택담보채권은 별제권이 인정돼 개인회생절차와 상관없이 은행 등 채권자가 담보권 행사가 가능해 채무자의 주거권을 박탈할 수 있었다. 이런 이유로 주택을 보유한 채무자가 주거 불안을 염려해 개인회생절차 신청을 꺼리는 사례가 발생했다.

이에 금융소비자연대회의는 2021년 중순 파산절차에 법원의 중지명령을 도입하고 파산절차를 밟는 채무자들을 강제집행이나 가압류, 조세채무담보 물건 처분 등으로부터 보호하는 내용 등이 담긴 채무자회생법 개정안을 입법청원했다. 이 단체는 코로나19와 정부 저금리 정책 기조에 가계부채가 증가하면서 법원의 개인회생·파산제도가 한계채무자의 안정적인 회생을 돕는 데 미흡해 제도 개선이 시급하다고 강조했다.

비자유주의적 민주주의
illiberal democracy

비자유주의적 민주주의란 **법치와 개인 자유를 침해하는 방향으로 작동하는 민주주의를 말한다.** 여러 정당이 선거를 통해 경쟁하여 민주주의의 형태를 갖췄으나, 민주주의가 법치와 개인 자유를 심제한 때 시지럼 표현힌다. 1997년 미국 시사평돈가 파리드 자카리아가 유고슬라비아 특사로 파견된 리치드 홀브르그의 밀을 인용하면서 비사유주의적 민주주의라는 개념이 통용되기 시작했다.

지난 11월 뉴욕타임스(NYT)는 최근 10년 새 전 세계 민주주의 후퇴의 책임이 미국과 미국의 동맹국들에 더 큰 몫이 있는 것으로 밝혀졌다고 보도했다. NYT는 스웨덴 비영리법인 V-Dem의 자료를 통해 터키, 헝가리, 이스라엘, 필리핀 등 국가에서 비자유주의적 민주주의 경향이 나타났다고 분석했다. 투표권 제한, 사법부의 정치화 등의 요인들이 학자들이 우려하는 민주주의의 위기 현상이다. 정치학자들은 미국을 모델로 삼는 신뢰가 약해지며 민주주의에 대한 믿음이 약해졌다고 분석했다.

#WeThe15

▲ #위더피프틴 홍보물 (자료 : 대한장애인체육회)

#WeThe15(위더피프틴)은 국제패럴림픽위원회(IPC)와 글로벌 비정부기구 국제장애연맹(IDA), 유엔문명간연대(UNAO), 유네스코(UNESCO) 등 20여 개 기관이 주관하는 **장애인 인식 개선 캠페인으로, 장애인에 대한 인식을 개선해 차별의 장벽을 허무는 것을 목적으로 시작됐다. 숫자 15(피프틴)는 세계 전체 인구의 15%를 차지하는 장애인 인구를 가리킨다.** IPC는 지난 2020 도쿄 패럴림픽대회 개회식에서 #WeThe15 캠페인의 시작을 알렸고, 전 세계 120여 개 랜드마크 건물을 캠페인의 상징색인 보라색 전구를 점등하는 행사도 추진했다.

한편 대한장애인체육회는 '세계장애인의 날'인 지난 12월 3일부터 글로벌 장애인식개선 캠페인인 #WeThe15을 시작했다. 대한장애인체육회는 #WeThe15에 대한 대중적 인지도를 끌어올린 뒤 2022년에는 캠페인을 더 널리 확산시킨다는 계획이다. 보라색 전구 점등 이벤트와 SNS 릴레이 등 지속적인 #WeThe15 캠페인을 펼쳐나갈 예정이다.

달리
DALL·E

▲ 달리에 "발레복을 입고 개를 산책시키는 아기 무"를 입력한 결과, 만들어진 그림의 일부 (자료 : 오픈AI)

달리는 **텍스트를 입력하면 그에 해당하는 그림을 그려내는 인공지능 도구**(AI, Artificial Intelligence)이다. 마이크로소프트가 출자한 기업인 미국의 비영리 인공지능 연구조직 오픈에이아이(Open AI)가 2021년 초에 개발했다. 달리라는 이름은 초현실주의 화가 '살바도르 달리'와 픽사 애니메이션 '월·이(WALL·E)'를 합친 것이다. 달리는 평소에 인터넷에서 수집한 이미지와 그 이미지에 딸린 설명(캡션)을 학습하고, 문장에서 이미지를 만드는 훈련을 한다. 인공지능 자연어처리모델과 이미지인식 기술을 활용해 비학습 이미지도 문장으로 그린다.

달리처럼 문자-이미지로 변환하는 인공지능 도구의 발달은 쓰임이 다양할 것으로 예상된다. 가장 먼저 기대하는 분야는 패션과 인테리어다. 수많은 디자이너가 오랜 시간을 들여 옷감을 디자인할 필요가 없어지고, 아이콘과 일러스트를 만드는데 시간을 절약할 수도 있다. 인공지능이 사람처럼 이미지와 문장을 교차 구현하는 것은 인공지능이 인간의 인지능력에 접근했다는 뜻으로 평가되기도 한다.

뉴스페이스
new space

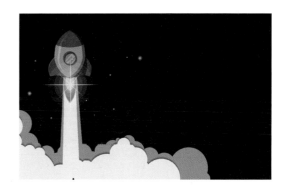

뉴스페이스란 **국가가 주도하는 우주개발 시대인 올드스페이스**(old space)**의 반대 개념으로, 민간이 주도하는 도전적인 우주개발 조류를 말한다.** 과거 우주개발이 정부에 의존했다면 뉴스페이스에서는 기민하고 독립적이며 저예산으로 혁신을 추구하는 민간 기업이 우주개발의 중심이 된다. 발사체 성능 개발에 집중했던 과거와 달리 저비용·고효율을 우선하는 것이 특징이다.

세계의 우주 경쟁은 거스를 수 없는 대세가 됐다. 2010년대 이후부터 엄청난 투자 금액이 우주 산업으로 몰리고 있다. 2021년 3분기까지 우주기업에 대한 민간투자액은 100억달러(약 11조 8000억원)를 넘었다. 국내에서도 지난 10월 첫 독자 우주발사체 누리호 발사를 계기로 한국항공우주연구원이 민간 우주산업 육성에 나서는 등 우주산업 활성화에 힘쓰고 있다. 그러나 우리나라는 민간 기업이 소형 발사체를 개발해도 이를 쏠 발사대가 없는 실정이라 뉴스페이스로 갈 길이 멀었다는 지적이다.

알잘딱깔센

▲ 퀴즈 프로그램 '대한외국인'에서 '알잘딱깔센'의 뜻을 묻는 한 장면 (MBC 에브리원 방송화면 캡처)

알잘딱깔센이란 **'알아서 잘 딱 깔끔하고 센스 있게'를 줄여서 표현한 MZ세대의 신조어다.** MZ세대들이 온라인상에서 사용하는 신조어는 공중파로 넘어와 대중적 인기와 호기심을 자아낸다. 알잘딱깔센 외에도 초등학생이 자주 쓰는 '어쩔티비'는 '어쩌라고'라는 뜻의 신조어로, 큰 의미가 없는 반박이다. '반모'는 '반말 모드'의 줄임말로 인터넷에서 익명으로 대화를 하게 될 때 친밀감을 높이기 위해 사용한다. 왕을 뜻하는 영단어 '킹'을 단어의 앞자리에 대체하여 접두사처럼 쓰는 것도 유행이다. '매우 열받았음'을 나타내는 '킹받네'가 대표적이다.

'꾸꾸꾸'는 '꾸며도 꾸질 꾸질'의 뜻이다. 꾸며도 꾸민 것 같지 않을 때 쓰는 단어다. '깔미'는 '깔수록 미운 사람'의 줄임말로 싫어하는 사람에게 쓴다. '점메추'는 '점심 메뉴 추천'의 줄임말이고, 웃안웃은 '웃긴데 안 웃겨'의 줄임말이다. '박박', '나나,' '짜짜'는 각각 대박, 겁나, 진짜를 두 번 반복한 말을 줄인 말이다. 이외에도 갓(god)과 인생의 합성어인 '갓생'은 성실하고 부지런한 삶을 의미한다.

심성락
瀋聲樂, 1936~2021

▲ 고(故) 심성락 아코디언 연주자

심성락은 **국내 대중음악계에서 아코디언의 전설이자 거장으로 불리던 연주자로,** 지난 12월 4일 별세했다. 향년 85세. 고인은 고등학교 1학년 때 부산의 한 악기점에서 아코디언과 처음 만나 전문적 교육을 한 번도 받지 않고 독학으로 아코디언을 익혔다. 20대 초반 육군 군예대에서 악장을 맡는 등 본격적인 악사의 길을 걷게 된 이후 1965년 서울로 진출해 녹음실 세션맨으로 활동하며 수많은 음반에 참여했고, 당시 최고의 가수였던 배호에게 곡을 주는 등 작곡가로도 활약했다.

특히 색소폰 연주자 이봉조와 호흡을 맞춰 1969년에는 '경음악의 왕'이라는 음반을 출시해 당시 경음악 레코드 판매기록을 새롭게 쓰며 성공을 거뒀다. 박정희·전두환·노태우 대통령 시절까지 각종 청와대 행사에서 전자오르간 연주를 해 '대통령의 악사'로 불린 고인은 이후에도 조용필·이미자·나훈아·패티김을 비롯해 김건모·신승훈 등 내로라하는 가수들과의 작업을 이어나갔다. 2000년대 들어서도 다수의 영화 OST에 참여했고 각종 방송, 공연에서 활약했다.

밥 돌
Bob Dole, 1923~2021

▲ 고(故) 밥 돌 전 미 공화당 원내대표

밥 돌은 **3차례 대선에 도전했던 미국 공화당의 거물 정치인이다.** 제2차 세계대전 참전용사이자 35년간 연방 상·하원의원을 지내며 의회를 이끌었던 미국 정계의 대표적인 원로 지도자로 '공화당의 거인'으로 불렸다. 지난 12월 5일(현지 시각) 사망했다. 향년 98세. 고인은 제2차 세계대전이 발발하자 예비군에 등록했고, 1943년 현역 군인으로 소집됐다. 1945년 이탈리아에서 포탄을 맞아 오른팔이 영구 불능됐다. 왼팔도 최소 기능만 할 정도로 심각한 상태였다.

이후 1950년 캔자스주 하원의원에 당선되며 정치를 시작한 그는 1960년 연방 하원의원으로 중앙정치에 진출했고, 이어 1968년 상원의원에 당선됐다. 1985년부터 1996년까지 11년간 공화당 상원 원내대표를 맡았다. 대선에는 1980년에 이어 1988년에 뛰어들었지만 당내 경선에서 밀렸고, 1996년 세 번째 시도에서 공화당 대선 티켓을 거머쥐었지만 재선 도전에 나선 민주당의 빌 클린턴 당시 대통령에게 패했다. 이후 정치에서 은퇴한 뒤 참전용사와 전몰장병 추모 사업에 열중했다.

송기숙
宋基淑, 1935~2021

▲ 고(故) 송기숙 작가

송기숙 전남대 명예 교수는 **유신 체제 교육 이데올로기에 맞섰고 5·18 민주화 운동 진상 규명, 아시아문화중심도시 조성 등 다양한 분야에서 실천적 지식인의 면모를 보여준 인물이자 『녹두장군』, 『암태도』 등을 남긴 소설가다.** 지난 12월 5일 숙환으로 별세했다. 향년 86세. 고인은 1978년 전남대 문리대 교수 시절 동료 교수 10명과 함께 유신 정권의 국민교육헌장을 비판하는 '우리의 교육지표'를 공동으로 발표하고 구속됐다. 전남대·조선대 학생들이 교수들의 석방과 민주화를 외치며 시위를 벌였다. 이것이 '교육지표' 사건이다.

송 교수는 1980년 5·18 민주화 운동 당시에 학생수습위원회에서 활동하다가 내란죄 명목으로 옥고를 치렀으며, 또 다시 해직됐다. 1984년 대학 강단으로 돌아온 뒤에는 제자 양성과 함께 사회 활동에 활발히 참여했다. 고인은 문학사적으로도 큰 발자취를 남겼다. 사회의 구조적 모순을 구체화하는 작품을 통해 실천적 해결에 앞장섰다. 1920년대 반봉건적·반일본적 소작 쟁의를 소재로 한 『암태도』, 동학농민운동을 다룬 『녹두장군』 등이 대표작이다.

이태복
李泰馥, 1950~2021

▲ 고(故) 이태복 전 보기복지부 장관

이태복은 평생을 노동·학생 운동에 헌신하며 노동운동에 큰 영향을 미치고, 김대중 정부 때 보건복지부 장관을 지낸 인물이다. 지난 12월 3일 급성심근경색으로 별세했다. 향년 71세. 고인은 전두환 정권이 출범하던 1980년 5월 노동운동 조직인 '전국민주화노동자연맹'(전민노련)을 세우는 데 핵심적 역일을 했나 노학연대(노동자-학생연대)' 신술을 세시하는 등 석극 투생론을 전개하다 1981년 전두환 정권 시절 대표적인 공안사건인 '학림사건'으로 무기징역을 선고받았다.

세계 최대 인권단체인 '앰네스티 인터내셔널'은 1986년 고인을 '세계의 양심수'로 선정했고, 고(故) 김수환 추기경의 석방 탄원으로 1988년 가석방됐다. 이후 1989년 주간노동자신문을 창간하고 1999년에는 노동일보를 창간했다. 2001년 3월 김대중 정부 복지노동수석직을 맡았고, 다음 해 1월 보건복지부 장관직을 지냈다. 공직에서 물러난 뒤 2007년 국민 생활의 안정을 위협하는 기름값, 휴대전화비, 카드수수료, 약값, 은행 금리 인하 등을 요구하는 '5대 거품 빼기 범국민운동본부' 상임대표를 맡아 활동했다.

신문수
申文壽, 1939~2021

▲ 고(故) 신분수 화백과 그의 대표작 '로봇 찌빠'

신문수 화백은 **'도깨비감투', '로봇 찌빠' 등의 명랑만화로 1970, 80년대에 큰 인기를 끌었던 만화가다.** 지난 11월 30일 별세했다. 향년 82세. 고인은 1975년 '도깨비감투'가 히트하면서 명랑만화계의 대표적인 만화기로 빈일에 옮았나 1979년부터는 대표작 '로봇 찌빠'를 14년간 '소년슈위'에 언제했다. 고히은 '써냉이'늘 그린 긴창덕 화배, '맹꽁이 서당'을 그린 윤승운 화백과 함께 한국 명랑만화의 대부 3인방으로 불렸다.

명랑만화는 주로 어린이를 대상으로 해 어린이 잡지와 신문을 중심으로 연재됐던 장르로, 캐릭터들은 2~4등신 정도로 간략하게 표현되고, 인물들의 감정을 과장된 행동으로 표현한 것이 특징이다. 평범한 주인공들의 일상을 다루면서 재치있는 스토리로 독자들에게 웃음을 선사했다. 고인은 문화예술 발전에 기여한 공로로 2001년 대한민국 만화문화대상 공로상을 수상했고, 한국 만화가협회 고문을 지내던 2014년엔 보관문화훈장을 받았다. 2002~2005년 한국만화가협회 회장을 역임하며 한국 만화계를 이끌었다.

SNS 톡! 톡!

해야 할 건 많고, (이거 한다고 뭐가 나아질까) 미래는 여전히 불안하고 거울 속 내 표정은 (정말 노답이다) 무표정할 때!
턱 막힌 숨을 조금이나마 열어 드릴게요. "톡!톡! 너 이 얘기 들어봤니?" SNS 속 이야기로 쉬어가요.

#이 정도는 알아야 #트렌드남녀

인싸들의 핫플 된 '명동 신세계' 미디어 파사드 · · ·

▲ 명동 신세계백화점 (신세계백화점 인스타그램 캡처)

명동 신세계백화점이 SNS 인싸들 사이에서 최고의 핫플로 손꼽히고 있다. 명동 신세계백화점 건물 외벽에 마련된 크리스마스 미디어 파사드 때문이다. 140만개 LED칩을 이용한 외관 스크린에 한 편의 서커스 쇼 같은 스토리를 담은, 화려한 연출이 시선을 사로잡는 미디어 파사드를 보기 위해 매일 밤 명동 신세계백화점이 보이는 명동 거리에는 많은 사람이 몰리고 있다. 한편, 명동 신세계백화점의 미디어 파사드는 2022년 1월 21일까지 이어진다.

@ 미디어 파사드 (media facade)
건물 외벽을 스크린으로 활용하여 다양한 영상을 투사하는 것을 말한다.

#이번_주말에 #저도_보러_갑니다^^!(큰기대_중)

BTS 뷔, 인스타그램 팔로워 기네스 신기록 · · ·

▲ BTS 뷔 (뷔 인스타그램 캡처)

최근 방탄소년단 멤버들이 데뷔 8년 만에 개인 인스타그램 계정을 각각 개설했다. 이 중 멤버 뷔의 파급력은 특히 대단했다. 기네스는 뷔의 인스타그램 팔로워가 최단기간 100만 명과 1000만 명을 돌파했다고 밝혔다. 기네스는 "뷔가 (계정 개설) 43분 만에 100만 명을 돌파해 세계신기록을 경신했다"고 밝힌 데 이어 "뷔의 기록 경신 행진은 여기서 끝나지 않았으며 팬들의 빠른 팔로우로 단 4시간 52분 만에 1000만 명의 팔로워를 기록했다"고 전했다.

@ 기네스 (Guinness)
영국 기네스 맥주 회사에서 발행하는 진기한 세계 기록을 모은 책을 말한다.

#대다나다! #세계_팬들에게_즐거움_많이_주시길

'오징어 게임' 미국 골든글로브 어워즈 3개 부문 후보

▲ 래퍼 스눕독이 2022 골든글로브 어워즈 후보를 발표하고 있다. (골든글로브 인스타그램 캡처)

넷플릭스 오리지널 시리즈 '오징어 게임'이 미국 골든글로브 어워즈에서 3개 부문 후보로 지명됐다. 미국 할리우드외신기자협회는 '오징어 게임'을 텔레비전 시리즈-드라마 작품상 부문에 후보로 올리고, 이정재를 텔레비전 시리즈-드라마 남우주연상 부문에, 오영수는 남우조연상 부문 후보에 올렸다. 다만, 그간 아카데미 시상식으로 가는 길목으로 여겨졌던 골든글로브는 최근 부패 스캔들에 직면하며 위상이 예전 같지 못하다.

@ 골든글로브 어워즈 (Golden Globe Awards)
할리우드 외신기자협회(HFPA)에서 수여하는 TV 영화상으로, 1944년부터 시작됐다.

#기생충_윤여정에_이어_3년연속 #정말_대단합니다!

여성 첫 MAMA 호스트 이효리, 스우파 리더들과 눈부신 콜라보

▲ 이효리와 스우파 리더들이 무대를 꾸몄다. (엠넷 마마 인스타그램 캡처)

우리나라의 대표적인 '슈피스타' 이효리가 MAMA(Mnet ASIAN MUSIC AWARDS) 최초의 여성 호스트로 선정됐다. 최초의 여성 호스트 이효리는 지난 12월 11일 2021 MAMA 무대에 올라 특유의 입담과 재치로 시상식을 매끄럽게 진행했다. 한편, 이효리는 올해 역대급 화제성을 불러일으킨 엠넷 댄스 프로그램 '스트릿 우먼 파이터'의 크루 리더들과 콜라보레이션 무대를 꾸미며 강렬한 걸크러쉬를 남겼다.

@ 걸크러쉬 (girl crush)
여자(girl)와 반하다(crush on)를 합친 단어로, 여자가 봐도 반할 정도로 멋진 여성을 뜻한다.

#이거잖아! #내가_원했던_게_이거잖아!!

페이스북에서 이벤트도 참여하세요.

• **페이스북**
facebook.com/eduwillnet

• **에듀윌 도서몰**
book.eduwill.net

• **시사상식 App**
에듀윌 시사상식

구글 플레이스토어 or 애플 앱스토어에서 에듀윌 시사상식을 검색하세요.

* Cover Story와 분야별 **최신상식**에 나온 중요 키워드를 떠올려보세요.

01 남아프리카 공화국에서 처음 보고된 코로나19 새 변이 바이러스 명칭은? p.10

02 당시 냉전 체제하에서 구소련을 중심으로 한 동구권의 위협에 대항하기 위해 집단방위기구로 창설된 기구는? p.16

03 방송 매체에 빈번하게 출연하여 근거 없는 치료법이나 건강 기능 식품을 추천하는 일부 의사를 지칭하는 용어는? p.24

04 1979년 10월 26일 박정희 전 대통령이 피살된 후 12·12 군사반란을 일으켜 권력을 장악해 11대 대통령이 된 인물은? p.31

05 금융기관끼리 자금을 주고받는 단기금융 시장의 금리를 사실상 제로에 가깝도록 낮추는 금리 정책은? p.34

06 고등학생이 대학생처럼 자신의 적성과 선호도 등에 따라 다양한 과목을 선택·이수하고, 기준 학점을 채우면 졸업을 인정받는 제도는? p.58

07 메르켈 총리를 이어 독일을 이끌어갈 차기 총리 이름은? p.64

08 한 나라의 경제가 인접한 다른 국가나 보편적인 세계 경제 흐름과 다른 흐름을 보이면서 탈동
조화되는 현상은? p.74

09 제42회 청룡영화상에서 최우수 작품상을 받은 영화는? p.84

10 서비스 안정성을 확보하기 위해 2020년 12월 10일부터 시행된 부가통신사업자에 통신서비
스 품질 유지 의무를 부과하는 내용을 담은 전기통신사업법 개정안 시행령의 별칭은? p.95

11 인공지능(AI), 빅데이터, 블록체인 등 첨단 정보기술(IT)을 결합한 부동산 서비스는? p.98

12 프랑스 풋볼'이 주관하는 매년 세계에서 한 해 최고 활약을 펼친 축구 선수에게 수여하는 상은? p.104

13 K리그1 프로축구팀과 K리그2 프로축구팀을 모두 합한 숫자는? p.106

14 2021년 기준 국제올림픽위원회 위원장은? p.111

정답 **01** 오미크론 **02** 북대서양조약기구(NATO) **03** 쇼닥터 **04** 전두환 **05** 제로금리 **06** 고교학점제
07 올라프 숄츠 **08** 디커플링 **09** 모가디슈 **10** 넷플릭스법 **11** 프롭테크 **12** 발롱도르 **13** 23
14 토마스 바흐

뜨거운 가마 속에서 구워낸 도자기는
결코 빛이 바래는 일이 없다.

이와 마찬가지로 고난의 아픔에 단련된 사람의 인격은
영원히 변하지 않는다.

고난은 사람을 만드는 법이다.

– 쿠노 피셔(Kuno Fischer)

에듀윌, 대한민국사회공헌대상으로 정부기관상 '17관왕' 달성

종합교육기업 에듀윌(대표 이중현·사진)이 2021년 제16회 대한민국사회공헌대상 사회공헌 부문 대상을 수상하고, 농림축산식품부 장관상을 수상했다.

행한 검정고시 수강권 및 교재 지원 환산 금액은 약 70억원에 달한다. 120명의 에듀윌 장학생을 탄생시켰고, 임직원과 함께 모금하여 기부한 성금도 약 3억에 이르고 있다.

대한민국사회공헌대상은 다양한 형태로 사회발전에 공헌한 유공자를 발굴 및 포상하고 국내 사회공헌 문화를 확산시키고자 주최하는 시상식이다. 제16회 대한민국사회공헌대상은 사회공헌 부문, 일자리창출 부문, 산업발전 부문, 지역발전 부문, 사회봉사 부문까지 총 5개 분야, 40곳의 기업·기관·단체 및 개인에 시상을 진행했다.

에듀윌은 ▲11년째 어려운 지역 이웃을 위해 매월 100포대의 쌀을 기증하는 사랑의 쌀 나눔을 비롯해 ▲학교 밖 청소년을 위한 검정고시 수강권 지원 ▲경제적 어려움으로 학업에 집중하기 힘든 학생들을 위한 장학금 지원 ▲소외계층 지원 사업을 위한 임직원 나눔펀드 운영 등 꾸준한 사회 공헌 활동으로 ESG 경영을 실천한 공로를 인정받아 사회공헌 부문 대상을 수상하게 됐다.

지속적인 사회 공헌 활동을 통해 지역에 기부한 쌀은 모두 1만3122 포대에 이르며, 십여 년간 진

에듀윌 관계자는 "지역사회의 꿈 실현이라는 기업의 비전 아래, 이웃들이 조금 더 나은 미래를 꿈꿀 수 있도록 꾸준한 지원을 펼치고자 노력하고 있다. 에듀윌은 앞으로도 지역사회와 함께 성장할 수 있도록 활발한 사회공헌 활동을 비롯해 ESG 경영 실천에 앞장서겠다"고 전했다.

한편, 에듀윌은 대한민국사회공헌대상 농림축산식품부 장관상 수상으로 정부기관상 17관왕이라는 기록을 달성했다. 지속 성장을 통한 국가 경제 발전 기여, 우수 일자리 창출, 사회공헌 활동을 통한 지역 사회 발전 기여에 대한 공로를 인정받아 대통령 표창 3관왕을 포함해 다수의 정부기관상을 수상했다. 또, 5년간 아무도 깨지 못한 합격자 수 최고 기록(KRI한국기록원, 단일 교육 기관 공인중개사 최다 합격자 배출 공식 인증)도 보유하고 있다.

01 당3역에 속하지 않는 직책은?

① 원내대표
② 사무총장
③ 정책위의장
④ 수석대변인

더불어민주당 핵심 당직자들이 11월 24일 대선을 앞두고 당 쇄신 차원에서 일괄 사퇴하기로 했다. 이재명 대선 후보가 기존 선거대책위원회에 대해 "기민하지 못하다"며 불만을 드러낸 데 이어 '이재명의 민주당'을 만들겠다고 천명한 지 5일 만이다. 사퇴 대상은 당 살림을 책임지는 윤관석 사무총장과 이정근 사무부총장을

▲ 이재명 민주당 대선 후보

비롯해 박완주 정책위의장, 유동수 정책위 부의장, 고용진 수석대변인, 송갑석 전략기획위원장 등이다.

송영길 대표가 임명한 주요 당직자들이 사퇴하면서 송 대표 권한은 상당히 축소될 전망이다. 이미 백의종군을 결의한 선거대책위원회 구성원들에 이어 당 주요 보직자의 대폭 물갈이가 추진되면서 '이재명의 민주당'으로의 전환 및 전면적 인적 쇄신 작업이 더욱 가속화될 전망이다.

해설 당3역은 한 정당의 중추적인 역할을 수행하는 직책을 의미하며, ▲원내대표 ▲사무총장 ▲정책위의장을 칭한다.

정답 ④

02 종합부동산세에 대한 설명으로 옳지 않은 것은?

① 2021년 기준 공정시장가액비율은 95%이다.
② 1가구 1주택자의 종합부동산세 과세 기준은 9억원이다.
③ 조정대상지역 내 다주택자인 경우 종부세율이 최대 6%이다.
④ 부동산 가격을 안정시키기 위한 목적으로 노무현 정부에서 첫 시행됐다.

2021년 집값 상승과 세율 인상 등의 영향으로 주택분 종합부동산세(종부세) 부과 대상자가 크게 늘어 100만 명 돌파했다. 고지 세액도 5조 7000억원까지 늘어났는데, 특히 다주택자와 법인의 부담이 큰 폭으로 증가했다.

2021년에 전년도보다 종부세 고지 인원과 세액 모두 급증한 까닭은 주택가격, 공시가격 현실화율, 공정시장가액비율, 종부세율이 일제히 올랐기 때문이다. 재산세 및 종부세 산출 시 과세표준을 정하기 위해 결정되는 공정시장가액비율이 2020년 90%에서 2021년 95%로 올랐다. 종부세율은 조정대상지역 내 2주택이나 3주택 이상 다주택자의 경우 기존 0.6~3.2%에서 1.2~6.0%로 2배 가까이 올랐고 2주택 이하도 0.5~2.7%에서 0.6~3.0%로 상향됐다.

해설 2021년 9월 종합부동산세법이 개정되면서 1가구 1주택자의 종합부동산세 과세 기준이 9억원에서 11억원으로 상향됐다.

정답 ②

03 국내 최초 금융지주회사는?

① KB금융
② 우리금융
③ 신한금융
④ 하나금융

해설 정부는 2001년 4월 한빛은행(한일은행+상업은행), 평화은행, 경남은행, 광주은행, 하나로종금 등 5개 금융사를 묶어 2001년 4월 국내 최초 금융지주회사인 우리금융을 설립했다.

🗂 우리금융 23년 만에 완전 민영화

유진그룹 계열 사모펀드 유진프라이빗에쿼티(유진PE) 등 5개사가 예금보험공사가 보유한 우리금융지주 지분 낙찰자로 11월 22일 최종 선정됐다. 지분 매각이 완료되면 우리금융은 공적자금이 투입된 지 23년 만에 사실상 완전 민영화된다.

1997년 외환위기 이후 부실 금융기관 구조조정 재원 마련 위해 2001년 한빛은행(한일은행+상업은행), 평화은행 경남은행 광주은행 하나로종금 등 5개 금융사를 묶어 2001년 4월 국내 최초 금융지주회사인 우리금융을 설립하면서 출범 당시 예금보험공사가 우리금융 지분을 100% 소유했으나 정부는 이후 지분을 매각했다. 이 과정에서 우리금융지주가 해제됐다가 2019년 재출범하기도 했다. 정부는 2019년 우리금융지주 매각 로드맵을 마련해 2022년까지 정부 지분을 모두 매각한다고 발표한 바 있다.

정답 ②

04 11월 25일 기준 한국은행 기준금리는?

① 0.25%
② 0.50%
③ 0.75%
④ 1.00%

해설 2021년 11월 25일 한국은행 금융통화위원회는 현재 연 0.75%인 기준금리를 1.00%로 인상했다.

↗ 기준금리 0.25%p 또 인상…20개월 만에 제로금리 마감

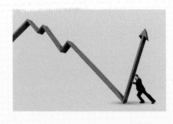

한국은행 금융통화위원회가 11월 25일 현재 연 0.75%인 기준금리를 1.00%로 0.25%p 인상했다. 이로써 코로나19 여파로 인해 2020년 0%대까지 떨어졌던 기준금리가 20개월 만에 다시 1%대로 올라서며, 한국은행이 경기 방어 차원에서 돈을 풀기 위해 1년 8개월 동안 주도한 '초저금리 시대'가 막을 내렸다.

기준금리는 2020년 7, 8, 10, 11월과 2021년 1, 2, 4, 5, 7월 무려 아홉 번의 동결을 거쳤고 지난 8월 마침내 15개월 만에 0.25%p 인상됐다. 이어 3개월 뒤에 0.25%p가 더해졌다. 금통위가 이처럼 3개월 만에 기준금리를 0.5%p나 올린 것은 그동안 시중에 돈이 많이 풀린 부작용으로 인플레이션(물가상승) 우려가 커지는 데다 가계대출 증가, 자산 가격 상승 등 '금융 불균형' 현상도 여전하기 때문이다.

정답 ④

05 학생이 기초 소양과 기본 학력을 바탕으로 진로·적성에 따라 과목을 선택하고, 이수기준에 도달한 과목에 대해 학점을 취득·누적하여 졸업하는 제도는?

① 고교학점제
② 자유학기제
③ 교과교실제
④ 교과선택제

해설 고교학점제에 대한 설명이다.
② 자유학기제 : 학생들이 진로교육을 받을 수 있도록 중간고사, 기말고사를 보지 않고 다른 교육 활동을 통해 학생들이 미래의 진로를 결정하는 데 도움을 주기 위한 제도
③ 교과교실제 : 교과별로 특성화된 교실환경을 마련해 학생들이 과목별로 전용교실을 찾아 이동하면서 수업을 듣는 제도
④ 교과선택제 : 학생이 직접 교과목을 선택하고 시간표를 짜는 형식의 교과과정

📁 교육부, 2022 개정 교육과정 발표

▲ 유은혜 사회부총리 겸 교육부장관 (자료 : 교육부)

2024년부터 연차 적용될 2022 개정 교육과정에서 모든 교과에 디지털 기초 소양 함양 목표가 반영되고 고교학점제에 기반해 고등학교 교과과정이 변경된다. 또한 초교 6학년, 중학교 3학년 등 상급학교 진학 시기에 진로연계학기가 도입된다. 교육부는 11월 24일 '2022 개정 교육과정'의 큰 틀과 교과목별 시수 등을 정하는 총론 주요사항을 발표했다.

먼저 교육부가 2025년 전면 시행을 목표로 하는 고교학점제를 고교 교육과정의 기반으로 삼아 학생들의 과목 선택권을 확대하고 학생 맞춤형 교육 강화를 추진한다. 개정 교육과정은 이를 반영해 수업·학사운영을 '학점' 기준으로 전환하며 1학점의 수업량을 17회(16+1회)에서 16회로 줄인다. 새 교육과정은 학생들이 디지털 전환, 기후환경 변화, 학령인구 감소 등 미래 사회 변화에 적극적으로 대응할 수 있는 인물로 성장하도록 하는 것을 목표로 한다.

정답 ①

---

06 LPGA 대회가 아닌 것은?

① 라이더컵
② US 여자오픈
③ ANA 인스퍼레이션
④ 아문디 에비앙 챔피언십

해설 라이더컵은 유럽에서 2년마다 개최되는 미국과 유럽의 남자 골프대회이다. 한편, LPGA에는 ▲ANA 인스퍼레이션 ▲US 여자오픈 ▲KPMG 위민스 PGA 챔피언십 ▲아문디 에비앙 챔피언십 ▲AIG 위민스 오픈 등 5대 메이저 대회가 있다.

📁 고진영, LPGA 투어 시즌 최종전 우승

고진영이 미국여자프로골프(LPGA) 투어 2021 시즌 상금왕과 올해의 선수 부문을 석권했다. 고진영은 11월 22일(한국시간) 미국 플로리다주 LPGA 투어 CME그룹 투어 챔피언십 대회에서 대회 2연패를 달성하며 시즌 상금 350만2161달러로 상금왕 3연패를 이뤘다.

상금왕 3연패는 2006년부터 2008년까지 로레나 오초아(멕시코) 이후 LPGA 투어에서 13년 만에 나왔고, 한국 선수로는 고진영이 처음이다. LPGA 투어에서 시즌 상금 300만달러를 넘긴 사례는 2007년 오초아의 436만달러 이후 고진영이 14년 만이다. 또 올해의 선수 부문도 포인트 211점으로 1위가 됐다. 고진영이 올해의 선수가 된 것은 2019년 이후 2년 만에 두 번째다. 한 시즌 5승은 2016년 에리야 쭈타누깐(태국) 이후 고진영이 5년 만이다.

정답 ①

07 남아프리카 공화국에서 최초 보고된 코로나19 새 변이(B.1.1.529)의 이름은?

① Nu
② Xi
③ 델타
④ 오미크론

해설 세계보건기구(WHO)는 11월 26일(현지시간) 긴급회의에서 아프리카 남부에서 보고된 코로나19 새 변이(B.1.1.529)를 '우려변이'로 분류하고, 이름을 '오미크론(Omicron)'이라고 지정했다고 밝혔다.

🗂 靑 "코로나19 새 변이 확진자 늘면 대대적 방역조치"

코로나19 신종 변이인 오미크론에 감염 의심 사례가 11월 30일 국내에서 처음 나온 가운데 신규 확진자 수가 12월 1일 처음으로 5000명을 돌파했다. 이날 박수현 청와대 국민소통수석은 "오미크론 확진자가 늘어나면 대재직이 방역주시 ㅅㅅㅔ ㅏ ㅏㄹ 수 ㅆㅕㄷㅣ"ㄹ ㅁ ㅆ요ㅆㄷㅣ.

앞서 문재인 대통령은 11월 29일 강화내에서 수새하 귀내 너와 대유 특별내역식검하여에서 "어렵게 시작한 단계적 일상 회복을 되돌려 과거로 후퇴할 수는 없는 일"이라고 했다. 그러나 오미크론 변이가 국내에 유입돼 확산될 경우, 다시 사회적 거리두기를 강화하는 대책을 검토할 수 있다는 게 청와대 설명이다. 한편 12월 8일 일일 신규 확진자가 처음으로 7000명을 돌파함에 따라 12월 18일부터 다시 사회적 거리두기 4단계에 준하는 방역 체제가 시작됐다.

정답 ④

08 2021년 12월 기준 여성 국가 최고 지도자가 재인 중인 국가가 아닌 짖은?

① 조지아
② 에스토니아
③ 스웨덴
④ 아르헨티나

해설 아르헨티나 대통령은 알베르토 페르난데스이며 남성이다. 현재 ①조지아 대통령은 살로마 주라비슈빌리, ②에스토니아 대통령은 케르스티 칼률라이드, ③스웨덴 총리는 마그달레나 안데르손으로 모두 여성이다.

🗂 72시간 만에 사퇴한 스웨덴 총리...5일 만에 재신출

▲ 마그달레나 안데르손 스웨덴 총리

스웨덴 최초의 여성 총리로 선출됐지만 연립정부(연정) 붕괴로 72시간 만에 사퇴했던 마그달레나 안데르손 사회민주당 대표가 5일 만에 다시 총리로 복귀했다. 11월 29일 수도 스톡홀름 의회에 열린 총리 인준 투표에서 안데르손 대표는 찬성 101표, 기권 75명, 반대 173표로 당선됐다.

안데르손이 속한 사민당은 녹색당과 연정을 구성했지만 의석수가 과반에 미치지 못해 야당의 협조가 필수적이다. 지난 11월 24일 안데르손 대표가 총리로 선출된 직후 예산안 처리 과정에서 극우 스웨덴 민주당이 제출한 예산안 통과에 반대하며 녹색당이 연정 탈퇴를 선언해 안데르손은 물러났다. 하지만 녹색당이 다시 안데르손 지지에 나서면서 두 번째 총리 인준 투표가 실시됐다.

정답 ④

09 방탄소년단 노래 중 2021년 빌보드 핫 100 1위를 달성한 곡이 아닌 것은?

① Butter
② Life Goes On
③ My Universe
④ Permission to Dance

해설 'Life Goes On'은 2020년 11월에 발매된 방탄소년단 스페셜 앨범 'BE'의 타이틀 곡으로, 한국어 곡으로는 최초로 빌보드 핫 100 1위를 차지했다.

🗂 BTS '아메리칸 뮤직 어워즈' 3관왕

▲ 방탄소년단

그룹 방탄소년단이 11월 22일 미국 3대 음악 시상식으로 꼽히는 '아메리칸 뮤직 어워즈'(AMA, American Music Awards)에서 대상에 해당하는 '아티스트 오브 더 이어'(Artist Of The Year)를 비롯해 3관왕에 올랐다. 한국인 가수는 물론 아시아 아티스트가 AMA에서 대상을 받은 것은 방탄소년단이 최초다.

앞서 방탄소년단은 '페이보릿 팝 듀오 오어 그룹'(Favorite Pop Duo or Group)과 '페이보릿 팝송'(Favorite Pop Song) 부분에도 후보에 올랐고 모두 트로피를 거머쥐었다. 방탄소년단은 2021년 '버터'로 빌보드 메인 싱글 차트 '핫 100'에서 총 10주 1위를 차지하는 대성공을 거뒀고 '퍼미션 투 댄스'와 밴드 콜드플레이와 협업한 '마이 유니버스'로도 핫 100 1위에 올랐다.

정답 ②

10 국회 본회의는 회계연도 개시 며칠 전까지 예산안을 의결해야 하는가?

① 30일
② 40일
③ 50일
④ 60일

해설 예산결산특별위원회의 심사를 거친 예산안은 회계연도 개시 30일 전까지 국회 본회의에서 의결해야 한다. 한편, 국회 본회의에서 예산안은 재적의원 과반수의 출석과 출석의원 과반수의 찬성으로 의결된다.

🗂 '역대 최대 규모' 607.7조 예산안 국무회의 의결

▲ 문재인 대통령이 제53회 국무회의를 주재하고 있다. (자료 : 청와대)

지난 12월 3일 국회에서 수정 의결돼 정부로 이송된 2022년도 정부 예산안 및 기금운용계획안이 12월 7일 국무회의에서 의결됐다. 정부는 이날 오전 10시 문재인 대통령 주재로 열린 제53회 국무회의에서 '2022년도 예산안의 국회 증액에 대한 동의 및 예산공고안' 등 예산안 관련 일반안건 4건, 법률공포안 4건, 대통령령안 31건, 기타 일반안건 4건 등을 심의·의결했다.

2022년도 예산안은 당초 정부안보다 3조3000억원 증액된 607조7000억원으로 편성됐다. 소상공인 손실보상 하한액이 10만원에서 50만원으로 인상됐으며, 손실보상 비대상 업종에 대한 맞춤형 지원이 늘어나고, 경구용 치료제 구매와 중증환자 치료 병상 확보 확대 등 방역 재원도 보강됐다.

정답 ①

11 중대재해기업처벌에 대한 설명으로 옳지 않은 것은?

① 태안 화력발전소에서 일하다 숨진 노동자 김용균 씨 사건을 계기로 입법이 논의됐다.
② 기업에서 중대재해가 발생했을 때 사업주에 대한 형사처벌을 강화하는 내용이다.
③ 2021년 1월 8일 국회 본회의를 통과했으며 2022년 1월 27일부터 시행된다.
④ 5인 미만 사업상 등에도 예외 없이 적용된다

해설 5인 미만 사업장 등은 중대재해기업처벌법 적용 대상에서 제외됐다.

🗁 서울시설공단, 공공기관 최초로 '위험작업 거부권' 전면 보장

2022년 1월 27일 중대재해기업처벌법 시행을 앞둔 상황에서, 서울시설공단은 공공기관 최초로 '위험작업 거부권'을 전면 보장하기로 했다고 지난 12월 1일 밝혔다. 이에 따라 서울시설공단 근로자는 시설 점검이나 보수·정비 작업을 할 때 위험하거나 인지하여 어어 더 빠른 시에, 직업 시행 신이나 작업 도중 언세든지 작업을 멈추고 관리자에게 통보할 수 있다.

근로자가 작업거부권을 행사하는 즉시 작업은 중단되며, 안전시설 설치나 인력 추가 배치 등 필요한 조치를 이행한 후 작업이 재개된다. 작업거부에 따른 불이익은 없다. 서울시설공단은 '작업 거부권'이 산업안전보건법 등에서 보장하는 '작업 중지권'보다 폭넓은 개념이라고 설명했다.

정답 ④

12 OECD 회원국은 현재 총 몇 개국인가?

① 36
② 37
③ 38
④ 39

해설 2021년 5월 중미 코스타리카가 경제협력개발기구(OECD)에 가입하며, OECD 가입국은 총 38개국이 됐다. 한편, OECD는 회원국 간 상호 정책조정 및 협력을 통해 세계경제의 공동 발전 및 성장과 인류의 복지 증진을 도모하는 정부 간 정책연구 협력기구다.

🗁 OECD, 2021년 한국 성장률 전망치 4.0% 유지

경제협력개발기구(OECD)는 지난 12월 1일(현지시간) 발표한 '경제전망 보고서'에서 2021년 한국 국내총생산(GDP) 성장률 전망치를 4.0%로 유지했다. 이는 지난 9월 중간 경제전망에서 제시한 숫자와 동일한 것이다. 보고서는 "한국 경제는 신속한 백신 접종에 따른 거리두기 완화, 수출·투자 호조세, 정책효과 등으로 회복세를 지속하고 있다"고 평가했다.

한편, OECD는 전 세계적인 인플레이션 확산을 고려해 한국을 비롯한 대부분 국가의 물가 전망을 상향 조정했다. 우리나라 물가 전망으로는 지난 9월 전망(2.2%)보다 0.2%p 올린 2.4%를 제시했다.

정답 ③

13 온두라스에서 탄생한 첫 여성 대통령은?

① 저신다 아던
② 글로리아 아로요
③ 발레리 페크레스
④ 시오마라 카스트로

해설 시오마라 카스트로는 2013년, 2017년에 이어 2021년까지 세 번째 도전 끝에 온두라스 대통령에 당선됐다.
① 저신다 아던 : 뉴질랜드의 여성 총리
② 글로리아 아로요 : 필리핀 전 여성 대통령
③ 발레리 페크레스 : 프랑스 공화당 사상 첫 여성 대선후보로 선출된 정치인

📁 온두라스 '첫 여성 대통령' 탄생

▲ 온두라스 국기

중미 온두라스에서 첫 여성 대통령이 탄생했다. 12월 1일(현지시간) BBC 등 외신에 따르면 시오마라 카스트로는 앞선 11월 치러진 대선에서 승리를 선언했으며, 집권당 후보도 패배를 인정했다고 보도했다. 카스트로 자유재건당 후보가 대선 승리를 확정하면서 온두라스는 12년 만에 좌파 정권이 들어섰다.

온두라스 첫 여성 대통령이 된 카스트로는 2013년, 2017년에 이어 2021년까지 세 번째 도전 끝에 대통령에 당선됐다. 그는 2009년 쿠데타로 축출된 호셀 마누엘 셀라야 전 대통령의 부인이다. 한편, 카스트로는 대만 대신 중국과 외교관계를 맺겠다는 의사를 밝힌 바 있어 관심이 쏠리고 있다.

정답 ④

14 2022년 베이징 동계올림픽에 이어 2026년에 동계올림픽을 개최하는 국가는?

① 일본
② 미국
③ 프랑스
④ 이탈리아

해설 2026년 동계올림픽은 이탈리아 밀라노와 코르티나 담페초에서 열린다. ①일본은 2021년에 2020 도쿄 하계올림픽을 코로나19 팬데믹 상황 속에서 개최했으며, ②미국은 오는 2028년에 로스앤젤레스에서 하계올림픽을 개최한다. ③프랑스는 오는 2024년에 파리에서 하계올림픽을 개최한다.

📁 미국, 베이징 올림픽 보이콧 공식화

미국이 2022년 2월 개최될 예정인 베이징 동계올림픽에 외교 사절단을 보내지 않겠다고 공식발표하며, 2022 베이징 올림픽의 외교적 보이콧을 공식화했다. 외교적 보이콧이란 개회식과 폐회식 등에 정부 사절단을 보내지 않는 것을 뜻하는 것으로, 미국은 신장 등에 대한 중국의 지독한 인권 침해와 잔혹 행위 때문에 이같이 결정했다고 밝혔다.

한편, 미국에 이어 호주까지 베이징 올림픽 보이콧을 선언한 가운데 2024·26년 올림픽 개최국인 프랑스와 이탈리아 역시 보이콧 동참 여부를 놓고 고심에 빠졌다. 반면, 청와대는 12월 8일 입장을 내고 베이징 올림픽의 외교적 보이콧에 대해 현재까지는 검토하지 않고 있다는 입장을 밝혔다.

정답 ④

15 국내 방송사에서 임명 동의제를 최초로 도입한 곳은?

① KBS
② SBS
③ MBC
④ EBS

해설 재적 인원의 일정 이상이 동의하지 않으면 경영진을 임명할 수 없는 임명 동의제는 소유와 경영의 분리를 위해 국내 방송사 최초로 SBS가 도입했다.

📁 SBS 창사 이후 '첫 파업' 극적 보류

경영진 임명 동의제 등을 두고 갈등을 빚으며 창사 이후 첫 파업이 예고되는 등 갈등을 빚었던 SBS 노사가, 파업 문턱에서 잠정 합의안에 서명했다. 당초 SBS 노조는 임명 동의제 사수를 위해 12월 6일부터 12일까지 1차 파업을 예고한 사태였으니. 그러나 12월 6일 새벽 노사는 약측은 잠정 합의를 체결하고 밝혔다.

SBS 노사는 2021년 주 기획이 경영진 면직 등에게 배상하게 비난 해영아 채기급 동의제 시난 12월 2일 파업 결의대회를 열고 1차 파업을 예고했다. 한편, 임명 동의제는 소유와 경영의 분리를 위해 국내 방송사 최초로 SBS가 도입했다. 사장과 편성, 시사교양 본부장은 재적 인원의 60% 이상, 보도본부장은 50% 이상이 반대하면 임명할 수 없다는 내용이 골자다.

정답 ②

16 TV계의 아카데미상이라 일컬어지는 미국 방송계 최대의 행사는?

① 에미 어워즈
② 고담 어워즈
③ 피플스 초이스 어워즈
④ 크리틱스 초이스 어워즈

해설 에미 어워즈(Emmy Awards)에 대한 설명이다. 에미 어워즈는 1948년에 창설되어 미국텔레비전예술과학아카데미(ATAS)의 주최로 뉴욕에서 개최된다.

📁 '오징어 게임' 미국 '피플스 초이스' 수상

미국 '2021 피플스 초이스 어워즈'에서 한국의 넷플릭스 오리지널 시리즈 '오징어 게임'이 수상했다. 지난 12월 7일(현지시간) 열린 미국의 저명한 음악·영화·TV 시상식 2021 피플스 초이스 어워즈에서 '오징어 게임'은 올해의 정주행 시리즈 부문에서 경쟁작을 제치고 수상작으로 호명됐다.

'오징어 게임'은 미국의 메이저 시상식 중 하나인 '크리틱스 초이스 어워즈'에서도 최고의 드라마 시리즈·최고의 외국어 시리즈·최고의 남자 배우상(이정재) 등 3개 부문 후보에 올랐다. '오징어 게임'의 신드롬급 인기에 '2022 에미 어워즈'에서 수상할 수도 있다는 가능성까지 점쳐지고 있다. 에미 어워즈는 미국 방송계 최대의 행사로, TV계의 아카데미상이라 일컬어지는 권위를 가진 상이다.

정답 ①

01 한국 드라마 촬영 현장의 가혹한 노동 환경을 일컫는 신조어는?

① 나노 노동
② 점프컷 노동
③ 디졸브 노동
④ 페이드 노동

해설 디졸브(dissolve) 노동은 밤샘 촬영이 다음 날 아침까지 이어지고 짧은 휴식 후 곧바로 오전부터 다시 촬영을 시작하는 드라마 촬영 현장의 노동 현실을 꼬집는 말이다. 쉴 새 없이 노동이 이어지는 상황을 한 화면이 다른 장면과 겹쳐지는 영상 편집 기법인 디졸브에 빗댄 것이다.

정답 ③

02 스스로의 심리적 성별과 생물학적인 성별을 동일하게 여기는 사람은?

① 퀴어
② 시스젠더
③ 바이섹슈얼
④ 트랜스젠더

해설 시스젠더(cisgender)는 자신이 심리적으로 체화한 성별 정체성과 생물학적으로 타고난 성별이 일치한다고 느끼는 사람을 뜻한다. 이는 심리적 성별과 생물학적 성별을 다르게 느끼는 트랜스젠더에 대응해 만들어진 개념으로서, 대다수가 시스젠더이므로 실생활에서 널리 쓰이는 말은 아니다.

정답 ②

03 주택가격에 비해 주택담보대출금액이 어느 정도를 차지하는지 나타내는 비율은?

① LTV
② DTI
③ DSR
④ LTI

해설 주택담보인정비율(LTV, Loan To Value ratio)에 대한 설명이다.
②DTI(Debt To Income) : 총부채상환비율. 주택담보대출을 받을 때 매년 상환해야 하는 금액이 연 소득에서 차지하는 비율
③DSR(Debt Service Ratio) : 총부채원리금상환비율. 빚의 원금과 이자를 갚는 데 들어가는 돈이 소득에서 차지하는 비율
④LTI(Loan To Income ratio) : 소득대비대출비율. 개인사업자(자영업자)의 원리금상환능력을 감안해 대출 한도를 설정하기 위해 도입된 규제 비율

정답 ①

04 다음 중 국회 정족수가 나머지와 다른 것은?

① 계엄 해제
② 헌법 개정안 발의
③ 대통령 탄핵소추 발의
④ 국회의원 심사의 무자격 결정

해설 국회의원 심사의 무자격 결정(제명)은 재적 3분의 2 이상이 필요하다. ①계엄 해제 ②헌법 개정안 발의 ③대통령 탄핵 소추 발의를 하려면 모두 재적 과반수 이상의 찬성이 있어야 한다.

정답 ④

05 대한민국이 처음으로 출전한 올림픽은?

① 1936년 독일 베를린 올림픽
② 1948년 영국 런던 올림픽
③ 1952년 핀란드 헬싱키 올림픽
④ 1956년 오스트레일리아 멜버른 올림픽

해설 대한민국이 처음으로 출전한 올림픽은 1948년 7월 29일부터 8월 14일까지 영국 런던에서 열린 제14회 하계올림픽이다. 당시 대한민국 정부 수립 이전 군정기였지만 한국은 Korea라는 국명과 태극기를 내세워 참가했고, 역도와 복싱에서 각각 동메달을 1개씩 획득했다.

정답 ②

06 다음 중 베르테르 효과의 의미와 반대인 것은?

① 디드로 효과
② 로젠탈 효과
③ 베블런 효과
④ 파파게노 효과

해설 베르테르(Werther effect) 효과는 유명인 등의 자살이 있고 난 뒤 이를 모방한 자살이 잇달아 일어나는 현상이다. 파파게노 효과(Papageno effect)는 언론이 자살에 대한 보도를 자제하면 자살을 예방할 수 있다는 이론으로서 베르테르 효과의 반대 의미라고 볼 수 있다.

정답 ④

07 유대인의 민족주의 운동을 일컫는 말은?

① 시오니즘
② 반달리즘
③ 헬레니즘
④ 와하비즘

[해설] 시오니즘(zionism)은 고대 유대인들이 고국 팔레스타인에 유대 민족국가를 건설하는 것을 목표로 한 유대 민족주의 운동이다.

[정답] ①

08 다음 중 담합에 가담한 기업이 자진해서 담합 행위를 인정하거나 관계 당국에 신고하면 처벌을 감면해 주는 제도는?

① 특별사면
② 손실보상
③ 리니언시
④ 플리바게닝

[해설] 담합 행위를 자진 신고하는 기업에 과징금을 면제하거나 감면해주는 것은 리니언시(leniency : 관용, 자비라는 뜻) 제도이다. ①특별사면이란 형의 선고를 받은 특정인에 대해 형의 집행을 면제해 주는 것이며 ④플리바게닝(plea bargaining)은 범행을 자백하거나 수사에 협조하면 처벌을 감면해 주는 유죄협상제도이다.

[정답] ③

09 중국의 이른바 4대 기서(奇書)에 포함되지 않는 것은?

① 수호전
② 서유기
③ 홍루몽
④ 금병매

[해설] 중국 4대 기서로 ▲나관중의 『삼국지연의(三國志演義)』 ▲시내암의 『수호전(水滸傳)』 ▲오승은의 『서유기(西遊記)』 ▲작자 미상인 『금병매(金瓶梅)』가 꼽힌다.

[정답] ③

10 공직선거법상 국회의원 정수는?

① 270명
② 290명
③ 299명
④ 300명

해설 국회의 의원정수는 지역구 국회의원과 비례대표 국회의원을 합하여 300명으로 한다(공직선거법 제21조 ①).

정답 ④

11 인상주의라는 말이 등장한 계기와 관련이 있는 화가는?

① 모네
② 마네
③ 고갱
④ 고흐

해설 인상주의(印象主義, impressionism)는 1860년대 파리의 미술가들이 주도한 미술 사조로서, 클로드 모네(Claude Monet, 1840~1926)의 유화인 '인상, 해돋이'(Impression, Sunrise)에서 비롯됐다. 당시 한 비평가가 모네를 비롯해 피사로, 시슬레, 드가, 세잔, 르누아르, 모리조 등을 "그저 인상을 그리는 일당들"이라고 야유한 연유로 그 이름이 널리 퍼졌다.

정답 ①

12 처음 제시된 정보가 나중에 들어온 정보보다 전반적인 인상 형성에 강한 영향을 미치 는 것은?

① 노출효과
② 최신효과
③ 초두효과
④ 빈발효과

해설 초두효과는 '첫인상이 중요하다'는 속설로 설명할 수 있다.
① 노출효과 : 상대방과의 만남을 거듭할수록 호감을 갖게 됨
② 최신효과 : 나중의 정보가 큰 영향을 미침
④ 빈발효과 : 반복해서 제시되는 행동이나 태도가 인상을 좌우함

정답 ③

연합뉴스 2021년 11월 7일

※ 다음을 서술하시오. (01~05)

01 12·12사태 (김재규/10·26/전두환/최규하/노태우 순으로 설명하시오.)

02 한국의 갯벌

03 미라클 작전

04 6·29 선언

05 언론중재법 개정안 (핵심 쟁점 3개를 포함할 것)

※ 단답형 (06~23)

06 재료에 외부적 힘을 가해 영구적 변형을 일으켜 일정 형태 제품으로 가공하는 기술은?

07 군대5종... 기에서 흥미 중복위 대체 꼬를... 로 뉴력하게 거론되는 것은?

정답 **01** 1979년 10월 26일 중앙정보부 부장 김재규가 박정희 대통령을 살해한 10·26사건 이후 전두환 보위사령관을 중심으로 한 신군부 세력이 교사 반란 사건을 일으켰다. 이를 12·12사태라고 한다. 전두환은 12·12사태로 군부 세력을 장악하며 정치적 실세로 등장했다. 같은 해 최규하 대통령이 신군부의 압력에 사임했고 전두환이 대통령으로 선출돼 제5공화국이 성립됐다. 전두환과 함께 12·12사태를 주도한 노태우는 제5공화국의 2인자로서 민정당 대표가 됐다.

02 멸종위기종 철새를 비롯해 2000여 종의 생물이 살아가는 생물종의 보고 '한국의 갯벌'(Getbol, Korean Tidal Flats)은 2021년 유네스코 세계유산에 등재됐다. 유네스코 자문·심사기구인 세계유산위원회는 지난 7월 ▲충남 서천 ▲전북 고창 ▲전남 신안 ▲전남 보성·순천 등 4곳에 있는 갯벌을 묶은 유산인 '한국의 갯벌'을 세계유산 중 자연유산으로 등재했다.

03 미라클 작전은 2021년 8월 한국 정부를 도운 아프가니스탄 현지인 조력자들을 구출해 국내에 들여온 작전이다. 아프간 내전 끝에 집권한 이슬람 극단주의 세력인 탈레반이 아프간 재건 사업에 참여한 협력자들에게 보복 위협을 가한 가운데 한국 정부는 이들을 구하기 위해 미라클 작전을 세웠다. 미국의 도움으로 협력자들을 공항으로 데려온 뒤 공군 수송기를 투입해 391명을 모두 무사히 구출했고 정부는 이들 아프간 협력자들을 특별 기여자라는 형식으로 입국시켰다. 한국 정부가 분쟁 지역 외국인을 인도적 차원에서 대거 국내로 데려온 것은 처음으로서 외교사에서 의미가 큰 사건이었다.

04 6·29 선언은 1987년 6월 29일 당시 제5공화국의 여당인 민정당 대표였던 노태우가 국민들의 직선제 개헌 요구를 받아들여 평화적으로 정권을 이양하겠다고 발표한 특별선언이다. 야당과 재야 세력은 제5공화국의 정통성 결여와 비민주성을 비판하며 대통령 직선제 개헌을 요구해왔다. 하지만 전두환 대통령은 1987년 4월 13일 모든 개헌 논의를 금지하는 호헌조치를 발표했고 이에 시민들은 이에 격렬하게 저항했다. 전두환 정부는 한때 군의 투입을 검토했으나 민주주의를 열망하는 국민들의 거센 저항에 굴복하며 대통령 직선제 개헌을 받아들이기로 했고 6·29 선언이 발표됐다.

05 언론중재법 개정안은 21대 국회에서 여당이 추진하다가 국회 계류 중인 법안이다. 언론의 명백한 고의·중과실에 의한 허위·조작 보도에 따라 재산상 손해나 인격권 침해 등이 있다고 판단될 경우 5배의 징벌적 손해배상을 허용하고 정정보도나 반론보도도 강화하며 언론중재위로부터 정정보도나 반론보도 결정을 받기 전에 미리 차단 조처를 하는 열람차단청구권 신설 등의 내용이 담겼다. 이에 대해 기존 민법·형법 체계로 충분히 규제할 수 있는 상황에서 과잉·이중처벌이 이뤄져 위헌 소지가 있다는 점, 고의·중과실 사례가 구체적이지 않아 주관적 해석이 가능하다는 점, 열람차단청구권으로 언론의 자유가 침해된다는 점이 3대 쟁점으로 떠올랐다.

06 소성가공 **07** 사이클

08 다이아몬드처럼 탄소 원자로만 이뤄진 흑연의 한 층을 얇게 잘라내 탄소 원자들이 2차원 평면을 이루고 있는 구조의 나노물질은?

_____

_____

09 대한민국 5부 요인 중에서 국회의 임명 동의를 거치지 않는 직책과 현재 해당 직책을 맡은 인물의 이름을 쓰시오.

• 직책 : _____

• 이름 : _____

❖ 5부 요인

5부 요인에는 ▲국회의장 ▲대법원장 ▲헌법재판소장 ▲국무총리 ▲중앙선거관리위원회 위원장이 포함된다. 대통령은 헌법상 행정부 수반이자 국가 원수로서 항상 국가를 대표하므로 5부 요인에 포함시키지 않는다. 대법원장, 헌법재판소장, 국무총리, 중앙선거관리위원장은 국회의 임명 동의를 거쳐야 하며 국회의장은 국회에서 선출한다.

10 'P2P 금융'을 영문으로 풀어쓰시오.

_____

_____

11 미국에서 서머타임이 11월 7일 새벽 2시(현지시간)를 기해 해제됨에 따라 미국과의 시차는 동부 시간 기준과 서부 시간 기준으로 각각 한국 몇 시간 차이가 나는가?

• 동부 : _____

• 서부 : _____

12 이날치 밴드 및 앰비규어스 댄스 컴퍼니의 곡 '범 내려온다'의 영문 제목은?

_____

_____

13 대통령 직선제 도입 이후 한국 정치의 주역이었던 '1노 3김'이 누구인지 쓰시오.

_____

_____

14 국가온실가스감축목표(NDC)를 영문으로 풀어 쓰시오.

_____

_____

15 19C 재위했던 조선 왕을 순서대로 나열하시오.

_____

_____

16 2018년 제1차 남북정상회담에서 설치가 합의된 남북한 간 상시적 연락·협의 기관으로서 2020년 북측이 남측의 동의 없이 폭파한 것은?

_____

_____

17 〈보기〉의 빈칸에 들어갈 말은?

> ──── 보기 ────
>
> 법관은 탄핵 또는 (   ) 이상의 형의 선고에 의
> 하지 아니하고는 파면되지 아니하며, 징계처분에
> 의하지 아니하고는 정직·감봉 기타 불리한 처분을
> 받지 아니한다. (헌법 제106조 1항)

_____

18 COP26을 한글 명칭으로 풀어쓰시오.

_____

❖ COP26

COP26은 제26차 유엔기후변화협약 당사국 총회의 줄임말이
다. COP는 유엔 환경개발회의에서 체결한 기후변화협약의 구체
적인 이행방안을 논의하기 위해 매년 개최하는 당사국들의 회의
(Conference of the Parties)의 약어이다. 이 뒤에 숫자에 세계에 서리
는 뜻이다. 영국 글래스고에서 2021년 10월 31일부터 11월 13일 열
린 COP26에서 197개 참가국은 기후위기 대응을 위해 석탄 발전
을 단계적으로 감축하고, 선진국이 2025년까지 기후변화 적응기
금을 2배로 확대하기로 하는 내용 등이 담긴 '글래스고 기후조약
(Glasgow Climate Pact)'을 채택했다.

19 미국의 요청으로 캐나다 경찰에 체포된 뒤
가택연금 상태에 있던 화웨이 부회장의 이름은
무엇이며 어떤 혐의로 체포됐었는가?

• 이름 : _____

• 혐의 : _____

20 총부채상환비율과 총부채원리금상환비율
의 영문 줄임말은?

• 총부채상환비율 : _____

• 총부채원리금상환비율 : _____

21 미국 식품의약국(FDA)이 최초로 사용을
승인한 코로나19 경구 치료제인 이 치료제를 만
든 회사의 이름은?

• 치료제 : _____

• 회사 : _____

22 공정기래위원을 한자로 쓰시오.

_____

23 한국 최초로 칸 영화제 경쟁 부문에서 수
상(감독상)한 영화와 이 영화를 제작한 제작사의
대표로서 최근 별세한 인물은?

• 영화 : _____

• 인물 : _____

정답 **08** 그래핀   **09** • 직책 : 국회의장 / • 이름 : 박병석   **10** Peer to Peer Finance   **11** • 동부 : 14시간 / • 서부 : 17시간
12 Feel the Rhythm of Korea   **13** 노태우, 김영삼, 김대중, 김종필   **14** Nationally Determined Contribution
15 순조−헌종−철종−고종   **16** 남북공동연락사무소   **17** 금고   **18** 제26차 유엔기후변화협약 당사국 총회
19 • 이름 : 멍완저우 / • 혐의 : 미국의 대이란 제재 위반   **20** • 총부채상환비율 : DTI / • 총부채원리금상환비율 : DSR
21 • 치료제 : 몰누피라비르 / • 회사 : 머크   **22** 公正去來委員   **23** • 영화 : 취화선 / • 인물 : 이태원

광주광역시 공공기관 통합 채용
2021년 11월 13일

01 다음 중 매사냥에 가장 적합한 매의 종류는?

① 참매
② 보라매
③ 송골매
④ 옥송골

해설 매사냥은 훈련된 매를 이용하여 꿩이나 토끼를 사냥하는 것으로서 매사냥에는 난 지 1년이 안 된 매를 일컫는 보라매가 사용된다. 보라매는 어려서 길들이기가 쉽고 활동력이 왕성해 매사냥에 적합하다.

02 다른 조건이 불변일 때, 소득이 증가함에 따라 수요가 증가하는 재화는?

① 정상재
② 기펜재
③ 열등재
④ 보완재

해설 정상재(正常財, normal good)는 소비자의 소득이 증가함에 따라 수요도 함께 증가하는 상품, 즉 수요의 소득탄력성이 0보다 큰 상품을 말한다.

정상재는 다시 수요의 소득탄력성이 0보다 크고 1보다 작은 필수재와, 수요의 소득탄력성이 1보다 큰 사치재로 분류한다. 이러한 필수재와 사치재의 구분이 절대적인 것은 아니며 같은 상품도 상황에 따라 다르게 분류될 수 있다.

② 기펜재 : 열등재 중에서도 소득효과[어떤 상품 가격이 하락(상승)할 때 소비자의 실질소득이 증가(감소)해 그 상품의 구매력이 증가(감소)하는 것]의 크기가 대체효과[같은 용도를 지닌 두 가지 상품 가격이 변했을 때 상대적으로 비싸진 상품에서 상대적으로 싸진 상품으로 소비자 수요가 옮겨가는 것]보다 커 가격의 하락에도 불구하고 수요가 감소하는, 수요의 법칙의 예외인 재화이다.

③ 열등재 : 소득이 증가(감소)함에 따라 수요가 감소(증가)하는 재화

④ 보완재 : 두 재화를 따로따로 소비했을 때의 효용을 합한 것보다, 빵과 버터처럼 함께 소비했을 때의 효용이 증가하는 재화

03 블록체인 기술로 그림이나 영상 등 디지털 파일에 원본이라고 인증하는 토큰을 붙인 것은?

① RFID
② P2E
③ 알트코인
④ NFT

해설 대체불가능토큰(NFT, Non Fungible Token)에 대한 설명이다.

① RFID : IC칩과 무선을 통해 먼 거리에서 정보를 인식하는 기술

② P2E : 블록체인 기술을 접목해 아이템과 캐릭터를 가상화폐 및 현금으로 교환함으로써 수익을 낼 수 있는 게임. 'Play to Earn'의 줄임말

③ 알트코인 : 가상화폐의 대표 주자인 비트코인을 제외한 나머지 가상화폐를 통틀어 일컫는 말

04 조직의 상위 직급은 무능한 인물로 채워질 수밖에 없다는 이론은?

① 슈바베의 법칙
② 파킨슨의 법칙
③ 피터의 법칙
④ 메라비언의 법칙

해설 피터의 법칙은 로렌스 피터가 제시한 경영학적 원칙으로서 조직에서 어떤 직책의 적임자를 선택할 때, 그 직책에서 요구되는 직무수행 능력보다 지원자가 현재까지 보여 온 업무성과에 기초해 평가하는 경향이 높다는 것이다.

즉, 업무성과가 부족한 직원은 더 이상의 승진이 어렵고, 반대로 업무 성과가 좋은 직원은 직무수행 능력과 부합하지 않는 고위직으로 승진하게 되므로 상위 직급은 무능한 인물로 채워질 수밖에 없다는 것이다.

① 슈바베의 법칙 : 소득이 많아질수록 주택비, 특히 집세의 지불액이 많아지지만 가계 지출액 전체에서 차지하는 비율은 점차 작아진다는 법칙

② 파킨슨의 법칙 : 공무원의 수는 업무의 유무와 경중(輕重)에 관계 없이 일정 비율 증가하며 심지어 업무량이 감소해도 증가한다는 행정학 법칙

④ 메라비언의 법칙 : 대화를 할 때 상대방의 이미지는 대화의 내용과 직접적으로 관계가 없는 비언어적 요소로 결정된다는 커뮤니케이션 법칙

05 유네스코 세계기록 유산이 아닌 것은?

① 훈민정음 해례본
② 피란수도 부산 기록물
③ 5·18 광주 민주화운동 기록물
④ KBS 특별생방송 '이산가족을 찾습니다' 기록물

해설 부산시는 한국전쟁기 1023일 동안 피란수도 부산에서의 공공·국제협력을 보여주는 유산으로 구성된 '한국전쟁기 피란수도 부산의 유산'을 유네스코 세계유산으로 등재 기원, 2017년 세계유산 잠정목록으로 추천된 지 5년 만에 세계유산 우선 등재 추진대상으로 선정된 바 있다.

❖ 한국의 뉴네스코 유산 (2021년 12월 기준)

세계유산 (문화·자연·복합유산)	▲한국의 갯벌 ▲한국의 시원·신사, 한국의 산지승원 ▲백제역사유적지구 ▲남한산성 ▲한국의 역사마을 : 하회와 양동 ▲조선 왕릉 ▲제주 화산섬과 용암 동굴 ▲고창, 화순, 강화의 고인돌 ▲경주 역사 지구 ▲창덕궁 ▲수원 화성 ▲해인사 장경판전 ▲종묘 ▲석굴암과 불국사
인류무형문화유산	▲연등회 ▲씨름(남북한 공동 등재) ▲제주해녀문화 ▲줄다리기 ▲농악 ▲김장문화 ▲아리랑(남북한 개별 등재) ▲줄타기 ▲택견 ▲한산 모시짜기 ▲대목장(大木匠) ▲매사냥 ▲가곡 ▲처용무 ▲강강술래 ▲제주칠머리당 영등굿 ▲남사당놀이 ▲영산재 ▲강릉단오제 ▲판소리 ▲종묘제례 및 종묘제례악
세계기록유산	▲국채보상운동 기록물 ▲조선통신사에 관한 기록 ▲조선왕실 어보와 어책 ▲한국의 유교책판 ▲KBS 특별생방송 '이산가족을 찾습니다' 기록물 ▲새마을운동 기록물 ▲난중일기 ▲5·18 광주 민주화 운동 기록물 ▲일성록 ▲동의보감 ▲고려대장경판 및 제경판 ▲조선왕조 의궤 ▲불조직지심체요절 하권 ▲승정원일기 ▲조선왕조실록 ▲훈민정음 해례본

06 다음 중 신민회와 관련이 없는 인물은?

① 신채호   ② 안중근
③ 양기탁   ④ 이승훈

해설 신민회(新民會)는 1907년 국내에서 결성된 항일 비밀결사다. 전국적 규모로서 국권을 회복하는 데 목적을 두었다. 1907년 안창호의 발기로 ③양기탁·전덕기·이동휘·이동녕·이갑·유동열·안창호 등 7인이 창건위원이 됐고 노백린·④이승훈·안태국·최광옥·이시영·이회영·이상재·유치호·이갑·주성화·길구·①신채호·박은식·이회저·이종호·김구 등이 신민회 회원 명부이 있다.

07 무엇인가에 대한 사람의 믿음, 기대, 예측이 실제로 일어나는 경향을 일컫는 말은?

① 초두 효과
② 수면자 효과
③ 방관자 효과
④ 피그말리온 효과

해설 피그말리온 효과(Pygmalion effect)에 대한 설명이다. 교사의 기대에 따라 학습자의 성식이 향상되는 효과가 대표적이다. '교사 기대 효과', '로젠탈 효과', '실험자 효과'라고도 한다.
그리스 신화 속의 피그말리온 왕이 자신이 조각한 여성상을 진심으로 사랑하게 되었고, 이를 지켜본 미의 여신 아프로디테가 그의 소원을 들어주어 조각상을 인간으로 만들어 주었다는 전설에서 비롯된 말이다.
① 초두 효과 : 먼저 제시된 정보가 나중에 알게 된 정보보다 더 강력한 영향을 미치는 현상
② 수면자 효과 : 신뢰도가 낮은 출처에서 나온 메시지의 설득효과가 시간이 지나면 감소하는 것이 아니라 오히려 증가하는 현상
③ 방관자 효과 : 주위에 사람들이 많을수록 어려움에 부닥친 사람을 돕지 않게 되는 현상

08 〈보기〉에서 나타난 사건과 신진사림의 대표적 인물을 바르게 연결한 것은?

—— 보기 ——

1519년(중종 14년) 남곤·심정 등 훈구 대신들은 신진사림의 세력 확장과 위훈 삭제에 대한 불만으로 반역죄의 누명을 씌워 신진사림 일파를 죽이거나 유배 보냈다. 이 사건으로 신진사림의 개혁정치는 4년 만에 끝나고, 그들이 추진했던 정책도 대부분 폐지되었다.

① 무오사화 – 김종직
② 갑자사화 – 김일손
③ 기묘사화 – 조광조
④ 을사사화 – 윤원형

해설 〈보기〉는 기묘사화(己卯士禍)에 대한 설명이며 신진 사림의 핵심 인물은 조광조(趙光祖, 1482~1520)다.

❖ **사화의 발생**

무오사화 (연산군, 1498)	김종직의 조의제문을 김일손이 사초에 수록하면서 발생 → 김일손 등 사림의 몰락
갑자사화 (연산군, 1504)	폐비 윤씨 사사 사건을 연산군이 알게 되면서 발생 → 관련자 축출(사림 피해)
기묘사화 (중종, 1519)	조광조의 급진적인 개혁과 위훈 삭제 사건을 계기로 발생 → 조광조 등 사림 세력 제거
을사사화 (명종, 1545)	왕실 외척 간(대윤 : 윤임, 소윤 : 윤원형)의 대립 → 윤임 일파 제거

09 (가), (나) 사이 시기에 있었던 사실로 옳은 것은?

(가) 지난 달 조선에서 국왕의 명령에 의해, 선교 중이던 프랑스인 주교 2명과 선교사 9명, 조선인 사제 7명과 무수히 많은 남녀노소 천주교도들이 학살되었습니다...이제 우리는 중국 정부의 조선 왕국에 대한 어떤 영향력도 인정하지 않을 것임을 선언합니다.

– 베이징 주재 프랑스 대리공사 벨로네의 서한 –

(나) 돌을 캐어 종록에 비석을 세웠다. 그 비면에 글을 써서 이르기를 "서양 오랑캐가 침범하는데 싸우지 않으면 즉 화친하는 것이요, 화친을 주장함은 나라를 팔아먹는 짓이다"라고 하였다.

– 대한계년사 –

① 일본 군함 운요호가 영종도를 공격했다.
② 오페르트가 남연군 묘 도굴을 시도했다.
③ 조선이 프랑스와 조약을 체결하고 천주교 포교를 허용했다.
④ 조선책략 유포에 반발해 이만손 등이 영남 만인소를 올렸다.

해설 (가)는 조선 국왕의 명령으로 프랑스 선교사와 천주교 신자들을 처형했다는 것을 통해 병인박해(1866)에 대한 것임을 알 수 있다. (나)는 서양과 화친하지 말고 싸우자는 비석의 내용으로 척화비 건립(1871)에 관한 것임을 알 수 있다. 독일 상인 오페르트가 흥선대원군 아버지인 남연군의 묘를 도굴하려 한 것은 1868년으로 (가)와 (나) 사이의 일이다.
①운요호의 영종도 공격은 1875년. ③조선과 프랑스의 조약 체결과 천주교 포교 허용은 1886년. ④이만손 등 영남 유생들이 만인소를 올린 것은 1881년이다.

10 1930년대 MIT 대학에서 창안된 것으로서 종업원의 생산성 향상에 따라 판매금액이 증가하거나 인건비가 절약되었을 때의 차액을 임금에 연결시켜 지급하는 성과배분법은?

① 임프로쉐어 플랜
② 스캔론 플랜
③ 럭커 플랜
④ 프렌치 시스템

해설 스캔론 플랜(scanlon plan)은 근로자에 대한 동기부여 효과를 높일 수 있으나 생산이익 배분제보다 성과 배분의 폭이 작아서 된다는 문제점이 있다. 1930년대 MIT 대학의 스캔론이 창안했다.
① 임프로쉐어 플랜 : 단위 생산에 따라 실제 근로시간과 기준 작업시간을 비교하여 노동시간을 절감한다.
③ 럭커 플랜 : 스캔론 플랜과 유사하나 생산부가가치를 산출하고 이에 의해 생산성 계수를 산출한 후 개인 임금을 결정한다.
④ 프렌치 시스템 : 공장의 전체적 능률 향상을 목표로 총투입 대비 총산출 비율을 집단성과급 계산의 기초로 한다.

11 재활용품에 디자인이나 활용도를 더해 가치를 높이는 것은?

① 그린워싱
② 리사이클링
③ 업사이클링
④ 프리사이클링

해설 업사이클링(upcycling)은 생활 속에서 버려지는 것들을 재활용하는 ②리사이클링(recycling)에서 한 단계 진화한 개념으로서, 기존에 쓰레기로 간주됐던 것들을 새로운 제품으로 재탄생시켜 부가가치를 입히는 새로운 의미나 더욱 높은 가치를 가미하여, 신발, 가구 등 새로운 물건으로 탈바꿈하는 것을 예로 들 수 있다.
① 그린워싱 : 제품 생산 과정에서 발생하는 환경오염 문제는 축소하고 초록색 라벨이나 친환경, 유기농 등의 제품명으로 소비자를 기만하는 것
④ 프리사이클링 : 미리를 뜻하는 영어 접두사 'Pre'와 재활용을 뜻하는 'Recycling'이 합쳐진 합성어로 '사전 재활용' 즉, 재활용을 전제로 한 소비를 의미

01 (가), (나) 사이의 시기에 있었던 사실로 옳은 것은?

> (가) 겨울 10월에 백제 왕이 병력 3만을 거느리고 평양성을 공격해 왔다. 왕이 군대를 내어 막다가 흐르는 화살[流矢]에 맞아 이 달 23일에 서거하였다. 고국(故國)의 들에 장사지냈다.
>
> – 『삼국사기』 –
>
> (나) 가을 7월에 고구려 왕 거련(巨連)이 몸소 군사를 거느리고 백제를 공격하였다. 백제 왕 경(慶)이 아들 문주(文周)를 (신라에) 보내 구원을 요청하였다. 왕이 군사를 내어 구해주려 했으나 미처 도착하기도 전에 백제가 이미 (고구려에) 함락되었고, 경 역시 피살되었다.
>
> – 『삼국사기』 –

① 미천왕이 낙랑군을 몰아내었다.

② 당이 평양에 안동도호부를 설치하였다.

③ 이문진이 유기를 간추린 신집을 편찬하였다.

④ 고구려가 후연을 공격하고 요동 땅을 차지하였다.

⑤ 관구검이 이끄는 위의 군대가 고구려를 침략하였다.

해설 (가) 백제 왕이 고구려의 평양성을 공격하여 고구려의 왕이 죽었다는 것을 통해 371년 근초고왕이 고국원왕을 전사시킨 것임을 알 수 있다.

(나) 고구려의 왕 거련, 즉 장수왕이 백제를 공격하여 백제의 왕 경(개로왕)이 피살되었음을 알려주고 있다. 따라서 475년 한성 함락에 따른 사실임을 알 수 있다.

고구려는 고국원왕이 전사한 후 즉위한 소수림왕이 율령을 반포하고, 태학을 설립하는 등 기틀을 다졌고, 광개토 대왕 때 영토 확장에 나섰다. 그리고 뒤를 이은 장수왕 때는 한성을 공격하여 함락시켰다.

④ 고구려가 후연을 공격하여 요동 땅을 차지한 것은 광개토 대왕 때의 사실이다.

[오답 피하기]

① 미천왕이 낙랑군을 몰아낸 것은 4세기 초(313)의 일이다.

② 당이 평양에 안동 도호부를 설치한 것은 7세기의 일로 고구려 멸망 이후이다.

③ 이문진이 『유기』를 간추린 『신집』을 편찬한 것은 7세기 영양왕 때의 일이다.

⑤ 관구검이 이끄는 위의 군대가 고구려를 침략한 것은 3세기 동천왕 때의 사실이다.

02 밑줄 그은 '왕'의 업적으로 옳은 것은?

> 왕이 교서를 내려 말하기를, "…… 이제 경서에 통달하고 책을 두루 읽은 선비와 온고지신하는 무리를 가려서, 12목에 각각 경학박사 1명과 의학박사 1명을 뽑아 보낼 것이다. …… 여러 주·군·현의 장리(長吏)와 백성 가운데 가르치고 배울만한 재주 있는 아이를 둔 자들은 이에 응해 마땅히 선생으로부터 열심히 수업을 받도록 훈계해야 한다."라고 하였다.
>
> – 『고려사』 –

① 관학 진흥을 위해 양현고를 설치하였다.

② 노비안검법을 실시하여 왕권을 강화하였다.

③ 권문세족을 견제하기 위해 전민변정도감을 설치하였다.

④ 최승로의 시무 28조를 받아들여 통치 체제를 정비하였다.

⑤ 정계와 계백료서를 지어 관리가 지켜야 할 규범을 제시하였다.

해설 자료에서 왕이 교서를 내려 12목에 경학박사와 의학박사를 보낸다는 것으로 보아 12목이 설치된 고려 성종 때의 사실임을 알 수 있다. 고려 성종은 지방에 지방관을 두라는 최승로의 건의를 받아들여 전국에 12목을 설치하고, 지방관을 파견하였다.

④ 고려 성종은 최승로의 시무 28조를 받아들여 통치 체제를 정비하였다.

[오답 피하기]

① 관학 진흥을 위해 양현고를 설치한 것은 고려 예종 때의 사실이다.

② 노비안검법을 실시한 것은 고려 광종이다.

③ 권문세족의 견제를 위한 전민변정도감 설치는 대표적으로 고려 공민왕 때 이루어졌다.

⑤ 관리들이 지켜야 할 규범인 『정계』와 『계백료서』를 지은 것은 고려 태조이다.

03 밑줄 그은 '이 왕'의 업적으로 옳은 것은?

이 책은 동래선생교정북사상절(東萊先生校正北史詳節)의 일부로 이 왕 때 주자소에서 제작한 계미자를 이용하여 간행되었습니다. 또한 이 왕 때에는 세계 지도인 혼일강리역대국도지도가 제작되기도 하였습니다.

① 전통 한의학을 정리한 동의보감을 간행하였다.
② 문하부 낭사를 분리하여 사간원으로 독립시켰다.
③ 경국대전을 반포하여 국가 통치 규범을 마련하였다.
④ 붕당 정치의 폐해를 극복하고자 탕평비를 건립하였다.
⑤ 한양을 기준으로 한 역법서인 칠정산 내편을 편찬하였다.

해설 사료에서 비주 ㅣ음ㄴ '이 왕' 때 주자소에서 계미자를 만들었다는 점, 세계지도가 '혼일강리역대국도지도'가 제작되었다는 점을 통해 주어 대조임을 알 ㅅ 있다.
조선 태종은 왕자의 난으로 집권하여 즉위한 후 사병을 혁파하고, 호패법과 6조 직계제 등을 실시하였다.
② 태종은 언론 기관인 사간원을 독립시켜 대신들을 견제하였다.

오답 피하기
① 『동의보감』을 간행한 것은 조선 광해군 때이다.
③ 『경국대전』을 반포한 것은 조선 성종 때이다.
④ 탕평비를 건립한 것은 조선 영조 때이다.
⑤ 『칠정산 내편』을 편찬한 것은 조선 세종 때이다.

04 (가)~(마)에 대한 탐구 활동으로 적절하지 않은 것은?

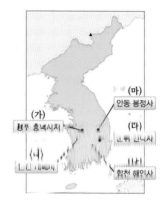

① (가) – 직지심체요절의 인쇄 과정을 파악한다.
② (나) – 팔상전에 나타난 목탑 양식의 특징을 찾아본다.
③ (다) – 팔만대장경판의 보존 방식에 대해 조사한다.
④ (라) – 일연이 삼국유사를 집필한 경위를 알아본다.
⑤ (마) – 주심포 양식 건축물의 구조와 특징을 분석한다.

해설 논산 개태사는 고려 태조 안건이 후백제를 제압하고 세운 사ㅊ이ㅏ ㅁ음ㅅ시ㅔ 발ㅅ변ㄴ 목탑 양식의 ㅌ픈이다.

오답 피하기
① 청주 흥덕사지는 현존하는 가장 오래된 금속 활자 인쇄본인 『직지심체요절』을 인쇄한 곳이다.
③ 팔만대장경판은 합천 해인사의 장경판전에서 보관하고 있다.
④ 일연이 『삼국유사』를 집필한 곳은 군위 인각사이다.
⑤ 안동 봉정사 극락전과 영주 부석사 무량수전, 예산 수덕사 대웅전은 고려 시대의 대표적인 주심포 양식 건축물이다.

정답 **01** ④ **02** ④ **03** ② **04** ②

05 밑줄 그은 '대책'의 내용으로 옳은 것을 보기에서 고른 것은?

임금께서 군포를 기존의 절반인 1필로 줄이는 법을 시행한다더군.

그렇다면 세입이 감소할 텐데 이를 보충하기 위해 마련된 대책이 무엇인지 궁금하네.

─── 보기 ───

ㄱ. 양전 사업을 실시하여 지계를 발급하였다.

ㄴ. 어염세, 선박세를 국가 재정으로 귀속시켰다.

ㄷ. 선무군관에게 1년에 1필의 군포를 징수하였다.

ㄹ. 수신전, 휼양전 등의 명목으로 세습되는 토지를 폐지하였다.

① ㄱ, ㄴ ② ㄱ, ㄷ ③ ㄴ, ㄷ
④ ㄴ, ㄹ ⑤ ㄷ, ㄹ

해설 자료에서 군포를 기존의 절반인 1필로 줄이는 법을 시행한다는 것을 통해 영조 때 실시된 균역법에 대한 것임을 알 수 있다. 기존의 2필에서 1필로 군포를 줄이다 보니 이에 대한 세수 감소의 대책으로 정부에서는 토지 소유자에게 추가로 결작세를 걷고, 선무군관에게 1년에 1필의 군포를 징수하기도 하였으며, 어염세, 선박세 등 기존의 왕실 재정에 속하던 부분을 국가 재정으로 귀속시켰다.

ㄴ. 어염세, 선박세를 국가 재정으로 귀속시킨 것은 균역법의 실시에 따른 세수 감수 대책 중 하나였다.

ㄷ. 선무군관에게 1년에 1필씩 군포를 징수한 것은 균역법의 실시에 따른 세수 감수 대책 중 하나였다.

오답 피하기

ㄱ. 양전 사업을 실시하여 지계를 발급한 것은 광무개혁이다.

ㄹ. 수신전, 휼양전 등의 세습 토지를 폐지한 것은 직전법에 해당한다.

06 다음 조약에 대한 설명으로 옳은 것은?

제1관 사후 대조선국 군주와 대미국 대통령과 아울러 그 인민은 각각 모두 영원히 화평하고 우호를 다진다. 만약 타국이 어떤 불공평하게 하고 경시하는 일이 있으면 통지를 거쳐 반드시 서로 도와주며 중간에서 잘 조정해 두터운 우의와 관심을 보여준다.

⋮

제14관 현재 양국이 의논해 정한 이후 대조선국 군주가 어떤 혜택·은전의 이익을 타국 혹은 그 나라 상인에게 베풀면 …… 미국과 그 상인이 종래 점유하지 않고 이 조약에 없는 것 또한 미국 관민이 일체 균점하도록 승인한다.

① 양곡의 무제한 유출 조항을 포함하고 있다.

② 외국 상인의 내지 통상권을 최초로 규정하였다.

③ 청의 알선으로 서양 국가와 맺은 최초의 조약이다.

④ 스티븐스가 외교 고문으로 부임하는 계기가 되었다.

⑤ 부산, 원산, 인천에 개항장이 설치되는 결과를 가져왔다.

해설 자료에서 대조선국 군주와 대미국 대통령이 우호를 다진다고 한 점, 제14관의 내용이 최혜국 대우에 해당하는 점 등을 통해 자료가 조·미 수호 통상 조약(1882)임을 알 수 있다.

『조선책략』의 유포 이후 조선에서는 청의 알선을 바탕으로 미국과 수교를 추진하였다. 조·미 수호 통상 조약은 관세 자주권을 설정하였다는 점이 특징이나 최혜국 대우가 포함된 불평등 조약이었다.

오답 피하기

① 양곡의 무제한 유출 조항을 포함하고 있는 것은 조·일 무역 규칙(1876)이다.

② 외국 상인의 내지 통상권을 최초로 규정한 것은 임오군란 이후 체결된 조·청 상민 수륙 무역 장정(1882)이다.

④ 스티븐스가 외교 고문으로 부임하는 계기가 된 것은 제1차 한·일 협약(1904)이다.

⑤ 부산, 원산, 인천에 개항장이 설치된 것은 강화도 조약(1876)이다.

07 다음 법령이 제정된 이후에 일어난 사실로 옳은 것은?

> 제1조 ① 치안 유지법의 죄를 범하여 형에 처하여진 자가 집행을 종료하여 석방되는 경우에 석방 후 다시 동법의 죄를 범할 우려가 현저한 때에는 재판소는 검사의 청구에 의하여 본인을 예방 구금에 부친다는 취지를 명할 수 있다.
> ② …… 조선 사상범 보호 관찰령에 의하여 보호 관찰에 부쳐져 있는 경우에 보호 관찰을 하여도 동법의 죄를 범할 위험을 방지하기 곤란하고 재범의 우려가 현저하게 있는 때에도 전항과 같다.

① 민족 유일당 운동의 일환으로 신간회가 창립되었다.
② 조선어 학회 사건으로 최현배, 이극로 등이 투옥되었다.
③ 순종의 인산일을 기회로 삼아 6·10 만세 운동이 일어났다.
④ 사회주의 세력의 활동 방향을 밝힌 정우회 선언이 발표되었다.
⑤ 윤봉길이 홍커우 공원에서 폭탄을 던져 일제 요인을 살상하였다.

해설 자료에서 치안 유지법의 죄를 범하는 경우와 조선 사상범 보호 관찰령에 의하여 보호 관찰에 부쳐져 있는 경우가 사례로 제시되었으므로 두 법령의 제정 이후에 만들어진 조선 사상범 예방 구금령(1941)임을 알 수 있다.
② 조선어 학회 사건은 1942년에 발생하였다. 일제가 조선어 학회를 독립운동 단체로 간주하여 이윤재, 최현배 등이 체포·투옥되었고, 조선어 학회는 강제 해산되었다.

[오답 피하기]
① 신간회가 창립된 것은 1927년의 사실이다.
③ 1926년 학생들이 중심이 되어 순종의 인산일을 기회로 6·10 만세 운동을 일으켰다.
④ 정우회 선언은 1926년에 발표되었다.
⑤ 윤봉길의 상하이 홍커우 공원 의거는 1932년에 있었다.

08 다음 법령이 제정된 정부 시기의 사실로 옳은 것은?

> 제1조 본령은 육군 군대가 영구히 일지구에 주둔하여 당해 지구의 경비, 육군의 질서 및 군기의 감시와 육군에 속하는 건축물 기타 시설의 보호에 임함을 목적으로 한다.
> ⋮
> 제12조 위수 사령관은 재해 또는 비상사태에 제하여 지방 장관으로부터 병력의 청구를 받았을 때에는 육군 총참모장에게 상신하여 그 승인을 얻어 이에 응할 수 있다. 전항의 경우에 있어서 사태 긴급하여 육군 총참모장의 승인을 기다릴 수 없을 때에는 즉시 그 요구에 응할 수 있다. 단, 위수 사령관은 재해 또는 이를 육군 총참모장에게 보고하여야 한다.

① 5년 단임의 대통령 직선제 개헌이 이루어졌다.
② 부정 선거에 항거하는 4·19 혁명이 전국 각지에서 일어났다.
③ 호헌 철폐와 독재 타도 등의 구호를 내세운 시위가 전개되었다.
④ 치안본부 대공 분실에서 박종철 고문 치사 사건이 발생하였다.
⑤ 신군부의 세력 확대에 부채 진압에 저항하는 시위가 벌어졌다.

해설 자료에서 육군 군대가 주둔하여 시설의 보호를 목적으로 한다는 점, 위수 사령관이 육군 총참모장에게 승인을 받아 이루어진다고 한 점 등을 통해 이승만 정부 때 제정된 위수령에 대한 것임을 알 수 있다. 위수령은 경찰 병력으로 대응 불가능한 소요가 발생한 경우 군 병력을 투입하는 내용의 대통령령으로 2018년에 폐지되었다.
② 4·19 혁명은 이승만 정부 시기인 1960년 3·15 부정 선거에 반발하여 규탄 시위가 일어나면서 전개되었다.

[오답 피하기]
① 5년 단임의 대통령 직선제 개헌은 6월 민주 항쟁(1987)의 결과로 전두환 정부 때 이루어졌다.
③ 호헌 철폐와 독재 타도를 외친 시위는 6월 민주 항쟁으로 전두환 정부 시기에 일어났다.
④ 전두환 정부 때 박종철 고문 치사 사건, 4·13 호헌 조치 등에 반발하여 6월 민주 항쟁이 일어났다.
⑤ 5·18 민주화 운동(1980)은 최규하 정부 시기의 사실이다. 12·12 사태(1979)로 권력을 장악한 신군부가 정권 장악에 나서자 5·18 민주화 운동이 일어났다.

정답 05 ③ 06 ③ 07 ② 08 ②

01 밑줄 친 고유어의 뜻풀이로 적절하지 않은 것은?

① 땅에 웅숭그리고 시적시적 노량으로 땅만 판다.
→ 어정어정 놀면서 느릿느릿.
② 끙끙 앓는 소리를 내며 이틀 밤낮을 내처 잠만 잤다. → 어떤 일 끝에 더 나아가.
③ 정말 접시처럼 발랑 되바라진 애구나, 못쓰겠어. → 어린 나이에 어수룩한 데가 없고 지나치게 똑똑한.
④ 아내는 남편의 입에서 얼음이 깨물리는 소리가 참으로 재겹게 들렸다. → 몹시 시겹게.
⑤ 장마 통에 집을 잃고 깜냥엔 비를 피해 오길 잘했다고 안심하는 성싶었다. → 스스로 일을 헤아림.

해설 **고유어**

'내처'는 '어떤 일 끝에 더 나아가'(기다린 김에 내처 저녁때까지 기다리기로 마음먹었다.) 외에 '줄곧 한결같이'라는 의미가 있다. ②에서 '내처'는 후자의 의미이다.

정답 ②

02 제시된 두 단어의 의미 관계가 〈보기〉의 밑줄 친 것에 해당하지 않는 것은?

> **보기**
>
> 단어들 사이의 의미적 계층 관계는 크게 상하 관계와 부분 관계로 나눌 수 있다. 여기서 상하 관계는 상위어가 그것의 부분 속에 위치하고 있는 하위어를 포함하는 관계, 부분 관계는 한 단어가 지시하는 대상이 다른 단어가 지시하는 대상의 부분이 되는 관계를 일컫는다.

① 음식 : 김밥　　② 식물 : 나무
③ 얼굴 : 낯　　　④ 책 : 시집
⑤ 곡식 : 쌀

해설 **어휘**

'얼굴'과 '낯'은 유의 관계이다.

정답 ③

03 밑줄 친 한자어의 사전적 뜻풀이로 옳지 않은 것은?

① 다른 건 차치(且置)하고, 이 문제부터 해결하자.
→ 내버려 두고 문제 삼지 아니함.
② 경주는 문화 유적이 잘 보전(保全)되고 있는 도시다. → 부족한 부분을 보태어 채움.
③ 우리 연구부를 기술 개발의 산실(産室)로 키우겠다. → 어떤 일을 꾸미거나 이루어 내는 곳.
④ 그 집은 오래전에 지어서 수리(修理)할 곳이 많다. → 고장 나거나 허름한 데를 손보아 고침.
⑤ 서둘러 회사를 설립하다 보니 아직 조직이 제대로 정비(整備)되지 않았다. → 흐트러진 체계를 정리하여 제대로 갖춤.

해설 **한자어**

보전(保全)은 온전하게 보호하여 유지함을 의미한다.
• 보전(補塡) : 부족한 부분을 보태어 채움.

정답 ②

04 밑줄 친 관용 표현의 쓰임이 적절하지 않은 것은?

① 그녀는 이제 남자라면 학을 뗀다.
② 할 일이 태산같이 많은데 발이 길면 어쩌니?
③ 노름판에서 발을 빼고 이제 착실히 일을 하기로 했네.
④ 저 친구는 낯이 넓으니까 잘 따라다니면 자네에게도 도움이 될 걸세.
⑤ 무리한 다이어트는 건강을 해친다고 의사들은 입을 모아 이야기한다.

해설 **관용표현**

'발이 길다'는 '음식 먹는 자리에 우연히 가게 되어 먹을 복이 있다.'라는 뜻으로, 제시된 문장에서는 '손을 맺다'라는 관용 표현을 활용하는 것이 더 적절하다. '손을 맺다'는 '할 일이 있는데도 아무 일도 안 하고 그냥 있다.'라는 뜻의 관용표현이다.

정답 ②

05 밑줄 친 말을 순화한 것으로 적절하지 않은 것은?

① 은사님께서 갤러리(→ 화랑)를 개업하셨다.

② 두영이는 무데뽀(→ 막무가내)로 그녀에게 키스했다.

③ 다영이는 남자 친구의 쿠사리(→ 잔소리) 때문인지 슬퍼 보였다.

④ 지아는 아무런 망설임 없이 제로 베이스(→ 원점)에서 다시 시작했다.

⑤ 이사는 신니 시 씨게 쓰벼시딥 메느프 모느 믬(→ 느밀 긴급 그녁)에 입규시꼈나.

해설 순화어

'쿠사리'는 '면박, 핀잔'으로 순화해야 한다.

정답 ③

06 밑줄 친 부분이 어법에 맞지 않는 것은?

① 그는 딸 덕분에 환갑을 잘 쇘다.

② 아빠는 잠든 아기를 침대에 누였다.

③ 아무리 화장실 청소를 해도 깨끗지 않다.

④ 은석이는 그것이 뭐냬도 아무런 말이 없었다.

⑤ 벽지까지 길이 틔여서 가는 데에 하루가 안 걸린다.

해설 맞춤법

'트이어 → 틔어/트여'가 옳은 뮤기이다. 따라서 '틔어서' 혹은 '트어셔'도 표기해야 안나.

정답 ⑤

	자주 출제되는 고유어	자주 출제되는 외래어 표기법	
거나하다	술 따위에 어지간히 취한 상태에 있다	Shakespeare	셰익스피어
너나들이	서로 너니 나니 하고 부르며 허물없이 말을 건넴. 또는 그런 사이	gauze	거즈
딴통같이	전혀 엉뚱하게	comedy	코미디
실팍하다	사람이나 물건 따위가 보기에 매우 실하다	oxford	옥스퍼드
웃음가마리	남의 웃음거리가 되는 사람	running shirt	러닝셔츠

01 밑줄 친 부분에 들어갈 말로 가장 적절한 것을 고르시오.

Why might people hovering near the poverty line be more likely to help their fellow humans? Part of it, Keltner thinks, is that poor people must often band together to make it through tough times — a process that probably makes them more socially astute. He says, "When you face uncertainty, it makes you orient to other people. You build up these strong social networks." When a poor young mother has a new baby, for instance, she may need help securing food, supplies, and childcare, and if she has healthy social times, members of her community will pitch in. But limited income is hardly a prerequisite for developing this kind of empathy and social responsiveness. Regardless of the size of our bank accounts, suffering becomes a conduit to altruism or heroism when our own pain compels us to be _____ other people's needs and to intervene when we see someone in the clutches of the kind of suffering we know so well.

① more indifferent to

② more attentive to

③ less preoccupied with

④ less involved in

유형 독해

어휘 hover (주변을) 맴돌다 / astute 기민한 / secure 확보하다; 안전한 / pitch in 협력하다, 돕다 / prerequisite 전제조건 / conduit 도관, 통로 / altruism 이타주의

해설 가난한 사람이 가난한 사람을 더 쉽게 도울 수 있는 이유에 대해서 이야기하고 있다. 흐름상 '더 ~에 관심을 갖는[주의를 기울이는]'이 빈칸에 가장 적절하다.

해석 왜 가난의 선상에서 맴도는 사람들이 그들의 동료를 도울 가능성이 더 클까? Keltner가 생각하기에 그 이유의 일부는 가난한 사람들이 힘든 시간(아마도 그들을 사회적으로 더 기민하게 만드는 과정)을 견뎌내기 위해서 종종 함께 뭉쳐야 한다고 생각하는 것에 있다. 그는 "불확실성에 직면하면, 다른 사람들에게 자신을 순응시키게 된다. 당신은 이러한 강력한 사회적 그물망을 구축하게 되는 것이다."라고 말한다. 예를 들어, 가난한 젊은 어머니가 새 아기를 갖게 되면 그녀는 식량, 보급품, 보육을 확보하는 데 도움이 필요할 수 있으며, 만약 그녀가 좋은 사회적 시간을 가져왔다면, 그녀의 지역 사회 구성원들이 도와줄 것이다. 그러나 한정된 소득은 이러한 종류의 공감과 사회적 반응을 만들어내기 위한 전제조건은 아니다. 우리의 은행 계좌에 들어있는 돈의 양과 관계없이, 우리가 잘 알고 있는 고통의 손아귀에 있는 누군가를 볼 때 우리의 고통이 우리에게 다른 사람의 어려움에 ②더 관심을 기울이게 하고 개입하도록 할 때 고통은 이타주의 또는 영웅주의로 가는 통로가 된다.

정답 ②

02 다음 문장이 들어갈 위치로 가장 적절한 것은?

The Soleil department store outlet in Shanghai would seem to have all the amenities necessary to succeed in modern Chinese retail: luxury brands and an exclusive location. Despite these advantages, however, the store's management thought it was still missing something to attract customers. So next week they're unveiling a gigantic, twisting, dragon-shaped slide that shoppers can use to drop from fifth-floor luxury boutiques to first-floor luxury boutiques in death-defying seconds. Social media users are wondering, half-jokingly, whether the slide will kill anyone. But Soleil has a different concern that Chinese shopping malls will go away completely. Chinese shoppers, once seemingly in endless supply, are no longer turning up at brick-and-mortar outlets because of the growing online shopping, and they still go abroad to buy luxury goods. So, repurposing these massive spaces for consumers who have other ways to spend their time and money is likely to require a lot of creativity. _____.

① Luxury brands are thriving at Soleil

② Soleil has decided against making bold moves

③ Increasing the online customer base may be the last hope

④ A five-story dragon slide may not be a bad place to start

유형 독해

어휘 amenity 편의시설 / unveil 공개하다, 베일을 벗기다 / gigantic 거대한 / death-defying 아슬아슬한 / brick-and-mortar 소매

해설 중국에 있는 Soleil 백화점이 5층에서 1층까지 내려올 수 있는 용모양의 미끄럼틀을 만든 이유는 온라인 시장과 해외로 빠져나가는 소비자들이 많기 때문에 오프라인에 살아남기 위해 소비자를 유치할 수 있는 창의적인 생각이 필요했기 때문이다. 이 시작이 나쁘지 않다고 마무리하는 문장이 가장 적절하다.

해석 상하이에 있는 Soleil 백화점 아울렛은 현대식 중국 소매점에서 성공하기 위해 필요한 모든 편의시설을 갖추고 있는 것으로 보인다. 즉, 고급 브랜드와 독점적 위치가 그러하다. 그러나 이러한 장점에도 불구하고, 매장 경영진은 고객을 유치하는 데에 뭔가 여전히 빠져있다고 생각했다. 그래서 다음 주에 그들은 5층 럭셔리 부티크에서 1층 럭셔리 부티크에 이르기까지 아슬아슬 눈 깜짝할 순간에 내려갈 수 있는 거대하고, 확확 비틀려져 있는 용 모양의 미끄럼틀을 공개한다. 소셜 미디어 사용자들은 그 미끄럼틀이 누구를 죽일지 여부에 대해 반 농담으로 궁금해하고 있다. 그러나 Soleil은 중국 쇼핑몰들이 완전히 사라질 것이라는 다른 걱정을 안고 있다. 한때 끝없는 공급으로 보였던 중국 쇼핑객은, 온라인 쇼핑의 증가로 인해 더 이상 소매 시장 아울렛에 얼굴을 보이지 않고 있으며, 그들은 여전히 사치품(명품)을 사기 위해 해외로 나가고 있다. 그래서, 시간과 돈을 소비하는 데에 다른 방법을 가진 소비자들을 위해 이 거대한 공간의 용도를 변경하는 것은 많은 창조성을 요구할 것이다. ④5층짜리 용 미끄럼틀은 (그런 점에서) 나쁜 시작점은 아닐지 모른다.

정답 ④

시 / 각 / 적 / 사 / 고

01 다음 전개도를 조립했을 때, 나올 수 없는 도형을 고르면?

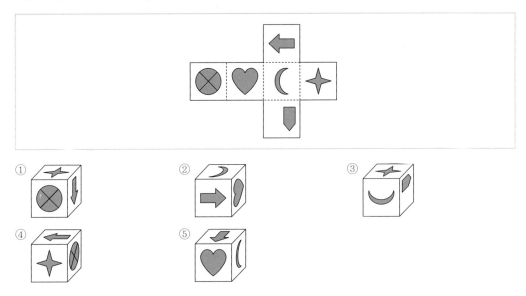

해설 ④에 해당하는 세 면이 ㄱ자 모양으로 만나도록 [그림1]의 색선으로 둘러싸인 부분을 재배열하면 [그림2]와 같은 새로운 전개도를 얻을 수 있다.(수평 이동은 일직선에 놓인 면이 4개인 경우에만 사용할 수 있다. 이는 일직선에 놓인 면이 4개인 경우, 전개도를 접으면 양 끝 면이 서로 만나기 때문이다. 일직선에 놓인 면이 3개인 경우, 양 끝 면은 서로 마주보고 있는 형태이므로 수평 이동이 불가능하다.)

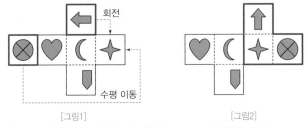

④와 [그림2]의 색선으로 둘러싸인 부분을 비교해보면 화살표의 방향이 서로 다르므로 정답은 ④이다.

정답 ④

02 다음에 주어진 그림을 따라 종이를 접은 후 좌우로 뒤집었을 때의 모양으로 바른 것을 고르면?(단, 점선은 안으로 접고, 실선은 밖으로 접는다.)

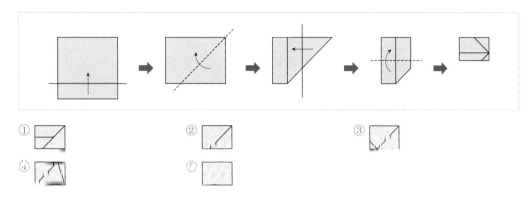

① ② ③
④ ⑤

해설 가장 마지막 단계에서 안으로 접으므로 도형의 윤곽만 변화시킬 뿐, 뒷면 내부를 변화시키지는 않는다. 따라서 밖으로 접는 세 번째 단계를 우선 살펴보자. 세 번째 단계에서 밖으로 접을 때 [그림1]의 색선으로 둘러싸인 부분이 좌우반전되어 종이 뒷면에 가게 되는데, 마지막 단계에서 아랫부분이 사라져 [그림2]와 같은 모습이 된다. 그리고 [그림2]는 마지막 단계에서 뒷면을 보기 위해 종이 전체를 뒤집는 과정에서 좌우반전되어 [그림3]과 같은 모습으로 나타나게 된다.

[그림1] [그림2] [그림3]

따라서 [그림3]을 포함하고 있는 ②가 정답이다.

정답 ②

의 / 사 / 소 / 통 / 능 / 력

01 다음 글의 밑줄 친 단어와 사용상 의미가 동일한 것을 고르면?

> 법원 경매시장에 '무자격 대리 입찰'이 흔하지만 법원에서 이를 걸러 내는 절차가 사실상 없는 것으로 나타났다. 대리인은 입찰서류에 의뢰인과의 관계를 표시해야 하는데 '친인척', '지인' 등으로 써 놓으면 다른 첨부서류나 검증 절차 없이 무자격 입찰이 가능한 것으로 확인됐다. 무자격 대리 입찰자가 많아지면 경매로 싸게 집을 마련하려 했던 서민들의 피해는 커질 수밖에 없다. 고가 낙찰, 권리 분석 오류 등에 따른 피해이다. 이런 업체들은 일단 낙찰을 받아야 감정가의 1~2% 정도인 수수료를 받기 때문에 무리하게 응찰하는 경향이 크다. 최근 매매시장은 얼어붙기 시작했는데 경매시장에는 응찰자가 대거 몰리고 과열된 분위기를 <u>띠는</u> 것은 이런 무자격 대리 입찰자들의 영향이 클 것이라는 게 전문가들이 판단이다. 그들에 따르면 이달 20일 기준 수도권 아파트의 평균 낙찰가율(감정가 대비 낙찰가 비율)은 82.4%로 주택시장 활황기 수준으로 높다.

① 그녀의 얼굴은 발갛게 홍조를 띠었다.

② 추천서를 띠고 회사를 찾아가라.

③ 그는 비단옷을 입고 옥대를 띠고 있었다.

④ 그날의 모임은 다분히 정치적 성격을 띠고 있었다.

⑤ 그는 조직의 비리를 파헤치는 임무를 띠고 파견되었다.

해설 '과열된 분위기를 띠다'의 '띠다'는 '분위기나 기운 따위를 나타내다.'의 의미로 쓰인 단어이므로, '성질이나 경향 따위를 밖으로 드러나도록 지니다.'의 의미를 가진 '정치적 성격을 띠다.'가 동일한 의미로 쓰인 문장이 된다.

오답 피하기

각 선택지의 '띠다'는 다음과 같은 의미를 지닌 경우이다.

① 빛깔이나 색채 따위를 가지다.

② 물건을 몸에 지니다.

③ (띠나 끈을) 자신의 몸에 두르다.

⑤ 용무나 직책, 사명 따위를 지니다.

정답 ④

02 다음 글의 ㉠과 ㉡을 비교한 내용으로 가장 적절한 것을 고르면?

㉠ 한국인의 당뇨병 위험을 예측할 수 있는 모형이 개발되었다. 서양인에 비해 비만이 뚜렷하지 않음에도 불구하고 당뇨병이 잘 생기는 특성을 고려할 때, 당뇨병의 발병 확률을 쉽고 간편하게 예측할 수 있는 한국형 모형을 제시하였다는 점에서 주목된다.

㉡ 국제적으로 사용하는 예측 모형은 대부분 서양의 백인종을 대상으로 개발되어 서양 이외의 국가나 인종에 적용할 경우에 제한이 있다고 보고되고 있다. 또 기존 한국인 대상 예측 모형은 단면적 연구이고, 4년 내 발생 위험을 예측하는 수준이었다.

반면에 이번에 새롭게 개발된 예측 모형은 국민건강보험공단 건강 검진 코호트 자료를 활용해 2002~2003년 국가 일반 건강 검진 수검자 중 당뇨 병이 없는 333,049명을 대상으로 2013년까지 10년 동안 추적 조사하여 구축한 것으로 10년 이후 당뇨병 발생 위험을 예측할 수 있도록 만든어졌다. 예측 모형을 조사 설문 설문 지나 각 지표에 따라 남녀 공통으로 나이에 성이 있는 변수, 즉 연령, 당뇨병의 직계 가족력, 음주(남성), 흡연, 신체 활동, 고혈압 약제 사용 여부, 스타틴 약제 사용 여부, 체질량 지수, 수축기 혈압, 총 콜레스테롤, 공복 혈당, r-GT(여성) 등을 활용하여 남녀 각각의 예측 모형으로 개발되었다. 국가 건강 검진을 받은 사람이 자기 데이터(수치)를 예측 모형에 간단하게 입력하면 바로 당뇨병 발생 위험을 확인할 수있다. 또한 쉽고 간단하게 당뇨병 위험도를 확인하는 것에서 더 나아가 당뇨병 예방 및 치료를 위한 개인의 생활 습관 개선을 이끌어 낼 수 있을 것으로 기대받고 있다.

① ㉠은 당뇨병을, ㉡은 비만을 예측할 수 있는 모형이다.

② ㉠은 한국인, ㉡은 서양의 백인종을 대상으로 개발된 것이다.

③ ㉠은 한국인에게만, ㉡은 국가나 인종에 상관없이 적용할 수 있다

④ ㉠은 10년 이후, ㉡은 4년 이후 당뇨병 발생 위험을 예측할 수 있다

해설 ㉠은 국민건강보험공단 국가 일반 건강 검진 자료를 활용해 10년 이후 당뇨병 발생 위험을 예측할 수 있도록 만들어진 모형이다. 즉, 한국형 당뇨 위험 예측 모형이다. 반면 ㉡은 대부분 서양의 백인종을 대상으로 개발된 것으로 그 모형을 적용해 당뇨병을 예측하는 데 있어 국가나 인종에 제한이 있다.

오답 피하기

① ㉠과 ㉡ 모두 당뇨병 발생 위험을 예측할 수 있는 모형이다.

③ ㉡은 서양의 백인종 이외의 국가나 인종에 적용할 경우 제한이 있다.

④ ㉠은 10년 이후 당뇨병 발생 위험을 예측할 수 있도록 만들어졌지만, ㉡은 몇 년 이후의 당뇨병 발생 위험을 예측할 수 있는지 알 수 없다.

정답 ②

01 다음 [표]는 2019년 화학 제품 매출액 상위 9개 기업의 총매출액에 관한 자료이다. 주어진 [표]와 [조건]에 근거하여 **B**와 **D**에 해당하는 기업을 바르게 나열한 것을 고르면?

[표] 2019년 화학 제품 매출액 상위 9개 기업의 총매출액　　　　　　　　　　　　(단위 : 십억 달러, %)

기업 ＼ 구분	화학 제품 매출액	전년 대비 증가율	총매출액	화학 제품 매출액 비율
비스프	72.9	17.8	90.0	81.0
A	( )	29.7	62.4	100.0
벡슨모빌	54.2	28.7	85.8	63.2
B	37.6	5.3	( )	94.2
C	34.6	26.7	( )	67.0
D	32.1	14.2	55.9	( )
시노텍	( )	10.0	54.1	54.9
리오넬바셀	28.3	15.0	34.5	( )
E	( )	24.7	48.2	48.1

※ (화학 제품 매출액 비율)(%) = $\dfrac{(화학\ 제품\ 매출액)}{(총매출액)} \times 100$

──── 조건 ────

- 드폰의 2019년 화학 제품 매출액과 총매출액은 이비오스보다 많다.
- 화학 제품 매출액의 전년 대비 증가액이 가장 큰 기업은 KR 화학이다.
- 포르오사의 2018년 화학 제품 매출액은 2019년 화학 제품 매출액의 85% 이상이다.
- 자빅의 2019년 화학 제품 매출액은 포르오사보다 많지만, 2019년 총매출액은 포르오사보다 적다.

	B	D
①	포르오사	드폰
②	드폰	포르오사
③	드폰	이비오스
④	자빅	포르오사
⑤	자빅	드폰

정답 풀이

주어진 [표]의 빈칸을 먼저 구하면 다음과 같다.

A의 화학 제품 매출액: 62.4×1=62.4(십억 달러)

B의 총매출액: $\frac{37.6}{0.942}≒39.9$(십억 달러)

C의 총매출액: $\frac{34.6}{0.67}≒51.6$(십억 달러)

D의 화학 제품 매출액 비율: $\frac{32.1}{55.9}×100≒57.4$(%)

시노텍의 화학 제품 매출액: 54.1×0.549≒29.7(십억 달러)

리오넬바셀의 화학 제품 매출액 비율: $\frac{28.3}{34.5}×100≒82.0$(%)

E의 화학 제품 매출액: 68.2×0.481≒32.2(십억 달러)

- 첫 번째 [조건]은 D면, D군의 2019년 화학 제품 매출액과 총매출액은 이비오사보다 있으므로 A가 E군이면 B~E가 모두 이비
  오사기 되 수 있고, D, E는 E군이 될 수 없다. 그러므로 C는 기가 E군이며 E가 이비오사이다.

- 두 번째 [조건]을 보면, 화학 제품 매출액의 전년 대비 증가액이 가장 큰 기업은 KR 화학이다. KR 화학은 A~E 중 하나이므
  로 A~E 중 전년 대비 증가액이 가장 큰 기업이 KR 화학임을 알 수 있다. A~E의 2018년 화학 제품 매출액을 구하면, A는 약
  48.1십억 달러, B는 약 35.7십억 달러, C는 약 27.3십억 달러, D는 약 28.1십억 달러, E는 약 18.6십억 달러이다. 2019년 화학
  제품 매출액과의 차이를 구하면, A는 14.3십억 달러, B는 1.9십억 달러, C는 7.3십억 달러, D는 4십억 달러, E는 4.6십억 달러
  이다. 따라서 A의 전년 대비 증가액이 가장 크므로 A가 KR 화학이다.

- 세 번째 [조건]을 보면, 포르오사의 2018년 화학 제품 매출액은 2019년 화학 제품 매출액의 85% 이상이다. A가 KR 화학이므로
  A를 제외하고, $\frac{(2018년\ 화학\ 제품\ 매출액)}{(2019년\ 화학\ 제품\ 매출액)}×100$의 식에 두 번째 [조건]에서 구한 B~E의 2018년 화학 제품 매출액을 대입하여
  B~E의 비율을 구하도록 한다. B는 약 95.0%, C는 약 79.0%, D는 약 87.5%, E는 약 80.2%이므로 B 또는 D가 포르오사이다.

- 네 번째 [조건]을 보면, 자빅이 2019년 화학 제품 매출액은 포르오사보다 많지만, 2019년 총매출액은 포르오사보다 적다. 따라
  서 B가 자빅이면 C, D, E가 포르오사기 될 수 있고, C가 자빅이면 D가 포르오사이다.

따라서 세 번째 [조건]과 네 번째 [조건]을 통해 D가 포르오사임을 알 수 있다. 첫 번째 [조건]과 네 번째 [조건]을 연결하면 자빅은
B 또는 C가 될 수 있고, 두포는 B와 E가 될 수 없으므로 C가 두포이다. 그리고 D는 자빅이고, E는 이비오사이다.

정답 ④

해결 TIP

이 문제는 2020년 5급 공채 PSAT 기출변형 문제로 일반적인 NCS 자료해석 빈출유형과 다르게 여러 가지 조건과 표가 주어진 형태로, 조건을 바탕으로 여러 경우의 수를 생각하면서 각 대상에 해당하는 것을 찾는 NCS 고난도 자료형 문제입니다.

고난도 자료형 문제는 선택지 또는 보기의 정오를 판별하는 형태로 주로 출제되지만, 이 문제처럼 정오 판별이 아닌, 대상 선택형으로 출제되기도 합니다. 소거법은 보기의 정오에 따라 선택지에 포함된 보기를 소거하면서 푸는 방법으로 정오 판단 유형을 빠르게 해결하는 데 쓰이는 보편적인 방법인데, 대상 선택형 역시 소거법을 이용하여 풀 수 있습니다. 특히, 선택지 구조를 고려하여 모든 대상을 고려할 필요 없이 하나의 대상을 찾으면, 다른 하나의 대상은 소거법을 통해 여러 경우를 모두 확인할 필요 없이 특정한 몇 가지 경우만 확인하여 해결할 수 있습니다. 주어진 조건을 바탕으로 문제를 풀 때, 대소 관계를 비교하는 조건의 내용이 있을 때에는 정확한 수치를 구하기 위한 계산을 하기보다는 계산 과정에서 영향을 미치지 않는 수치를 생략하거나 수치 비교법, 분수 비교법을 바탕으로 계산을 하지 않고 빠른 시간 내에 해결할 수 있도록 합니다.

이 문제의 경우에는 표에 빈칸이 많지만, 빈칸을 모두 구할 필요는 없습니다. 조건의 내용을 먼저 살펴본 뒤, 값을 알아야 하는 빈칸이 어떤 것인지 먼저 확인하도록 합니다. 조건을 해결하기 위해 필요한 빈칸을 확인한 후, 이에 해당하는 빈칸의 값을 구하도록 합니다. 주어진 조건에서 화학 제품 매출액 비율에 대한 조건은 없으므로 리오넬바셸의 화학 제품 매출액 비율을 계산하지 않아도 되고, 주어진 조건에서 시노텍에 대한 내용은 없으므로 시노텍의 화학 제품 매출액도 계산할 필요가 없습니다. 따라서 이를 제외한 나머지 빈칸만 구하도록 합니다. 필요한 빈칸의 값을 채운 뒤, 주어진 조건을 처음부터 확인하지 말고, 최대한 대상을 추릴 수 있는 간단한 조건이 무엇인지 확인하도록 합니다. 주어진 조건 중 비교적 간단한 조건은 첫 번째 조건과 네 번째 조건입니다.

첫 번째 조건을 보면, A가 드폰이면 B~E가 모두 이비오스가 될 수 있고, B, E는 드폰이 될 수 없으며, C 또는 D가 드폰이면 E가 이비오스가 될 수 있습니다. B가 드폰이 될 수 없으므로 선택지 ②, ③을 소거할 수 있습니다. 네 번째 조건을 보면, B가 자빅이면 C, D, E가 포르오사가 될 수 있고, C가 자빅이면 D가 포르오사가 될 수 있습니다. 즉, A, B는 포르오사가 될 수 없으므로 선택지 ①을 소거할 수 있습니다. 따라서 소거법과 선택지 구조를 통해 B는 반드시 자빅이 된다는 것을 알 수 있습니다. 포르오사에 따라 정답이 결정되므로 포르오사에 대한 내용이 포함된 세 번째 조건을 확인하도록 합니다. 포르오사가 C 또는 D 또는 E이므로 C, D, E의 2019년 화학 제품 매출액 대비 2018년 화학 제품 매출액의 비율을 구하도록 합니다. C의 비율은 79.0%, D의 비율은 87.5%, E의 비율은 80.2% 정도이므로 D가 포르오사임을 알 수 있습니다. 따라서 정답을 ④로 선택할 수 있습니다.

김성근
에듀윌 취업연구소 연구원

OTT 형평성 논란과 규제·육성 방안
심의·규제 근거 마련, 자율등급제 도입, 망 사용료 원칙 수립

🗨 이슈의 배경

OTT(Over The Top·온라인동영상서비스) 대지진이 TV, 영화, 방송, 통신의 영역을 무너뜨리고 있다. OTT는 온라인을 통해 드라마, 영화 등 다양한 미디어 콘텐츠를 TV, PC, 스마트폰 등에 제공하는 서비스를 말한다. 대표적인 OTT로 전 세계에 '오징어 게임' 돌풍을 일으킨 미국의 넷플릭스를 꼽을 수 있다. 넷플릭스는 전통적인 미디어 소비 방식을 바꾸며 방송·콘텐츠 산업을 급격하게 재편했다.

인기 드라마가 시작되는 시간에 맞춰 TV 앞에 기다리던 모습은 사라진 지 오래다. 누구나 스마트폰이나 태블릿PC, 노트북 등으로 시간과 장소에 구애받지 않고 OTT로 무궁무진한 콘텐츠를 즐길 수 있다. 시청자들은 한 달에 KBS에 수신료 2500원을 내는 것도 아까워 수신료 폐지 운동을 벌이기도 하지만 1만원이 훌쩍 넘는 OTT 구독료는 기꺼이 낸다.

미디어 콘텐츠 소비의 핵심축이 OTT로 넘어가면서 주도권 쟁탈전이 치열하다. 유료 가입자 수 2억900만 명(2021년 상반기 기준)에 달하는 넷플릭스를 필두로 디즈니플러스, 아마존프라임, 애플TV플러스 등 글로벌 OTT 공룡들이 각축전을 벌이고 있다. 한국에서는 SKT와 지상파 3사의 합작 OTT인 웨이브, CJ계열 티빙, 왓챠 등 토종 OTT가 분전하고 있지만 규모와 수익성 면에서 넷플릭스에 한참 못 미친다.

국내 지상파 방송이나 유료방송 사업자의 입지는 더 암울하다. 방송 규제를 거의 받지 않는 OTT 사업자보다 콘텐츠 경쟁력이 떨어지는 기존 방송

사업자들은 가입자 이탈과 수익성 악화가 불가피하다. 이러한 파급 효과는 홈쇼핑이나 지상파 방송 등으로 전이돼 우리나라 방송 생태계 전체를 위협할 수 있다.

💬 이슈의 논점

OTT-유료방송 형평성 누락

IPTV, 케이블TV, 위성방송 등 유료방송 플랫폼 사업자들에 비해 글로벌 OTT는 규제를 거의 받지 않아 국내 사업자에게 불리한 '기울어진 운동장'이 전개되고 있다. 유료방송 사업자들은 허가 과정과 심사를 거쳐야만 시장에 진입할 수 있고 주기적인 재허가 과정을 거쳐야 한다. 일간신문과 뉴스 통신, 외국 자본의 소유 지분이 49%로 제한되는 등 진입 규제도 까다롭다.

방송법이 아닌 전기통신사업법이 적용을 받는 OTT 사업자는 부가통신 사업자로 단순히 신고만 해도 시장 진입과 서비스 유지가 가능하다. 소유규제 대상에서도 제외돼 있다. 다만 전기통신사업법상 부가통신사업자인 OTT 사업자는 '특수 유형 부가통신사업자'로 인정받지 못해 정책적 지원을 받지 못한다. 유료방송 플랫폼 사업자는 전체 유료방송 시장에서 시장점유율이 33%를 넘지 못하도록 규제받지만 OTT 사업자는 그러한 제약도 없다.

OTT이건 유료방송이건 핵심은 콘텐츠다. 시청자들은 재미있고 질 좋은 콘텐츠를 서비스하는 플랫폼이라면 어디든 돈을 내고 구독할 의향이 있다. 양질의 콘텐츠는 창작자가 자유롭게 창작할 수 있는 환경과 과감한 투자로 탄생한다. 넷플릭스는 창작자에게 제작비 걱정을 하지 않도록 충분히 지원하면서 콘텐츠 내용에 대해서는 전혀 간섭하지 않는다.

황동혁 감독은 '오징어 게임'을 10여 년 전부터 구상했지만 국내 정서 및 분위기와 맞지 않는 이유로 투자에 난항을 겪었다고 한다. 그러나 넷플릭스가 250억 원을 투자한 결과 전대미문의 흥행으로 이어졌다. 넷플릭스는 2023년까지 한국 콘텐츠에만 1조 원을 투자할 계획이다. 제2, 제3의 '오징어 게임'이 넷플릭스에서 나올 수밖에 없을 구조다.

유료방송은 내용·편성 규제로 콘텐츠 창작을 제약받는다. 유료방송의 채널사용사업자(PP, Program Provider)는 방송심의에 관한 규정이 적용돼 방송 프로그램 내용에 대해 제재를 받기 식상되나 이는 창작자의 자기 검열과 창작 위축 사아로 이어진다.

글로벌 OTT와 국내 유료방송 이외 글로벌 OTT와 토종 OTT 사이에는 망 사용료 차별 문제가 있다. 웨이브, 티빙, 왓챠 등 국내 사업자는 모두 통신사에 망 사용료를 내고 있는데 1위 OTT 사업자인 넷플릭스는 내지 않고 버티고 있다.

통합 심의·규제 근거 마련

OTT의 등장으로 방송과 통신의 영역이 모호해지고 해외 사업자와 국내 사업자 간 역차별 등 많은 문제점이 나타나고 있는 만큼 새로운 규제·심의 틀이 마련돼야 한다. 방송법 적용 대상이 아닌 사업자들이 방송 산업의 주류가 된 만큼 현행 방송법 체계로는 규제가 불가능하다. 국내 유료방송과 국내외 OTT 서비스까지 아우를 수 있는 법적 근거 마련이 시급하다.

모든 방송 서비스를 같은 잣대로 심의·규제해야 한다는 것은 아니다. 이는 불가능할 뿐만 아니라 시장 혁신을 저해할 것이다. 해외 사업자에 적용하기 어렵다는 점에서 역차별 논란만 키울 뿐이나. OTT는 공적 지원을 받지 않는 상업적 매체인 만큼 이를 공공성이나 사회적 영향력을 잣대로 규제하는 것은 바람직하지 않다.

따라서 OTT를 전통적 방송과 구분해 사용자 보호, 유해 콘텐츠 차단 등 최소한의 규제만을 적용하는 것이 바람직하다. 지상파 공영방송을 제외한다면 유료방송과 OTT는 대체 관계인만큼 공정한 경쟁 체제를 유도해야 한다. 국내 OTT 육성과 글로벌 경쟁력 강화라는 정책 목표를 위해서는 이와 다른 전략을 세워야 한다.

국내 OTT 지원·자율등급제 도입

정부는 2020년 6월 급성장하는 OTT 시장에 발맞춰 OTT 콘텐츠 제작비 세액공제를 확대하고 자율등급제를 부여하겠다는 진흥정책을 담은 '디지털 미디어 생태계 발전 방안'을 발표했지만 1년 6개월이 지난 현재까지 제대로 추진되지 않았다. 그 사이 글로벌 OTT가 한국시장을 휩쓸고 말았다.

현재 국회 계류 중인 전기통신사업법 개정 법률안은 OTT에 '특수 유형 부가통신사업자' 지위를 부여한다는 내용을 담고 있다. 이 법안은 통과 시 콘텐츠 투자에 대한 세제 지원 등으로 국내 OTT

진흥 정책을 위한 근거를 마련할 수 있을 것이란 기대를 받았다.

하지만 문화체육관광부는 입법 예고한 '영화 및 비디오물의 법'(영비법) 개정안을 통해 OTT를 '온라인 비디오물 제공업'으로 정의해 자신의 관할 아래 두겠다고 밝혔다. 그런가 하면 방송통신위원회는 OTT를 방송, IPTV와 같은 방통위 규제 관할로 두는 '시청각 미디어 서비스법'을 추진 중이다. 부처별로 OTT 관할권을 확보하기 위한 밥그릇 싸움이 이어지면서 논의는 산으로 가고 말았다.

토종 OTT의 '신발 속 돌멩이' 같은 규제인 사전등급분류제도 폐지해야 한다. 현행법상 방송사에서 제작한 방송 프로그램은 방송법에 따라 사전등급분류 대상에서 제외되고 사후 심의를 받는다. 방송사가 드라마 등을 만들 때 자체 심의 등급을 매기고 나중에 방송통신심의위원회가 심의하는 것이다.

하지만 영비법에 따라 비디오물에 해당하는 OTT 콘텐츠는 유상으로 서비스할 때 영상물등급위원회(영등위)로부터 사전에 등급을 받아야 한다. 과거 OTT는 이미 방송된 드라마나 극장에서 개봉한 영화를 주문형 비디오(VOD)로 제공했기 때문에 큰 문제가 되지 않았으나 OTT의 경쟁력이 오리지널 콘텐츠 제작·보유 역량에 판가름나는 상황에서 사전등급분류제는 토종 OTT의 콘텐츠 투자 확대에 발목을 잡는 요인이다.

넷플릭스나 디즈니플러스는 사전등급분류제 때문에 콘텐츠 배급이 조금 늦어져도 전 세계를 상대로 하고 있어 큰 타격이 없지만 국내 시청자에게 의존하는 OTT 사업자들은 시의성 있게 콘텐츠를 올리지 못해 제작 및 유통에 큰 제약을 받는다. 따라서 사전등급분류제를 대체할 자율등급제 도입이 시급하다.

망 사용료 원칙 수립

국내와 외국 OTT 업체 간 망 사용료에 따른 역차별 논쟁도 해소해야 한다. OTT는 특성상 고용량 영상을 전송하기 때문에 통신사 트래픽에 큰 부담이 된다.

SK브로드밴드와 같은 국내 통신사[인터넷 서비스 제공자·ISP(Internet Service Provider)]는 글로벌 OTT나 대형 포털 사이트 등 콘텐츠제공사업자(CP, Contents Provider)가 유발하는 방대한 데이터 트래픽을 감당하기 위해 망을 증설하느라 비용이 누고 있는 만큼 OTT가 망 이용 대가를 지급해야 하다고 주장한다. 이에 대해 넷플릭스는 "망 사용료라는 개념이 시대착오적이며 콘텐츠의 질을 하락시킬 수 있다"고 망 사용료 지급을 거부하며 SK브로드밴드와 법적 공방을 벌이고 있다.

넷플릭스에 망 사용료를 부과한다면 국내 업체와 형평성은 맞출 수는 있겠지만 더 본질적인 문제는 망 사용료 부담 자체가 국내 OTT의 경쟁력을 저하한다는 점이다. 넷플릭스에 서비스 품질 유지에 대한 의무를 지게 만든 넷플릭스법에 국내 CP들도 반대한 이유가 이 때문이다.

망 사용료에 대한 정확한 법적 규정이 없어 적정 망 사용료에 대한 기준은 ISP와 CP 간 협상에 맡겨진 실정이다. 넷플릭스와 경쟁이 어려운 국내 OTT인 웨이브도 넷플릭스법 첫 적용 대상으로

포함돼 망 서비스 품질 유지 부담을 지게 됐다.

국산 OTT들은 4K 고화질 방송이나 VR(가상현실) 콘텐츠를 서비스하고 싶어도 트래픽 부담으로 ISP에 내야 할 망 사용료가 너무 증가해 불가능하다고 푸념한다. 인기 콘텐츠를 서비스하는 바람에 높은 데이터 트래픽을 발생시켜 큰 비용 부담을 기대야 하다며 누군가 이기 그래서를 반들면서 하지 않을 것이나.

국내 망 이용 대가는 Mbps당 9.22달러로 미국(2.16달러)의 4.3배, 유럽(1.28달러)의 7.2배 수준으로 알려져 있다. 현재 망 사용료 논의는 글로벌 CP들이 무임승차하고 있다는 여론에 힘을 얻고 있다. 그러나 국내 OTT와 콘텐츠 육성의 관점에서 접근한다면 글로벌 CP에 망 사용료를 부과하기보다 ISP가 국내외 CP 누구에게나 원활하고 저렴한 망 사용 서비스를 보장할 의무를 나이 짜 있도록 하는 방안을 모색해야 할 것이나.

월 정액제에 가입 중인 OTT 서비스 (2021년 6월 발표 기준·자료 : 정보통신정책연구원)

가입 서비스 없음	56.4
넷플릭스	26.4
유튜브 프리미엄	12.7
웨이브	6.8
유플러스 모바일TV	5.3
티빙	4.8
왓차플레이	2.4
기타 서비스	6.2

※ 복수응답(단위 : %)

⧖ 연습문제

글로벌 OTT의 등장으로 TV, 영화, 방송, 통신 등의 영역이 모호해지고 있다. 글로벌 OTT와 국내 방송 사업자 간 형평성을 갖추고 국내 OTT를 활성화할 수 있는 방안을 논하시오. (1000자, 50분)

※ 논술대비는 실전연습이 필수적입니다. 반드시 시간을 정해 놓고 원고지에 직접 써 보세요.

200

400

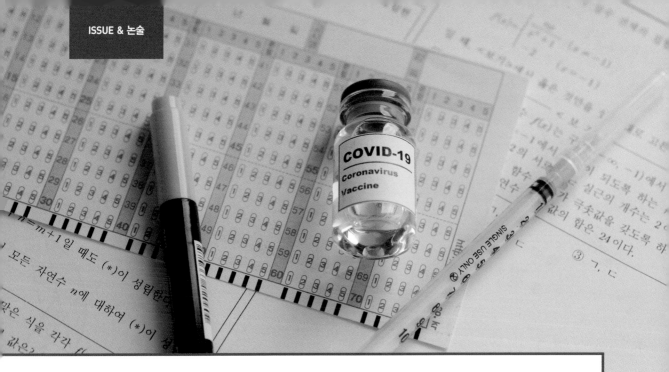

'청소년 방역패스' 도입은 적절한가

"백신 불안감부터 해소해야" - "공동체 보호 위해 불가피"

🔵 이슈의 배경

정부와 방역당국이 지난 12월 3일 발표한 특별 방역대책에서 8주간의 준비 기간을 거쳐 2022년 2월부터 식당·카페·학원·도서관·독서실 등을 이용하는 만 12~18세 청소년에게도 방역패스를 적용한다고 밝혀 논란이 일었다.

정부는 그간 18세 이하 소아·청소년에 대해서는 방역패스 도입에 예외를 두어 왔으나, 최근 청소년 감염이 확산하자 입장을 바꿨다. 김부겸 국무총리는 12월 3일 정부서울청사에서 주재한 중앙재난안전대책본부 회의에서 "18살 이하 청소년의 확진자 비중이 높아지고 있어 청소년에 대한 백신 접종을 더 이상 늦출 수 없는 상황"이라고 설명했다.

교육부와 방역당국은 접종률이 높은 고3 학생들은 인구 10만 명당 발생률이 1·2차 접종 완료 이후 지속적으로 감소하고 있다고 설명한다. 접종 진행 중인 12~17살 중에서도 접종률이 높은 고 1·2의 발생률은 11월 1주를 정점으로 하락하고 있는 것으로 알려졌다.

질병청은 "지난달(11월) 7일부터 20일까지 2주간 확진된 12~17살 총 2990명 중 99.9%가 예방접종을 완료하지 않았다"며 "16~18살을 분석한 결과 미접종 학생이 감염될 위험은 접종을 완료한 학생에 비해 4.8배 높았고, 예방접종을 통한 감염예방 효과는 79.2%였다고 밝혔다.

청소년 방역패스 도입의 맹점은 정부의 방침에 따를 경우 청소년들이 코로나19 백신 접종을 완료하거나 음성 증명서가 있어야만 학원과 도서관, 스터디 카페 등을 이용할 수 있다는 점이다. 학부모들은 정부가 백신을 맞지 않겠다고 선택하는 개인의 자유와 함께 학습권을 제한하며 사실상 백신 접종을 강제한다며 강력하게 반발하고 나섰다.

정부는 청소년 백신 접종이 공동체를 보호하기 위해 꼭 필요한 조치라고 강조했다. 유은혜 사회부총리 겸 교육부 장관은 수차례 청소년 백신 관련 정무가, 학부모 등과 함께 청소년 백신접종을 주제로 온라인 간담회를 여는 등 직접 나서 청소년 백신 접종과 방역 패스 제도을 둘러싼 반발 진화에 나섰다.

정부의 회유에도 여전히 반발은 거센 상황이다. 학부모들은 종교시설과 마트·백화점, 결혼식장·장례식장, 오락실 등은 방역패스 대상에서 제외되는데, 학습 시설이 방역패스 대상에 포함되는 것은 형평성에 어긋난다는 지적이다. 교회 등 시설에서 코로나 집단감염이 잇따르는데 방역패스 대상에서 빠지는 등 제도의 설득력이 떨어진다는 것이다.

이 가운데 일부 고등학교 3학년 학생들은 청소년 대상 방역패스가 위헌이라며 헌법소원 심판을 청구하겠다고 나섰다. 헌법소원 대리인 채명성 법무법인 선정 변호사는 "헌법이 국민의 기본권으로 보장한 일반적 행동자유권, 평등권, 신체의 자유, 직업선택의 자유, 사생활의 자유, 교육을 받을 권리 등을 침해하는 조치로 명백히 위헌"이라고 강조했다.

방역패스를 둘러싼 논란은 비단 청소년에만 국한되지 않는다. 성인층에 방역패스를 도입하는 문제도 개인의 자유와 공익 사이에서 여전한 논란이 되고 있다.

방역패스를 반대하는 성인들은 백신을 맞아도 **돌파감염** 사례가 잇따르는 문제와 백신 부작용 사례를 문제 삼으며, 사실상 사회 활동을 막으며 백신 접종을 강제하는 방역패스 도입 확산 조치에 반발하고 있다.

돌파감염 (breakthrough Infection)

돌파감염은 백신별로 권장 접종 횟수를 모두 접종한 후 2주가 지나서 확진되는 경우를 말한다. 백신이 목표로 설계된 병원체에 대한 면역력을 제공하지 못할 때 발생한다. 볼거리, 수두, 인플루엔자 등 다양한 질병에서 확인됐다. 코로나19 돌파감염 사례들이 보고되고 있다. 미국 질병통제예방센터(CDC)는 2021년 4월 미국에서 코로나19 백신을 접종을 완료한 7500만 명 이상의 사람들 중 5814명이 코로나19에 돌파감염됐다고 보도한 바 있다. 국내에서도 백신 접종을 완료한 뒤 코로나19에 심범한 돌파감염 사례가 다수 발생했다. 의료 전문가들은 어떠한 백신을 접종받더라도 돌파감염이 발생할 수 있다고 밀하며, 백신 접종 이후에도 마스크 착용과 거리두기, 충분한 환기 등 방역 수칙을 준수해야 한다고 강조한다.

● 이슈의 논점

방역패스 도입 전에 백신 불안감부터 해소해야

많은 국민이 백신 접종에 따른 크고 작은 부작용을 호소하고 있다. 그러나 인과관계를 정확하게 증명할 수 없다는 이유로 각종 부작용을 호소하는 국민이 보상 등을 제대로 받지 못하고 있는 실정이다.

백신 접종 후 사람들이 호소하는 각종 이상 증상이 모두 백신의 영향이라 확신할 수 없다. 백신 부작용에 대한 정부 대책이 미흡하다는 국민들의 불안을 해소할 대안 없이 일부 시설에 방역패스 도입을 강제하는 것은 백신 접종에 대한 거부감을 키우는 역효과를 낼 수 있다.

코로나19 백신의 효능과 백신의 안전성에 대한 공감대가 충분히 이루어졌다면, 백신 접종을 거부하는 학생이나 학부모도 없었을 것이다. 교육부는 지난 11월 17살 이하 백신 접종을 시작할 때 "기저질환이 없는 청소년은 접종 이익이 위험보다 압도적으로 높지 않아 강력 권고를 하지 않는다"고 밝힌 바 있다.

그랬던 정부가 근 한 달 만에 입장을 번복하며, 교육 시설에 방역패스를 도입하겠다고 하면 오락가락하는 정부의 태도에 청소년과 학부모의 백신에 대한 불신이 커질 수밖에 없다. 방역 당국은 방역패스를 도입해 백신 접종을 강요하는 것에 앞서 백신 접종 필요성과 백신 안전성에 대한 국민적 공감대가 폭넓게 형성됐는지 살펴야 할 것이다.

개인 선택권 제한하고 형평성 어긋나

청소년의 본분인 학습이 이루어지는 시설에 방역패스를 도입하는 것은 사실상 청소년에게 백신 접종을 강제하는 것과 다를 바 없다. 이는 청소년 백신 접종에 대해 학생·학부모의 자율권을 전혀 보장하지 않는 처사다.

교육부는 2022년 신학기부터 전면 등교를 원칙으로 하며, 완전한 학교 일상 회복을 목표로 하고 있다. 물론 신학기에 학생들이 안정적으로 전면 등교를 하기 위해서는 백신 접종이 필요하겠지만, 강요나 강제성을 부여하며 개인의 선택권을 제한하는 방식은 피해야 한다.

대부분의 학원에서는 강의실에 출석하는 학생들을 대상으로 매번 체온을 재고, 하루에도 여러 차례 내부 소독을 하는 등 방역 조치를 철저하게 하고 있다. 학생들도 강의를 듣는 내내 마스크를 착용하는 등 개인 방역을 지키고 있다. 코로나19 방역이 철저히 지켜지는 곳까지 백신을 접종하지 않은 학생의 학습권을 침해하면서까지 방역패스를 도입할 필요는 없다.

방역패스 도입 시설에 교회 등의 종교 시설이 제외되면서, 형평성에 어긋난다는 문제도 발생했다. 학원과 학교를 비교하면 형평성 문제는 단적으로 드러난다. 밀집도가 더 높은 학교를 그대로 두면서 학원에만 방역패스를 도입하니 학부모와 학생은 이해되지 않는 정부 정책에 반감을 품을 수밖에 없다.

생계 문제가 달려 있는 사교육 업종 종사자들의 불만은 더욱 크다. 방역패스 도입에 따라 대형 학원들은 백신 미접종 학생을 위해 온라인 강의를 제공하고자 준비하는 등 피해에 대비할 수 있지만 규모가 작은 학원은 학생 손실로 인한 피해를 고스란히 떠안게 된다. 정부는 일관되지 못한 기준으로 양극화를 조장해서는 안 된다.

공동체 보호 위해 불가피

현재 지구촌은 전례가 없는 팬데믹 상황을 겪어내고 있다. 코로나19라는 전대미문의 전염병 사태 앞에 백신을 맞지 않은 개인이 일상생활에 불편을 감수하는 것은 어쩔 수 없는 일이다.

현재로서는 백신 접종이 코로나19를 예방할 수 있는 가장 강력한 무기이다. 방역패스를 도입하는 것은 미접종자를 차별하려는 게 아니라 보호하기 위한 목적이며 나아가 공동체를 보호하기 위한 불가피한 수단이라는 점을 이해해야 한다. 더욱이 전파력이 기존 델타 변이보다 5배나 강한 코로나19 오미크론 변이에 대응하려면 방역패스 도입이 불가피한 측면이 있다.

이미 해외 다수 국가에서는 청소년은 물론 소아에 대한 방역패스를 적용 중이다. 가령 뉴욕은 5세 이상에 대해 방역패스를 적용하고 있으며, 이스라엘·독일·프랑스·이탈리아 등에서도 12세 청소년을 대상으로 방역패스를 적용 중이다. 오스트리아에서는 아예 14세 이상 모든 국민들에게 백신 접종을 의무화했고 거부할 경우 벌금 479만원을 부과하기로 했다.

우리나라는 성인의 백신 접종 완료율에 비해 청소년의 백신 접종 완료율이 현저하게 낮다. 지난 11월에 2주간 발생한 12~17세 확진자 중 95.5%가 백신 미접종자였다고 한다. 접종을 완료한 고3 코로나19 확진자는 인구 10만 명당 1.4명으로, 고2(7.1명)·고1(6.9명) 확진자 발생률보다 현저히 낮다는 것을 알 수 있다.

청소년에게도 백신 접종의 효과가 크다는 것이 수치로 증명됐다. 하루 속히 학원이나 스터디 카페 등 청소년들이 자주 이용하는 시설에 방역패스를 도입해 청소년 백신 접종률을 끌어올릴 필요가 있다.

단계적 일상 회복에 필수적

백신에 대한 과도한 불안감을 가지고 백신을 불신하는 분위기를 조장하는 것은 잘못이다. 백신을 맞아도 돌파감염이 되는 사례가 있지만, 중증으로 가는 빈도를 낮추는 등 백신이 코로나19 예방에 효과적이라는 사실은 과학적으로 충분히 증명됐다.

방역패스는 단계적 일상 회복을 위해 필수적인 제도다. 더욱이 청소년은 성인만큼 자제력이 뛰어나지 않아 개인 방역에 철저하기 어려우면서도, 활동량이 많아 감염 위험이 높다.

PC방, 노래방 등 다중이용시설에 방문하는 빈도도 높은 편이다. 이를 고려할 때 백신패스 도입은 성인보다 청소년층에 필요한 제도이다.

그간 청소년 코로나19 확진자는 무증상이나 경증이 많았지만, 상황이 달라져 최근에는 청소년에게서도 중증환자 사례가 발생하기 시작했다. 이제는 청소년에게도 방역패스를 도입해 백신을 접종한 사람도, 접종하지 않은 사람도 보호해야 할 때다.

연습문제

2022년 2월부터 청소년 방역패스를 도입하는 방역 정책을 두고, 학생과 학부모의 반발이 거세다. 청소년 방역패스를 도입하는 것이 옳은 일인지 자신의 입장을 서술하시오. (1000자, 50분)

※ 논술대비는 실전연습이 필수적입니다. 반드시 시간을 정해 놓고 원고지에 직접 써 보세요.

200

400

600

800

1000

역대 최대, 종합부동산세 인상 논란

"종부세, 세금폭탄 아냐" vs "임차인 부담 현실화"

➕ 배경 상식

매년 12월이 되면 종합부동산세(종부세)를 둘러싸고 갑론을박이 끊이지 않는다. 2021년 종부세 대상과 금액이 역대급 폭증하면서 논란은 예년보다 더욱 커졌다. 2021년 종합부동산세 대상자가 100만 명이 넘었으며, 부과되는 세금은 8조원을 넘어 사상 최대치를 기록했다. 종부세는 참여정부 때인 2005년 1월 종합부동산세법 제정으로 탄생했으며, 부동산가격 안정과 조세부담 형평성 제고, 지방재정 균형발전 등을 목적으로 도입됐다. 2019년부터 과세표준을 정하는 공정시장가액 비율을 80%에서 매년 5%p씩 상향했으며, 2021년 9월 더불어민주당이 1세대 1주택자의 과세 기준을 9억원에서 11억원으로 상향하는 종부세법 개정안을 지난 8월 국회에서 통과시키면서 2021년 분 종부세부터 적용되기에 이르렀다.

지난 11월 종부세 고지서 발송을 계기로 세금 폭탄 논란이 불거지며, 민심이 들끓고 있다. 정부는 "대다수 국민(98%)과는 무관한 과세"라며 들끓는 민심 진화에 나섰다. 온·오프라인에서 이번 종부세 인상에 대해 찬반 논쟁이 끊이지 않았다. 찬성론자는 다른 나라에 비하여 터무니없이 낮은 부동산보유세를 보완하기 위하여 부동산 부자들로부터 재산세와 별도로 종부세를 받는 것이 타당하다고 하였고, 그렇게 하는 것이 부동산을 통한 불로소득을 환수하여 세금으로 빈부격차를 어느 정도 조정하는 길이라고 하였다. 이에 반하여 반대론자는 종부세의 경우 부자에 대한 징벌세일 뿐인데, 왜 열심히 일하여 재산을 일군 부자들이 그런 징벌(세금폭탄)을 받아야 하느냐고 반문한다. 또한 이번 종부세는 '단일 물건에는 한 종류의 과세만 해야한다'는 이중과세 금지를 위반한 징벌적 세금이라는 반론도 만만치 않다.

종부세 인상 찬성1 종부세, 세금폭탄 아냐

정부는 2020년 7월 종부세 최고세율을 6%로 인상한다고 발표했으며, 이와 함께 양도세율을 최대 75%까지 높이는 방안을 올해 6월 1일로 유예했다. 충분한 기간을 두고 예고를 했고, 집을 팔아 얼마든지 피할 수 있었다.

세금폭탄이라는 말도 어불성설이다. 종부세 부담이 크게 증가한 건 맞으나 이는 소수(2%)에 매겨지며 전 국민 98%가 대상이 아니다. 대상자이더라도 1가구 1주택 종부세 대상자 중 70% 이상이 26억원(공시지가 17억원)짜리 주택 보유자인데 이들에게는 고작 중형차 쏘나타 2000cc의 자동차세 정도인 52만원 수준의 세금이 부과된다.

종부세 인상 찬성2 집값 급등 따른 수요 억제 위해 필요

한국부동산원에 따르면 전국 아파트 중위매매가격은 2017년 5월부터 4년간 44% 올랐고 서울 지역으로 한정했을 때 그 상승률은 무려 66%에 달한다. 정부가 지난 3년 반 동안 25번의 대책을 마련했으나 집값은 쉽게 잡히지 않았다.

정책의 실패가 있었다 하더라도 집값에 대응하지 않을 수 없다. 부동산 보유세 중 종부세는 가수요, 투기적 수요를 차단하는 데 효과가 매우 탁월하다. 투기 목적으로 부동산을 보유하는 사람들은 매년 부과되는 세금 때문에 투기적 보유를 단념할 수밖에 없으며, 자연스레 공급이 풀려 집값 안정에 도움이 될 것이다.

종부세 인상 반대1 임차인 부담 현실화

역대급 종부세가 고지되기 전부터 임대차 시장은 임대차3법 등의 영향으로 전세 보증금과 월세가 오르고, 전세의 월세전환이 가속화되는 등 불안한 상황이었다. 이런 가운데 대폭 인상된 종부세 고지서를 전달받은 집주인이 급증한 세금 부담을 세입자에게 전가하는 움직임까지 나타났다.

정부는 계약갱신청구권으로 전·월세 가격을 올리는 것이 쉽지 않다고 말한다. 그러나 한국부동산원에 따르면 2021년 10월 수도권 전세가격은 전년 대비 0.16%, 아파트 평균 월세 가격은 10.2% 상승했다. 낙관하는 정부와 달리 시장에서는 종부세의 나비효과가 이미 시작됐다.

종부세 인상 반대2 이중과세로 위헌성 짙어

정부는 종부세로 다주택자에게 징벌적 세금을 부과해 조세평등 원칙을 위반했다. 동일한 과표에 종부세와 재산세를 부과하는 것은 세계적으로도 유래가 없는 이중과세다.

종부세는 2008년 헌법재판소에서 합헌 판결이 났지만, 세대별 합산 부과 등 일부 사항에 대해선 위헌 판결을 내렸다. 문재인 정부 들어 종부세 제도가 여러 차례 바뀌며 위헌성은 더욱 짙어졌다. '민주적 숙의과정을 거치지 않고 국민의 기본권을 침해할 가능성이 있는 입법안을 처리할 경우 위헌'이라는 헌재의 판례에 비춰 이번 종부세는 위헌성이 높은 부적절한 과세다.

코로나에 일자리 질 '후퇴',
청년 졸업자 절반이 '1년 계약직' 취업

올해 첫 직장을 가진 청년의 절반이 '1년 이하의 계약직'으로 취업한 것으로 조사됐다. 청년들이 졸업한 후 갖게 되는 첫 일자리의 질이 급격히 후퇴한 셈이다. 이는 코로나19 사태에 따른 영업제한 등의 조치로 청년들이 취업을 많이 하는 서비스업과 대면 직종 관련 채용이 위축된 영향이다.

통계청은 12월 10일 이러한 내용을 담은 '2021년 사회 동향통계'를 발표했다. 이번 조사는 조사연도 기준으로 최근 3년 사이 학교를 졸업한 30세 미만 청년 가운데 졸업 전 취업한 이들을 제외하고 조사한 수치다.

보고서에 따르면, 청년들이 졸업 후 처음으로 취업하는 일자리에서 1년 이하 계약직비율이 올해 47.1%를 기록했다. 이는 2019년~2020년 41.9%에 비해 큰 폭(5.2%p)으로 증가한 수치다.

통계청은 코로나19의 직격탄을 맞은 2020년 고용시장에서도 청년층의 타격이 두드러졌다고 분석했다. 실제 2020년 3월 중장년층 고용이 전년 동월 대비 0.8%p 하락하는 동안 청년층은 1.2%p 하락했다. 코로나19 이전 2년여 간 하락 추세를 보였던 중장년층의 고용률과 달리 2018년 이후 점진적 개선 추세를 보였던 청년층 고용률 하락의 충격이 더 크게 나타난 셈이다.

특히 코로나발 고용률 감소는 남성은 전문대졸 이상, 여성은 고졸 이하에서 더 크게 나타났다. 보고서를 보면, 졸업 직후 전문대 이상 졸업자 남성의 지난해 2차 유행기(8~9월) 고용률은 전년 동기보다 12.1%p 감소한 것으로 집계됐다. 졸업 직후 고졸 이하 여성의 경우 지난해 1차 유행기(3~4월)에 14.4%p, 2020년 10~11월에는 14.9%p 크게 위축됐다.

전공별로도 격차를 보면 예술, 인문, 사회과학과 언론정보학, 정보통신 기술 전공 졸업자들의 감소세가 컸다. 청년 비경제활동인구는 크게 증가해 졸업 직후 전문대 이상 남성의 경우 증가세가 10%p를 웃도는 수준이다. 여성 비경제활동인구는 지난해 하반기로 접어들면서 상당 수가 취업하거나 구직활동을 거쳐 노동시장에 복귀한 것으로 분석된다.

취업 대신 창업...
프랜차이즈 뛰어든 20대 사장님

취업 대신 창업의 길에 나서는 20대가 늘고 있다. 40·50세대 중심이던 프랜차이즈 자영업계에 20대 비중이 높아졌을 뿐 아니라 공유 주방 등을 활용한 비용 절감형 창업이 증가하는 등 과거 부시 마느였던 창업 형태로 나타나고 있다.

편의점과 치킨집, 커피선문점 등 프랜차이즈 업계에서 20대 점주 비중은 증가 추세다. GS25의 신규 가맹점주 가운데 20대 비중은 2019년 13.5%에서 2021년 10월 말 기준 16.4%로 2년 새 2.9%p 상승했다. 같은 기간 20대 점주 비중을 보면 세븐일레븐은 10.7%에서 11.6%로, 이디야커피는 8.8%에서 14.4%로, bhc는 17.8%에서 28.0로 증가했다.

최근 20대 자영업 사장이 늘어난 것은 젊은이들이 눈높이에 맞는 기업에 입사하지 밀름어서부서 생업복 대시수늘 ㅁ새시고 있기 때문이나, 프랜차이스 창업이 상대저으로 위험 부럼이 석나는 섬 때문에 편의점과 치킨점, 커피선난점 등에 젊은 창업 수요가 늘어난 것이다.

20대들은 '사장'이 되어 능동적으로 일할 수 있다는 점을 창업의 장점으로 꼽았다. 2021년 3월 서울 영등포구에서 편의점을 연 조종현 씨(28)는 입사 1년도 되지 않아 퇴사를 결정하고 창업을 결심했다. 조 씨는 "작은 회사에 취직도 해봤지만 월급, 워라밸 모두 만족스럽지 않았다"며 "스스로 고민하고 사업을 꾸려 갈 수 있는 지금이 더 만족스럽다"고 말했다.

전문가들은 MZ세대가 추구하는 '공정'이라는 가치가 20대 창업 증가에 영향을 미쳤다고 분석한다. 김주영 서강대 경영대 교수는 "좋은 일자리는 줄어드는데 젊은이들은 '일하는 만큼 결과를 받고 싶다'고 생각하는 경향이 강하고, 그것을 실현할 수 있는 일 중에 하나가 창업"이라고 말했다.

2022년에
주목받는 트렌드

위드 코로나로 되찾을 줄 알았던 일상은 변이 바이러스 출몰과 확진자 폭증으로 기약 없는 기다림이 되고 말았다. 세계 공급망 대란과 원자재 폭등이 겹치면서 세계 경제는 혼돈 속으로 빠져들었고 장보기가 두려울 정도로 물가는 치솟았다.

불확실성에 압도된 세상에서 사람들은 생존 비법을 찾느라 분주하다. 이맘때쯤 어김없이 서점에 등장하는 트렌드 분석 서적은 평년보다 더 큰 인기를 끌고 있다. 온라인 서점 예스 24에 따르면 지난 11월 둘째 주 기준 트렌드 전망서는 전년 같은 기간에 비해 판매량이 14% 늘었다고 한다. 2022년 트렌드 서적들은 미래를 어떻게 예측하고 있을까.

각자 살아남기

김난도 서울대 소비자학과 교수는 『트렌드 코리아 2022』에서 2022년 대표 키워드로 '나노사회(nano society)'를 꼽았다. 나노사회는 공동체가 개인으로 흩어지고 개인은 더 미세한 단위로 쪼개지는 사회를 의미한다. 가정뿐만 아니라 노동 시장까지 초단기 계약직이나 임시직 같은 긱(gig) 노동 형태로 파편화한다.

김 교수는 "나노사회가 2022년에 나타날 모든 트렌드에 영향을 미치는 변화의 근본이 되는 원인"이라며 "어떻게든 혼자 살아남아야 한다는 내용을 담은 넷플릭스 드라마 '오징어 게임'의 인기나 선거를 앞두고 나타나는 에코 체임버 효과(인터넷 공간에서 자신과 유사한 생각을 하는 사람들과만 소통하면서 점차 편향된 사고를 갖는 현상)이 나노사회의 증표"라고 설명했다.

나노사회는 70년대생 40대인 X세대의 개인주의적 성향과도 관계가 있다. X세대는 베이비부머와 MZ세대 사이에 끼어 주목받지 못했지만 우리 사회의 주류 세력이다. 김 교수는 X세대가 자신의 10대 자녀와 라이프스타일을 공유한다며 '엑스틴(X-teen)'이라고 이름 붙였다.

믿을 것은 돈과 건강

개인이 각자 알아서 생존해야 하는 시대에 믿을 건 돈이다. 여러 직업(N잡)을 갖고 빚이라도 내 과감하게 투자하며 수입을 다변화하는 '머니 러시(money rush)' 현상이 강해진다. 경제력이 있는 것만으로 남들과 차별화할 수 있는 것은 아니다. 한정판 스니커즈처럼 돈을 주고도 얻기 힘든 희소 상품을 자치할 수 있는 '득템력'이 있어야 한다.

건상노 필수다. 이전처럼 힘든 건강관리가 아니라 즐겁고 재미있게 지속하는 '헬시 플레저(healthy pleasure)'가 떠오르고 있다. 길티 플레저(guilty pleasure)가 다이어트 중에 죄책감을 느끼면서 기름지고 칼로리가 많은 음식을 먹는 것이라면, 헬시 플레저는 다이어트를 위해 맛있으면서도 칼로리가 낮고 건강한 음식을 즐기는 것이다.

익숙하지만 더 나은 세상

시내성 네까네셔싱려신구소 소장인 '메ㅣ트 브렌드 2022』에서 코로나 이후 시대에 뉴노멀이 아니라 '베티노멀(better normal)'이 자리 잡을 것이라고 주장한다. 팬데믹으로 어쩔 수 없이 진행한 원격 업무나 학습 등은 효율적이고 편안하다는 장점이 드러났다. 새롭고 낯선 새 표준(뉴노멀)이라기보다는 익숙하게 적응된 더 나은 현실(베터노멀)이 자리 잡은 것이다.

각자 살아남기가 바쁘다지만 더 나은 세상을 포기한 것은 아니다. 거창한 구호와 행동이 아닌 생활 속 작은 실천으로 뿌듯함을 느끼며 사회와 환경에 이바지하는 '스몰 액션(small action)' 트렌드가 활발하게 나타날 것으로 김 소장은 예상했다. 플라스틱 용기 사용을 줄이기 위해 샴푸가 아닌 비누로 머리를 감는 것, 선행을 베푼 가게에 돈쭐을 내주는 것 등이 스몰 액션의 사례다.

기업 역시 더 나은 세상을 위한 ESG(환경·사회·지배 구조) 경영이 필수적이지만 기업 로고만 초록색으로 바꿔 친환경 이미지를 내려는 것처럼, 적은 투자와 노력으로 ESG 효과에 편승하는 'ESG 워싱(washing)'이 나타날 수 있다.

니셜ㅗ이 연겹

기회적 거ㅓ 두ㅓㅗ 새ㅣ시늘이 빨쭐이 풀ㅓ시며 단절되는 현상이 가속화됐지만 메타버스(metaverse : 3차원 가상세계)를 매개로 한 관계의 소비는 오히려 증가할 전망이다. 커넥팅랩, 현경민, 정근호 등이 공저한『모바일 미래보고서 2022』는 2022년의 대표 키워드로 '펜트업(pent-up)'을 제시하면서 외부 요인으로 억눌릴 소비 심리기 폭발하는 펜드업 유과가 IT 산업에서도 니타닐 것으로 예측한나

넷플릭스 1.5배속 재생이 이른바 '국룰(보편적으로 통용되거나 유행하는 규칙 및 행위를 뜻하는 신조어)'이 됐을 정도로 사람들은 스트리밍 서비스에 중독됐다. 기업들은 실내에서 콘텐츠를 즐기는 데 익숙해진 사람들의 욕망을 충족하기 위해 눈앞에 현실을 그대로 재현하는 메타버스 게임 등 다양하고 재미있는 기술과 서비스를 경쟁적으로 선보일 것이다.

재택근무 등의 필요에 따라 메타버스를 습득한 M세대와 달리 Z세대에게 메타버스 플랫폼은 팬데믹 이전부터 친숙한 존재다. 이들 '메타버스 네이티브(native : 원주민)'들에게 메타버스는 오프라인의 대안이 아닌 일상 그 자체가 될 것이다.

문명 불평등의
기원을 추적하다

영원히 고통받는 신대륙

팬데믹 장기화로 바닥난 인내심은 인종주의와 불평등이란 추악한 독(毒)을 드러냈다. 미국과 유럽에서 백인 우월주의가 득세하고 아시아인에 대한 증오범죄가 도를 넘었다. 선진국들이 백신 접종을 마치고 부스터샷을 맞을 때 백신을 구경도 못해본 후진국이 넘친다.

백신 빈국의 지도는 약 두 세기 전부터 유럽으로부터 식민 지배를 받았던 문명권의 궤적과 일치한다. 200년 전이나 지금이나 유라시아 구대륙 출신들이 세계의 부와 권력을 지배한다. 이들에게 땅을 뺏기고 추방되며 몰살되기도 한 사하라이남 아프리카인, 열대 동남아 원주민, 아메리카 원주민, 오스트레일리아 원주민과 뉴기니아인 등 신대륙 민족들은 여전히 문명의 혜택을 받지 못하고 산다.

문명의 수준 차이는 민족이나 인종 간 유전적·생물학적 차이에서 비롯된다고 생각하기 쉽다. 후진국 민족은 지능이 낮고 게을러 문명이 발전하지 못했다는 식이다. 이처럼 편리한 낙인찍기는 나치 독일 패망 이후 오늘까지도 문명·인종차별주의가 여전한 까닭을 설명한다.

총, 균, 쇠

미국 출신 문명학자인 제레드 다이아몬드(Jared Mason Diamond, 1937~)는 우리나라에도 잘 알려진 명저 『총, 균, 쇠(Guns, Germs, and Steel)』(1997)를 통해 "민족마다 역사와 문명이 다르게 진행된 것은 각 민족의 생물학적 차이가 아니라 환경적 차이 때문"이라며 서구 중심주의와 인종주의적 편견에 찌든 문명발전론을 고쳐 썼다.

다이아몬드는 어느 하나의 분야로 규정할 수 없는 학자다. 그는 『총, 균, 쇠』에서 지리학, 문화인류학, 생리학, 역사학, 언어학, 생태학 등 방대한 분야를 포괄하는 통찰력으로 문명 간 부와 권력, 기술력의 차이를 만들어낸 기원을 선사시대부터 더듬어간다.

책 제목인 『총, 균, 쇠』는 구대륙의 인간들이 신대륙을 정복하고 원주민을 몰아낸 도구를 상징한다. 구대륙 인간들은 총이라는 살상무기와 쇠로 만든 칼과 갑옷으로 무장했지만 아메리카 원주민들은 철기문명에 도달하지 못한 상태였다. 구대륙의 인간은 전염병(균)에 대해 면역을 지녔지만 신대륙의 인간은 그렇지 못했다.

그 차이는 유선적 능력의 차이가 아니라 복잡과 선제조건에 의해 성성된 결과다. 인간대비무부터 문명이 발생 생대의 농경사회로 나아기기 위해서는 복잡한 조건이 필요했다. 먼저 농작과 저장이 용이한 적당히 건조한 기후, 가축으로 길들일 수 있는 충분한 동물이 있어야 했다.

각 대륙 축의 방향이 식량 생산과 전파에 큰 영향을 미쳤다는 게 다이아몬드의 견해다. 구대륙은 동서 가로축으로 매우 넓었기 때문에 종의 화산이 지역에 씨들의 차이가 풍부했다. 그 외 내시도 열량 효율이 높고 많고 식량으로 재배하기 쉬운 식물 종인 보리, 쌀, 밀이 풍부했다. 그러나 남북 세로축으로 길게 늘어진 아메리카는 기후 차이가 극단적으로 커 좋은 품종을 발견해도 전파하기 어려웠다.

구대륙은 가축화에도 유리했다. 가축으로 길들일 수 있는 동물은 성질이 온순하고 성장이 빠르며 집단생활을 하는 초식 동물에 한정된다. 구대륙은 개, 돼지, 말, 소, 닭 등 다양한 동물을 가축으로 만들어 단백질 공급원이나 노동력, 이동 수단으로 활용했다. 그러나 사하라 이남의 아프리카 지역에서는 인간이 길들이고 번식시킬 수 있는 가축이 단 한 종류도 없었고 아메리카에서 길들인 대형 반추 동물은 라마가 유일했다.

구대륙의 밀집된 인구와 편리한 이동, 많은 가축은 사람과 동물, 사람과 사람 간 질병을 광범위하게 전염시켰다. 천연두, 홍역, 인플루엔자는 동물과 인간의 밀집된 개체군 사이에서 발생했다. 그 결과 구대륙인들은 광범위한 병원균에 대해 면역력을 지니게 됐다. 콜럼버스가 내린 저주의 씨앗(천연두)에 면역력이 없던 아메리카 원주민 인구의 90%가 몰살당했다.

농경사회의 구축은 인구의 치수를 넓었고 인구가 많은 구대륙은 분업과 통치제도의 등장으로 경제 성장과 기술 발전을 가속했다. 총과 철, 균에 대한 면역력으로 무장한 유럽인들은 최근 수세기간 다른 대륙의 민족들을 정복했다.

문명의 우열론을 넘어

다이아몬드는 구대륙에서 아시아권 상대국보다 서유럽이 왜 더 상력해졌는기에 궁궁해서 털벤다. 험슈한 사막과 산맥으로 고립돼 닫힌 부병은 이분 중국에 비해 서유럽은 평탄한 지형에 작은 나라가 밀집해 있었다. 이웃 나라에 의해 야기된 도전과 응전은 치열한 경쟁을 초래했고 경제 발전과 신기술 도입의 지체를 용납하지 않았다.

일각에서는 『총, 균, 쇠』에 대해 "서구중심주의적 시각에서 유럽 문명이 더 강력하고 우월한 원인을 논한 책"이라고 비난하기도 했지만 이는 오독(誤讀)이다. 다이아몬드는 방대한 연구를 통해 장구하고 역동적인 문명의 변화를 탐색했을 뿐이다. 그는 석기시대에 머문 파푸아뉴기니 원주민의 아들이 현대적 교육을 받고 자라서 비행기 조종사가 됐다는 일화를 통해 우연한 환경 차이를 간과하며 인간의 우열을 논하는 것이 얼마나 어리석은 일인지를 역설한다.

임인년壬寅年,
호랑이 기운이 솟아나길

'자축인묘진사오미신유술해子丑寅卯辰巳午未申酉戌亥'의 십이지十二支(또는 十二地支)는 하늘에 자리하는 천간天干[1]의 뒤에 붙으며 땅에 자리한다는 의미로 지지地支라고 한다. 십이지는 세계 여러 나라에 광범위하게 퍼져 있는 개념으로, 고대 천문학에서 하늘을 12등분하였던 것에 기원을 두고 있으며 통상 십이지에 대응하여 언급되는 열두 동물 역시 나라별 각각의 문화에 따라 조금씩 차이를 보인다.

▲ 경주 김유신묘 십이지 호석 중 인상寅像(호랑이) 탁본

우리나라의 십이지 동물은 쥐·소·호랑이·토끼·용·뱀·말·양·원숭이·닭·개·돼지가 있다. 개중 한국인들에게 '우리 민족'과 떼려야 뗄 수 없는 동물을 물어본다면, 첫 손에 꼽히는 동물은 단연코 호랑이일 것이다. 비록 지금은 한반도에서 야생호랑이의 흔적을 찾을 수 없고 동물원에 가야 만날 수 있는 멸종 위기종이 되었지만, 프랑스의 닭, 인도의 코끼리, 미국의 독수리, 중국의 용처럼 호랑이는 예부터 우리 민족을 상징하는 동물이었다.

한민족의 시작을 전하는 단군신화檀君神話에서 중요한 비중을 차지하는 두 동물이 곰과 호랑이인 것만 보더라도, 우리 민족과 호랑이의 인연은 이미 그 역사가 오래 되었음을 짐작할 수 있다. 호랑이가 등장하는 설화는 전국에 걸쳐 셀 수 없이 많으며, 호랑이가 들어간 익숙한 속담만도 그 수가 무척이나 많다.

▲ '봉원사 산신도' 속 호랑이. 호랑이는 산신을 보좌하는 영물靈物로 산신과 함께 등장하곤 한다. (자료 : 문화재청)

현전하는 가장 오래된 역사서 『삼국사기三國史記』에 보면 호랑이가 궁궐이나 성 안에 들어왔다는 기록을 어렵지 않게 찾을 수 있다. 백제 온조왕溫祚王(백제 제1대 왕, 재위 기원전 18~27년) 때 호랑이 다섯 마리가 성 안에 나타났다는 기록을 시작으로, 고구려의 수도 평양, 신라의 수도 경주에도 호랑이가 출몰했다는 기사가 여럿 보인다. 수도

---

1 갑을병정무기경신임계甲乙丙丁戊己庚辛壬癸

의 한복판이나 심지어 궁궐 안에까지 호랑이가 나타날 정도로 그 수가 많고 인간의 일상과 가까웠음을 알 수 있다.

고려시대에도 사정은 크게 변하지 않아 호랑이가 수도인 개경에 출몰하는 것은 말할 것도 없거니와, 궁궐 후원에서 어슬렁거리고 임금의 침전에까지 나타났다고 한다. '기록의 나라' 조선으로 오면 호랑이 관련 기록이 넘쳐 날 정도로 종가자 여 『조선왕조실록朝鮮王朝實錄』에만 호랑이의 출몰과 추격에 관한 기사가 무려 600건 넘게 남아있다. 연구자들에 의하면 조선시대에 호랑이에의해 죽은 사람의 비율이 현대의 교통사고 사망자 비율보다 높았을 것이라고도 한다.

조선시대 내내 호환이 끊임없이 발생하자 조정은 급기야 호랑이와의 전쟁을 선포하듯 오로지 범을 잡기 위한 특수부대로 착호갑사捉虎甲士를 조직하는가 하면, 호랑이나 표범을 사냥하면 벼슬과 포상을 주고 반대로 호환을 막지 못한 고을의 수령을 파직하는 법까지 만들어 호환에 적극 대처하였다. 조선 후기가 되면 꾸준히 국가정책으로 이어져 온 호랑이 사냥과 농지 개간 등으로 호랑이가 살기 좋았던 서식환경이 파괴되면서 그 수가 점점 줄어들기 시작하였다.

한반도 내 호랑이의 마지막 위기는 일제강점기였다. 일제는 해로운 동물을 없애 사람과 재산을 지킨다는 명목하에 '해수구제사업害獸驅除事業'을 벌여 조선의 야생동물을 마구잡이로 사냥하였고, 이것이 한반도 내 호랑이 절멸의 결정적 원인으로 작용한 것으로 파악된다. 1922년 경상북도 경산의 대덕산에서 한 마리, 1946년 평안북도 초산에서 한 마리가 잡힌 것을 끝으로 한반도에서 호랑이는 사라져 버렸다.

호랑이는 치료법이 개발되기 전까지 치명적 전염병으로 사람들을 공포에 떨게 했던 천연두와 함께 호환마마虎患媽媽로 불리며 전근대 한국인들에게 공포의 대상이었지만, 그 매서움과 용맹함은 사람들에게 두려움을 넘어 경외의 대상이 되기에 충분했으며, 신앙과 숭배의 대상으로 떠받들기 시작한 것이나 마찬가지다. 조선시대 민간의 벽화에는 호랑이 무양이 수놓아졌고, 정초에 세 발을 비롯한 민가의 대문에는 벽사의 의미로 호랑이 그림을 걸어 사악한 기운을 쫓고자 하였다. 한편으로 민간에서는 호랑이를 산신령과 동일시할 정도로 숭배하면서도 해학적으로 풀어낸 민화가 크게 유행하기도 하였다.

지긋지긋한 코로나19가 좀처럼 우리 곁을 떠나지 않고 너울 기승을 부리는 사정 속에서 대한민국의 미래가 걸린 차기 대선은 세 달밖에 남지 않았음에도 역대급 네거티브 대선이라는 오명 속에 정책 선거가 실종될 판이다. 2022년은 호랑이해이다. 호랑이 기운이 대한민국의 온갖 사악한 기운을 쫓아줬으면 한다.

신민용
에듀윌 한국사연구소 연구원

伯 牙 絶 絃

맏 **백**　어금니 **아**　끊을 **절**　줄 **현**

백아가 거문고 줄을 끊다

출전: 『열자列子』, 『여씨춘추呂氏春秋』

백아절현伯牙絶絃은 '백아伯牙가 거문고 줄을 끊다'라는 뜻으로 깊은 속마음까지 서로를 알아주고 위하는 완벽한 우정을 비유할 때 인용하는 말이다. '마음이 서로 통하는 절친한 친구'를 뜻하는 지음知音도 여기에서 유래했다. 알 지知와 소리 음音을 써서 음악으로 마음을 주고받는 백아와 종자기 같은 친구 사이를 일컫는 말이 됐다.

중국 춘추전국시대 거문고의 달인 백아에게는 자신의 음악을 정확하게 이해하는 친구 종자기鍾子期가 있었다. 백아가 거문고로 높은 산들을 표현하면 종자기는 "하늘 높이 우뚝 솟는 느낌은 마치 태산처럼 웅장하구나"라고 하고, 큰 강을 묘사하면 "도도하게 흐르는 강물의 흐름이 마치 황허강 같구나"라고 맞장구를 쳐주기도 하였다.

또 두 사람이 놀러 갔다가 갑자기 비가 쏟아져 이를 피하기 위해 동굴로 들어갔다. 백아는 동굴에서 빗소리에 맞추어 거문고를 당겼다. 처음에는 비가 내리는 곡조인 임우지곡霖雨之曲을, 다음에는 산이 무너지는 곡조인 붕산지곡崩山之曲을 연주하였다. 이렇듯 종자기는 백아가 무엇을 표현하는지를 정확히 이해하고 감상할 수 있는 능력을 가졌고, 백아와는 거문고를 매개로 서로 마음이 통하는, 음악 세계가 일치하는 사이였다.

그런데 종자기가 병으로 갑자기 세상을 등지자 너무나도 슬픈 나머지 그토록 애지중지하던 거문고 줄을 스스로 끊어 버리고 죽을 때까지 다시는 거문고를 켜지 않았다고 한다. 백아는 자신의 음악을 알아주는 사람이 이 세상에는 더 이상 없다고 생각하였기 때문에 거문고 줄을 끊은 것이다.

한자 돋보기

伯은 밝게 빛나는(白) 사람(人)을 뜻하며 '우두머리', '형제 중 제일 맏이'를 뜻한다.

- 伯仲之勢(백중지세) 우열의 차이가 없이 엇비슷함
- 伯俞泣杖(백유읍장) 어버이에 대한 지극한 효심

伯
亻 총7획

牙는 동물의 이빨을 형상화한 것으로, '어금니'를 뜻한다.

- 犬牙相制(견아상제) 국경선이 볼록 나오고 오목 들어가 서로 견제하려는 형세

牙
牙 총4획

絶은 실 사이에 여러 개의 칼을 그린 것으로, '끊다'를 뜻한다.

- 氣絶招風(기절초풍) 기절하거나 까무러칠 정도로 몹시 놀라 질겁함
- 韋編三絶(위편삼절) 한 권의 책을 몇십 번이나 되풀이 해서 읽음

絶
糸 총12획

絃은 실을 뜻하는 糸자와 활과 시위를 뜻하는 玄가 합한 글자로, '줄'을 뜻한다.

絃
糸 총11획
줄 현

한자 상식 | 친구와 관련된 사자성어

용어	의미
관포지교(管鮑之交)	우정이 아주 돈독한 친구 관계
금란지교(金蘭之交)	단단하기가 황금과 같고 아름답기가 난초 향기와 같은 사귐
막역지우(莫逆之友)	서로 거스름이 없는 친구
간담상조(肝膽相照)	서로 마음을 터놓고 친밀히 사귐
죽마고우(竹馬故友)	어릴 때부터 가까이 지내며 자란 친구
문경지교(刎頸之交)	생사를 같이 할 수 있는 친구
단금지교(斷金之交)	쇠라도 자를 수 있는 굳고 단단한 사귐

| Books |

장면들

손석희 저 | 창비

JTBC '뉴스룸' 앵커 자리에서 내려온 지 1년 반 만에 손석희가 책으로 사람들을 만난다. 10년 이상 우리나라에서 가장 신뢰받는 언론인으로 손꼽혀온 손석희는 JTBC 보도 부문 사장 자리를 역임한 후 '뉴스룸'을 중심으로, 박근혜 정부의 국정 농단 사태와 세월호 참사 등 한국 사회를 뒤흔든 사건을 주도적으로 보도하면서 큰 주목을 받았다. 『장면들』은 손석희가 우리 사회의 굵직한 문제들을 보도하며 겪은 이야기, 200일 넘게 세월호 참사 현장을 지키며 함께한 이야기, 세상을 뒤집어 놓으며 ■ **스모킹건**이 된 '태블릿PC' 보도 과정, 미투운동, 남·북·미 대화의 현장에서 있었던 에피소드 등 흥미로운 이야기들로 구성돼 있다. 나아가 저널리스트로서 손석희가 가진 저널리즘 철학이 책에 깊이 있게 담겨 독자들에게 강렬한 인상을 남긴다.

■ **스모킹 건(smoking gun)** 어떤 범죄 혹은 사건을 해결하는 데 있어서 결정적 단서가 되는 것을 일컫는 말이다.

그날 저녁의 불편함

마리커 뤼카스 레이네펠트 저·김지현 역 | 비채

29살의 나이로 2020 ■ **부커상** 인터내셔널 부문에서 수상하며, 역대 최연소 수상자라는 기록을 쓴 네덜란드 작가 마리커 뤼카스 레이네펠트의 소설이다. 부커상 인터내셔널 부문을 받은 『그날 저녁의 불편함』은 작가의 첫 소설이었고, 그간 수상 이력도 많지 않아 전 세계의 주목을 받았다. 소설은 네덜란드의 농촌 마을의 아이 '야스'에 관한 이야기다. 『그날 저녁의 불편함』이라는 제목이 암시하듯 이 작품은 독자들을 폐허 한복판으로 인도해, 책의 이야기를 생생하게 경험하게 만든다.

■ **부커상(Booker Prize)** 영국 최고 권위의 문학상이다. 영어로 창작되어 영국에서 출간된 책 중에서 수상작을 선정하는 부커상과, 영어로 번역돼 영국에 출간된 책 중에서 수상작을 선정하는 부커상 인터내셔널 부문으로 나뉜다. 2016년 우리나라 소설가 한강이 『채식주의자』로 부커상 인터내셔널 부문을 수상한 바 있다.

디자인 너머

게슈탈텐 저·오수원 역 | 월북

세계적인 디자이너 ■ **피터 슈라이어**의 디자인 언어를 한 권의 책에 담았다. 독일의 시골 식당에서 그림을 그리던 한 꼬마가 전 세계적 디자이너가 되기까지의 장엄한 여정이 책 속에서 정제된 글과 눈길을 단번에 사로잡는 이미지로 펼쳐진다. 이 책은 슈라이어의 디자인 역사를 살뜰히 담아낸 책이자, 그의 디자인 경영 철학을 촘촘히 정리한 책이다. 안정보다는 도전을 추구해온 그의 방향성이 책에서 고스란히 느껴지며, 현재진행형인 그의 디자인 행보에 대한 기대를 품게 만든다.

■ **피터 슈라이어(Peter Schreyer, 1953~)** 세계적인 자동차 디자이너로, 독일 아우디와 폭스바겐에서 아우디 TT, 뉴비틀, 골프4를 연이어 성공시키며 세계적인 명성을 얻었다. 2006년에는 한국의 기아자동차에서 보낸 제안을 받아들여 한국에 건너왔으며, 현재까지 기아자동차 최고 디자인 책임자(CDO)를 역임하고 있다.

램

발디마르 요한손 감독

| 누미 라파스 출연

2021 ■칸 영화제에서 '주목할 만한 시선' 독창성상 수상을 시작으로, 제 54회 시체스영화제 작품상을 받는 등 2021년 가장 주목받은 호러 영화 '램' 이 소개됐다. '램'은 2022년 3월 치러질 예정인 제94회 아카데미 시상 식에서 국제영화상 수상이 유력시되고 있기도 하다. '램'은 '미드소마', '유전' 등 독창적인 호러 영화를 선보이며 호러 명가로 거듭난 영화사 A24가 새롭게 선보이는 영화다. 신예 감독인 '램'의 발디마르 요한손 감독의 연출력은 압도적인 찬사를 받으며, 호러 천재라는 명성을 얻고 있다. 한편, '램'은 눈 폭풍이 휘몰아치던 크리스마스 날 밤 이후 양 목장에서 태어난 신비한 아이를 선물 받은 '마리아' 부부에게 닥친 이야기를 담은 영화다.

로이 리히텐슈타인展

서울숲아트센터 |

2021. 12. 03.~2022. 04. 03.

앤디 워홀과 함께 ■팝아트를 대표하는 거장으로 손꼽히는 로이 리히텐슈타인의 작품을 모은 전시가 국내에서 처음으로 선보여진다. 스페인 아트컬렉터 호세 루이즈 루페레즈의 컬렉션으로 구성이 이뤄진 전시에는 리히텐슈타인의 유명 작품인 '절망 Hopeless', 'Whaam!'을 비롯해 130여 점이 감상자들에게 소개된다. 여기에는 유명 브랜드와의 협업 작품들도 포함돼 있다. 또한, 전시장 내부에는 리히텐슈타인의 독창적인 기법으로 재해석한 오브제와 인테리어 요소를 더한 포토존이 마련돼, 관람객들에게 또 다른 즐거움을 선사한다.

프랑켄슈타인

블루스퀘어 신한카드홀

| 2021. 11. 24.~2022. 02. 20.

한국 창작 뮤지컬의 신화 뮤지컬 '프랑켄슈타인'의 네 번째 시즌이 2021년 11월부터 시작됐다. 뮤지컬 '프랑켄슈타인'은 1818년 출간된 메리 셸리의 괴기소설을 원작으로 하는 뮤지컬이다. 이 작품은 신이 되려 했던 인간과 인간을 동경했던 피조물, 두 남자의 이야기를 통해 인간의 이기심과 생명의 본질 등을 생각해 보게 하는 수작이다. 한편, 2014년 국내에서 초연한 '프랑켄슈타인'은 당시 제8회 '더 뮤지컬 어워즈'에서 '올해의 뮤지컬'과 '올해의 창작 뮤지컬'에 동시 선정되며 총 9개 부문을 수상했다. 또한, 2016년 재연 당시에는 개막 10주 만에 매출액 100억원을 돌파하는 신화를 쓰기도 했다.

■ 팝아트(pop art) 대중문화적 시각 이미지를 미술의 영역 속에 수용한 구상 미술의 한 경향으로, 순수 예술과 대중 예술이라는 이분법적·위계적 구조를 무너뜨렸다.

■ 메리 셸리(Mary Wollstonecraft Shelley, 1797~1851) 오늘날 SF소설의 선구가 된 『프랑켄슈타인』을 쓴 영국의 여성 소설가다.

■ 칸 영화제(Cannes Film Festival) 베를린 영화제, 베니스 영화제와 함께 세계 3대 영화제로 꼽히는 국제 영화제다.

eduwill

누적 다운로드 수 35만 돌파*
에듀윌 시사상식 앱

85개월 베스트셀러 1위 상식 월간지가 모바일에 쏙!*
에디시니 상식을 간편하게 학습하세요!

매월 업데이트 되는
HOT 시사뉴스

20개 분야 1007개
시사용어 사전

합격에 필요한
무료 상식 강의

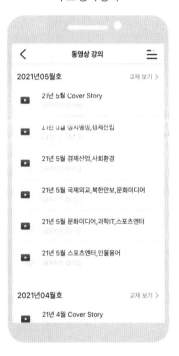

에듀윌 시사상식 앱 설치
(QR코드를 스캔 후 해당 아이콘 클릭하여 설치
or 구글 플레이스토어나 애플 앱스토어에서 '에듀윌 시사상식'을 검색하여 설치)

에듀윌 취업 아카데미에서
제대로 공부하세요!

공기업·대기업 수준별 맞춤 커리큘럼

온종일 밀착 학습관리부터 전공&자격증 준비까지 케어

고품질 영상 및 음향 장비를 갖춘 최고의 강의실

언제나 전문 학습 매니저와 상담이 가능한 안내데스크

1:1 대면 첨삭 및 전문 컨설팅이 가능한 일대일 상담실

공용 PC, 프린터, 충전기 등 편의시설을 갖춘 휴게실

| 강남
캠퍼스 | 운영시간 [월~금] 09:00~22:00 [토/일/공휴일] 09:00~18:00
주 소 서울 강남구 테헤란로 8길 37 한동빌딩 1, 2층
상담문의 02)6486-0600 |

취업 아카데미
바로가기

매달, 최신 취업 트렌드를
배송 받으세요!

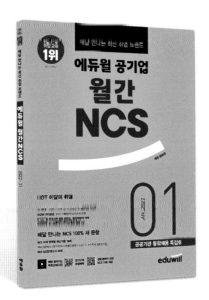

업계 유일! NCS 월간지

HOT 이달의 취업
최신 공기업 최신 이슈&정보

매달 만나는 100% 새 문항
NCS 영역별 최신기출 30제
+NCS 실전모의고사 50제

월간NCS 무료특강 2강
취업 대표 NCS 전문가의 무료특강

꾸준한 문제풀이로 감을 유지하는 것이 중요한 NCS!
#정기구독 으로 NCS를 정복하세요!

정기구독 신청 시 정가 대비 10% 할인+배송비 무료	정기구독 신청 시 선물 증정	3개월/6개월/12개월/무기한 기간 설정 가능

※ 구독 중 정가가 올라도 추가 부담없이 이용할 수 있습니다.
※ '매월 자동 결제'는 매달 20일 카카오페이로 자동 결제되며, 구독 기간을 원하는 만큼 선택할 수 있습니다.
※ 자세한 내용은 정기구독 페이지를 참조하세요.

정기구독
신청·혜택 바로가기

베스트셀러 1위! 1,824회 달성*
에듀윌 취업 교재 시리즈

공기업 NCS | 쏟아지는 100% 새 문항*

월간 NCS
NCS BASIC 기본서 | NCS 모듈형 기본서
NCS 모듈학습 2021 Ver. 핵심요약집

1위 21. 2월 4주

NCS 통합 기본서/봉투모의고사
NCS 피듈형 | 행과연 봉투모의고사
PSAT형 NCS 자료해석 실전 380제
매일 1회씩 꺼내 푸는 NCS

1위 21. 10월

한국철도공사 | 부산교통공사
서울교통공사 | 5대 철도공사·공단
국민건강보험공단 | 한국전력공사
한국전력+7대 에너지공기업

1위 21. 11월

한수원+5대 발전회사
한국수자원공사 | 한국수력원자력
한국토지주택공사 | IBK 기업은행
인천국제공항공사

NEW

NCS를 위한 PSAT 기출완성 시리즈
NCS, 59초의 기술 시리즈
NCS 6대 출제사 기출PACK
NCS 10개 영역 찐기출문제집

대기업 인적성 | 온라인 시험도 완벽 대비!

1위 21. 11월

대기업 인적성 통합 기본서

1위 20. 11월

GSAT 삼성직무적성검사

1위 21. 11월

LG그룹 인적성검사

1위 21. 12월

SKCT SK그룹 종합역량검사
롯데그룹 L-TAB

1위 21. 3월

농협은행
지역농협

취업상식 1위!

1위 20. 2월

월간 시사상식

1위 20. 1월

多통하는 일반상식
상식 통합대비 문제풀이집

1위 21. 1월

공기업기출 일반상식
언론사기출 최신 일반상식
기출 금융경제 상식

자소서부터 면접까지!

NCS 자소서&면접
면접관이 말하는 NCS 자소서와
면접_사무·행정·전기 직렬

1위 21. 9월 1주

끝까지 살아남는 대기업 자소서

더 많은
에듀윌 취업 교재

취업, 공무원, 자격증 시험준비의 흐름을 바꾼 화제작!
에듀윌 히트교재 시리즈

에듀윌 교육출판연구소가 만든 히트교재 시리즈!
YES24, 교보문고, 알라딘, 인터파크, 영풍문고 등 전국 유명 온/오프라인 서점에서 절찬 판매 중!

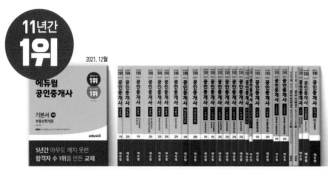

공인중개사 기초서/기본서/핵심요약집/문제집/기출문제집/실전모의고사 외 10종

주택관리사 기초서/기본서/핵심요약집/문제집/기출문제집/실전모의고사

7·9급공무원 기본서/단원별 기출&예상 문제집/기출문제집/기출팩/실전, 봉투모의고사

공무원 국어 한자·문법·독해/영어 단어·문법·독해/한국사 모의고사·흐름노트/행정학 요약노트/행정법 판례집/헌법 판례집

7급공무원 PSAT 기본서/기출문제집

계리직공무원 기본서/문제집/기출문제집

군무원 기출문제집/봉투모의고사

경찰공무원 기본서/기출문제집/모의고사/판례집/면접

소방공무원 기출문제집/실전, 봉투모의고사

맞춤형 화장품 조제관리사

검정고시 고졸/중졸 기본서/기출문제집/실전모의고사/총정리

사회복지사(1급) 기본서/기출문제집/핵심요약집

직업상담사(2급) 기본서/기출문제집

경비 기본서/기출/1차 한권끝장/2차 모의고사

전기기사 필기/실기/기출문제집

전기기능사 필기/실기

한국사능력검정시험 기본서/2주끝장/기출/우선순위50/초등

조리기능사 필기/실기

제과제빵기능사 필기/실기

SMAT 모듈A/B/C

ERP정보관리사 회계/인사/물류/생산(1, 2급)

전산세무회계 기초서/기본서/기출문제집

어문회 한자 2급 | 상공회의소한자 3급

ToKL 한권끝장/2주끝장

KBS한국어능력시험 한권끝장/2주끝장/문제집/기출문제집

한국실용글쓰기

매경TEST 기본서/문제집/2주끝장

TESAT 기본서/문제집/기출문제집

스포츠지도사 필기/실기구술 한권끝장

산업안전기사 | 산업안전산업기사

위험물산업기사 | 위험물기능사

무역영어 1급 | 국제무역사 1급

운전면허 1종·2종

컴퓨터활용능력 | 워드프로세서

월간시사상식 | 일반상식

월간NCS | 매1N

NCS 통합 | 모듈형 | 피듈형

PSAT형 NCS 자료해석 380제

PSAT 기출완성 | 6대 출제사 기출PACK

한국철도공사 | 서울교통공사 | 부산교통공사

국민건강보험공단 | 한국전력공사

한수원 | 수자원 | 토지주택공사

행과연 | 기업은행 | 인천국제공항공사

대기업 인적성 통합 | GSAT

LG | SKCT | CJ | L-TAB

ROTC·학사장교 | 부사관

우리는 평생을 함께할
에듀윌 동문입니다

에듀윌 합격자 모임

5년간 아무도 깨지 못한 기록
합격자 수 1위
에듀윌

• 공인중개사 최다 합격자 배출 공식 인증
(KRI 한국기록원 / 2016, 2017, 2019년 인증, 2021년 현재까지 업계 최고 기록)